西北大学"双一流"建设项目资助

Sponsored by First-class Universities and Academic Programs of Northwest University

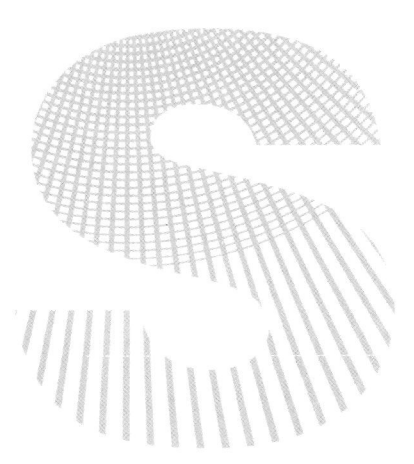

高校
思想政治教育
叙事研究

王 强 著

Gaoxiao

Sixiangzhengzhi

Jiaoyu

Xushi Yanjiu

中国社会科学出版社

图书在版编目(CIP)数据

高校思想政治教育叙事研究／王强著 . —北京：中国社会科学出版社，2019.12（2023.1 重印）

ISBN 978-7-5203-5715-9

Ⅰ.①高… Ⅱ.①王… Ⅲ.①高等学校—思想政治教育—研究—中国 Ⅳ.①G641

中国版本图书馆 CIP 数据核字（2019）第 259069 号

出 版 人	赵剑英
责任编辑	刘 艳
责任校对	陈 晨
责任印制	戴 宽

出　　版	中国社会科学出版社
社　　址	北京鼓楼西大街甲 158 号
邮　　编	100720
网　　址	http://www.csspw.cn
发 行 部	010-84083685
门 市 部	010-84029450
经　　销	新华书店及其他书店
印　　刷	北京明恒达印务有限公司
装　　订	廊坊市广阳区广增装订厂
版　　次	2019 年 12 月第 1 版
印　　次	2023 年 1 月第 3 次印刷
开　　本	710×1000　1/16
印　　张	16.25
插　　页	2
字　　数	226 千字
定　　价	88.00 元

凡购买中国社会科学出版社图书，如有质量问题请与本社营销中心联系调换
电话：010-84083683
版权所有　侵权必究

序

《高校思想政治教育叙事研究》一书重点对高校思想政治教育如何"叙事"进行了深入研究。叙事在影视创作中被简单地看成是讲述故事。"讲故事"是我们生活中最常见的现象，存在于一切时代，一切地方，一切社会。叙事与人类相伴而生，自从有了历史，就有了叙事。2013年8月20日，习近平总书记在全国宣传工作会议上要求"精心做好对外宣传工作，创新对外宣传方式，着力打造融通中外的新概念、新范畴、新表述，讲好中国故事，传播好中国声音"①。因此，对外宣传来说，讲好中国故事也就是叙事。

叙事与话语是紧密联系的，叙事的实质就是掌握话语权。从这个意义上说，它又成为国家软实力的重要组成部分。面对新时代多元文化和社会思潮的冲击，新媒体技术的层出不穷，思想政治教育面临着严峻的挑战。2015年12月11日，习近平总书记在全国党校工作会议上强调："争取国际话语权是我们必须解决好的一个重大问题。"并且提出："我们有本事做好中国的事情，还没有本事讲好中国的故事？"② 在构建中国特色哲学社会科学体系中，"发挥我国哲学社会科学的作用，要注意

---

① 习近平：《习近平总书记系列重要讲话读本》，人民出版社2016年版，第209页。
② 习近平：《在全国党校工作会议上的讲话》，人民出版社2016年版，第20页。

加强话语体系建设"[1]。总书记在多个场合关于做好"叙事"的讲话，为高校思想政治教育如何做好"叙事"提出了明确的方向。

高校是意识形态工作前沿阵地，高校思想政治教育是巩固高校意识形态领域指导地位、落实立德树人根本任务的主渠道。要增强高校思想政治教育的实效性，就需要遵循思想政治工作规律，遵循教书育人规律，遵循学生成长规律，在改进中加强、在创新中提高。"讲好故事，说清道理，坚守信仰"，用好思想政治理论课课堂教学这个主阵地，是提升思想政治教育亲和力和针对性，调动学生学习的积极性主动性，满足学生成长发展需要和期待的重要方面。因此，在高校思想政治教育中构建叙事模式、推行叙事式教学法尤为重要。

高校思想政治教育叙事是叙事和思想政治教育二者的结合体。《高校思想政治教育叙事研究》一书将"以人为本""以生为本"的价值理念落到实处，将思想政治教育的理论世界和生活世界融为一体，提出了"高校思想政治教育叙事"命题，探讨了把叙事应用于高校思想政治教育过程的具体路径，具有一些独到的见解和做法。

从思想政治教育角度看，叙事是人类的一种价值认知和表达活动，人类产生价值自觉的时候，便开始进行价值教化，便有了叙事。叙事承载着人类的历史记忆和生活空间，是古代价值观教育的重要内容与方法。《高校思想政治教育叙事研究》一书在界定了道德叙事及其作用的基础上，从个人、家庭和社会三个方面分析了中国传统道德叙事的内容，最后对中国传统道德叙事的特征进行提炼、总结。叙事也是人们传递和储存经验的方式，是人类生活必不可少的部分。作为道德教育、价值观教育的重要方式，国外教育叙事有着优良的传统和现实基础。该书在梳理国外道德教育叙事历史传统的基础上，以学习借鉴人类优秀文明成果的理路，概括了国外道德教育叙事的合理成分。

---

[1] 习近平：《在哲学社会科学工作座谈会上的讲话》，《人民日报》2016年5月19日第2版。

此外，《高校思想政治教育叙事研究》一书在很多方面都作出了研究和探索。例如，在高校思想政治教育叙事的构成要素方面，该书以叙说者、叙说对象、叙说内容、叙说媒介、叙说环境五个要素，建立起了高校思想政治教育叙事研究的框架模式。又如，在高校思想政治教育的主体和对象方面，该书强调人的需求是多样的、复杂的，教育的方式也是多样的、复杂的，并针对高校思想政治教育存在的问题，认为引入叙事，实现教育的回归，可以弥补思想政治教育的不足，更好地衔接"人"与思想政治教育的关系。还如，在如何做好高校思想政治教育方面，该书认为叙事疗法是高校思想政治教育叙事的重要方法，将叙事疗法运用到工作之中，有助于优化思想政治教育方法，因而在厘清叙事疗法融入高校辅导员工作的必要性、重要性、可能性的前提下，构筑了高校辅导员叙事疗法的模式。总之，该书在高校思想政治教育的叙事问题上作了理论和实践方面的较为充分的探索，提出了一些可操作性的实现路径。

故事的深入浅出，道理的层层推进，信仰的始终坚守，使理论最终被掌握、被认同，从而内化于心，外化于行，这才是讲好中国故事的最高境界，也是思想政治教育叙事模式构建的最高追求。期待大家对高校思想政治教育叙事问题进行更为深入的研究。

2019.10.23

目　　录

绪　论 …………………………………………………………（1）
　一　选题缘由和研究意义 ……………………………………（1）
　　（一）选题缘由 ………………………………………………（1）
　　（二）研究背景 ………………………………………………（3）
　　（三）研究意义 ………………………………………………（5）
　二　国内外研究现状 …………………………………………（5）
　　（一）国外研究现状 …………………………………………（5）
　　（二）国内研究现状 …………………………………………（7）
　三　研究方法 …………………………………………………（9）
　四　研究框架 …………………………………………………（10）

第一章　叙事与高校思想政治教育叙事 ……………………（13）
　一　叙事及其基本元素 ………………………………………（13）
　　（一）叙事 ……………………………………………………（14）
　　（二）叙事的基本要素 ………………………………………（17）
　二　教育叙事与高校思想政治教育叙事 ……………………（19）
　　（一）教育叙事 ………………………………………………（19）
　　（二）思想政治教育叙事 ……………………………………（20）
　　（三）高校思想政治教育叙事 ………………………………（21）

三　思想政治教育叙事的构成要素 …………………………（22）
　　（一）叙述者与受述者 ………………………………………（22）
　　（二）叙事内容 ………………………………………………（23）
　　（三）叙事载体 ………………………………………………（24）

第二章　中国道德教育叙事的传承 …………………………（27）
　一　道德叙事及其作用 …………………………………………（27）
　　（一）道德叙事 ………………………………………………（27）
　　（二）道德叙事的特点 ………………………………………（29）
　　（三）道德叙事的作用 ………………………………………（30）
　二　中国传统道德叙事的内容 …………………………………（32）
　　（一）个人方面的道德叙事 …………………………………（32）
　　（二）家庭方面的道德叙事 …………………………………（35）
　　（三）国家方面的道德叙事 …………………………………（37）
　三　传统道德叙事的方法和特征 ………………………………（40）
　　（一）传统道德叙事的方法 …………………………………（40）
　　（二）传统道德叙事的特征 …………………………………（43）

第三章　国外道德教育叙事的借鉴 …………………………（49）
　一　国外道德教育叙事的传统 …………………………………（49）
　　（一）国外道德教育叙事 ……………………………………（50）
　　（二）国外传统道德叙事内容 ………………………………（51）
　　（三）国外道德叙事主体 ……………………………………（52）
　　（四）国外道德教育叙事路径 ………………………………（54）
　二　国外道德教育叙事的现状 …………………………………（56）
　　（一）理论基础 ………………………………………………（56）
　　（二）实践探索 ………………………………………………（58）
　　（三）试验研究 ………………………………………………（60）

三　对国外道德教育叙事的借鉴 …………………………… (60)
　　（一）加强对道德叙事的理论基础研究 ………………… (61)
　　（二）改变学生受动地位 ………………………………… (62)
　　（三）注重实践中的道德叙事 …………………………… (63)
　　（四）形成叙事合力，优化叙事环境 …………………… (64)
　　（五）既保留又创新本民族道德故事 …………………… (65)

第四章　高校思想政治教育叙事的要素 …………………… (67)
一　叙事主体 ………………………………………………… (68)
　　（一）谁在叙说 …………………………………………… (68)
　　（二）向谁叙说 …………………………………………… (71)
　　（三）叙事者与叙事对象的相互作用 …………………… (73)
二　叙事内容 ………………………………………………… (75)
　　（一）讲好经典故事，以经典人物的魅力引导学生 …… (75)
　　（二）讲好历史故事，以厚重的历史感折服学生 ……… (77)
　　（三）讲好现实故事，以改革的成就贴近学生 ………… (79)
　　（四）讲好自己故事，以身边的人物感染学生 ………… (80)
三　叙事媒介 ………………………………………………… (82)
　　（一）贴近学生讲好故事 ………………………………… (83)
　　（二）做好把关人审查故事 ……………………………… (84)
　　（三）利用时机推送故事 ………………………………… (85)
四　叙事环境 ………………………………………………… (85)
　　（一）发挥课堂教学的主渠道作用 ……………………… (86)
　　（二）发挥实践教学的文化育人功能 …………………… (86)
　　（三）占领网络空间新阵地 ……………………………… (87)

第五章　高校思想政治教育存在问题和叙事回归 ………… (90)
一　高校思想政治教育存在的问题 ………………………… (90)

（一）重视理论灌输，忽视生活实践 …………………… （91）
（二）重视教材体系，忽视教学体系 …………………… （94）
（三）重视科研成果，忽视人文关怀 …………………… （97）
二　叙事回归的必要性 ………………………………………（100）
（一）叙事的生活性与思想政治教育政治性的互补 ……（100）
（二）叙事的交互性与思想政治教育单一性的互补 ……（101）
（三）叙事的故事性与思想政治教育说理性的互补 ……（101）
三　叙事回归达到的预期效果 ………………………………（102）
（一）叙事视野丰富了高校思想政治教育的方法 ………（102）
（二）叙事模式增强了高校思想政治教育的效果 ………（103）

第六章　大学生社会主义核心价值观教育叙事 ………………（107）
一　大学生社会主义核心价值观教育存在的问题 …………（107）
（一）教育内容与生活实际结合不够紧密，教育感染力
　　　不足 ……………………………………………………（108）
（二）教育方法重理论灌输忽视主体需求，教育说服力
　　　不足 ……………………………………………………（109）
（三）教育引导功能变为理论教条转述，教育引导力
　　　不足 ……………………………………………………（111）
二　叙事融入价值观教育的必要性 …………………………（113）
（一）将价值观教育回归生活实际，可以增强教育的
　　　感染力 …………………………………………………（113）
（二）通过多样化载体进行多角度渗透，可以提升
　　　教育的说服力 …………………………………………（114）
（三）运用叙事思维可以引导主体自觉选择，强化
　　　教育的引导力 …………………………………………（115）
三　叙事在大学生价值观形成与发展中发挥的作用 ………（117）
（一）知——叙事的阐释性进行认知与说理 ……………（118）

（二）情——叙事的情境性引起情感共鸣与认同 …………（118）
　　（三）意——叙事的隐喻来传递信念与价值 ………………（119）
　　（四）行——叙事的真实感来激发行为动机 ………………（120）
四　叙事应用于大学生社会主义核心价值观教育的
　　现实路径 …………………………………………………（121）
　　（一）遴选与加工——叙事准备 ……………………………（121）
　　（二）叙述与聆听——叙事呈现 ……………………………（127）
　　（三）引领与行动——叙事反思 ……………………………（133）

第七章　高校辅导员思想政治工作叙事疗法 ……………（139）

一　叙事疗法及其主要内容 …………………………………（139）
　　（一）叙事疗法及其发展 ……………………………………（139）
　　（二）叙事疗法的技术和方法 ………………………………（141）
　　（三）叙事疗法遵循的基本原则 ……………………………（144）
二　叙事疗法在辅导员思想政治教育中应用的必要性 ……（146）
　　（一）可以弥补辅导员思想政治教育的不足 ………………（147）
　　（二）符合辅导员思想政治教育的角色定位 ………………（151）
　　（三）适应大学生的心理特点 ………………………………（152）
三　叙事疗法与高校辅导员思想政治教育的互通性
　　和重要性 …………………………………………………（154）
　　（一）互通性 …………………………………………………（154）
　　（二）重要性 …………………………………………………（156）
四　叙事疗法在高校辅导员思想政治教育中的应用 ………（159）
　　（一）应用模式 ………………………………………………（159）
　　（二）应用原则 ………………………………………………（162）
　　（三）具体路径 ………………………………………………（166）

第八章 高校思想政治教育叙事的实现路径……（169）
一 高校思想政治教育叙事应遵循的原则……（169）
（一）坚持人本性，关注学生的现实需求 ……（169）
（二）坚持多元化，发挥学生的主体作用 ……（170）
（三）坚持生活性，聚焦教育的生活世界 ……（171）
（四）坚持规律性，尊重叙事的循序渐进 ……（172）
二 高校思想政治教育叙事的实现路径……（173）
（一）真——选择叙事主题 ……（173）
（二）情——在场进行叙事 ……（175）
（三）理——提升叙事层次 ……（176）
（四）行——促成叙事行为 ……（177）
（五）思——叙事过程反馈 ……（178）

第九章 高校思想政治教育叙事艺术……（181）
一 高校思想政治教育叙事艺术的理论界定……（181）
（一）高校思想政治教育叙事艺术的内涵 ……（181）
（二）高校思想政治教育叙事艺术的原则 ……（183）
（三）高校思想政治教育叙事艺术的地位 ……（188）
（四）高校思想政治教育叙事艺术的作用 ……（191）
二 高校思想政治教育叙事艺术的理论基础与历史借鉴 ……（193）
（一）理论根源：马克思主义理论 ……（193）
（二）学科支撑：思想政治教育学原理 ……（197）
（三）历史借鉴：中国优秀传统道德教育 ……（199）
三 高校思想政治教育叙事艺术的实现路径……（201）
（一）运用科学理论的艺术 ……（201）
（二）语言表达方式的艺术 ……（207）
（三）把握事物要害的艺术 ……（210）
（四）运用非理性因素的艺术 ……（214）

第十章　高校思想政治教育的叙事境界 …………………………（218）
　一　生活向度：讲好马克思主义的故事 ………………………（218）
　　（一）选取具有思想性的故事内容 …………………………（219）
　　（二）构建具有感染力的话语体系 …………………………（220）
　　（三）采用具有创新力的传播形式 …………………………（221）
　二　学理向度：讲清马克思主义的道理 ………………………（223）
　　（一）讲清马克思主义是科学的理论 ………………………（223）
　　（二）讲清马克思主义是人民的理论 ………………………（224）
　　（三）讲清马克思主义是实践的理论 ………………………（225）
　　（四）讲清马克思主义是开放的理论 ………………………（226）
　三　价值向度：坚守马克思主义信仰 …………………………（227）
　　（一）守望共产主义远大理想…………………………………（227）
　　（二）坚定中国特色社会主义信念 …………………………（228）
　　（三）为实现中华民族伟大复兴的"中国梦"而努力 ……（230）

结　语 ……………………………………………………………………（232）

参考文献 …………………………………………………………………（235）

后　记 ……………………………………………………………………（244）

绪 论

"意识形态工作是党的一项极端重要的工作"[①],而高校思想政治教育则是马克思主义意识形态建设的前沿阵地,是坚持社会主义办学方向的重要途径。培养什么人、为谁培养人是社会主义教育必须解决的首要问题,而其中起关键作用的就是思想政治教育,为此高校"要全面贯彻党的教育方针,落实立德树人根本任务"[②]。新时代高校思想政治教育要遵循思想政治工作规律、遵循教书育人规律、遵循学生成长规律,"因事而化、因时而进、因势而新"[③]。基于此,我们借鉴教育叙事的理念和方法,构建了高校思想政治教育叙事。

一 选题缘由和研究意义

(一)选题缘由

教育是一种生活方式、生活习惯,无论对于教育者还是受教育者,叙事俨然是日常的一种表达方式。当人们无法处理日常生活中亟需解决的问题,很难描述和界定他们的话语时,人们深切地感受到借助叙事语

---

① 《学习习近平总书记8·19重要讲话》,人民出版社2013年版,第14页。
② 《中国共产党第十九次全国代表大会文件汇编》,人民出版社2017年版,第37页。
③ 《习近平谈治国理政》第2卷,外文出版社2017年版,第378页。

言能清楚地表情达意。叙事承担了这一使命，使人们能积极参与其中，以自己的方式去理解社会生活，揭示社会生活的本相。正如布鲁克斯（Brooks）所说："人们的生活不停地被叙事包围以及与讲述的故事交织在一起，这些都是我们重复的叙述我们的生活故事。"[1]

人们的生活与故事、事件息息相关，一位犹太法学家曾说过"上帝创造人是因为他喜欢故事"[2]，虽然这句话听起来有几分调侃的味道，但是确实向我们传递了故事几乎与人类相伴而生这样一个信息，叙事恰恰就是人们对生活中发生事件的基本表述。在日常教育生活实践中，人们往往重视一些典型"大人物"身上的教育事例，而忽略了平常的大多数人，叙事恰恰关注的是教育事件本身的意义，它将发生在最普通的平凡人身上的故事也纳入教育、研究的视野。

随着国际国内形势的不断变化，市场经济体制的日益成熟，社会利益群体日益多样，社会思潮也日益多元，价值观念、意识形态更加纷繁复杂，我们面临着百年未有之大变局。面对外在压力，越来越多的人觉得心灵空虚、精神贫乏、信仰缺失。基于此，以一种一成不变的教育模式去解决复杂多变的精神需求和思想困惑，远远不能满足人们的多样化需求。

在很长一段时间内，高校思想政治教育一直以说理教育为主，更多地强调理论的彻底性、教育的灌输性。说理教育具有自身的优势和特色，它可以以理论的彻底性使学生明白马克思主义的真理性、以理论的逻辑性使学生明白马克思主义的科学性。但是，在实际工作中，这种说理教育往往演变为一种话语霸权、简单归纳、强行灌输，往往忽略了学生主观能动性的发挥。出现教师上课讲条条、学生上课记条条、考试考条条、考完忘条条的现象，难以达到提升思想政治教育针对性和实效性

---

[1] ［美］伯格：《通俗文化、媒介和日常生活中的叙事》，姚媛译，南京大学出版社2000年版，第1页。

[2] ［美］里兰得·来肯：《认识圣经文学》，李一为译，江西人民出版社2007年版，第30页。

的要求，说理教育往往陷入一定的困境。

在高校思想政治教育中，往往存在着思想与语言错位、理论与实践脱节的现象，出现用文件语言、学术语言，而不是生活语言、灵动语言进行思想政治教育，出现理论悬置、不接地气的思想政治教育。这就需要将叙事这一教育模式、教育方法归位到高校思想政治教育之中——讲好故事、讲清道理、坚守信仰。

作为一种传统的教育方式，讲故事对人们思想道德的养成发挥了很大的作用，是中国传统价值观教育的重要载体和内容。[①] 运用隐形的方式，通过丰富的故事、哲理的寓言等，生动形象地传递了统治阶级的价值观念，这样就可以达到道德教育之效果和鹄的。家庭教育往往也运用叙事的方法，讲好家族的根脉、历史、英雄人物，以家风族风教育影响后辈，从而形成家族的绵延。

将叙事方法回归于思想政治教育，一方面可以克服思想政治教育的刻板性，让高校思想政治教育与学生内心世界、生活世界接轨；另一方面可以促进教育主体双方的相互教育和发展，通过循序渐进的方式对教育生活进行讲述，推动叙述主体与他人、社会的沟通，获得彼此心灵上的慰藉和精神上的支持，获得精神和心灵上的认知和认同，从而潜移默化地达到育人之目的。

探讨高校思想政治教育叙事不但可以丰富思想政治教育的研究内容，拓展思想政治教育的研究视野。而且通过教育叙事在高校思想政治教育工作中的应用研究，可以探索出一条行之有效且操作性较强的教学模式——高校思想政治教育叙事式教学方法，提高思想政治理论课的针对性和实效性，使学生坐得下、听得进、学得好、用得上，受益终生。

(二) 研究背景

习近平总书记强调："一种价值观要真正发挥作用，必须融入社

[①] 傅修延：《先秦叙事研究——关于中国叙事传统的形成》，东方出版社2007年版。

会生活，让人们在实践中感知它、领悟它。"① 因此，价值观教育的内容不应该成为呆板僵硬的说教或高高在上的思想悬设，而应该是同人的生活密切相关的处世艺术和生活智慧，是对客观世界、生活规则的总结。所以，在思想政治教育过程中，应该把重心落脚在社会主义核心价值观并渗透到学生学习、生活的方方面面之中。唯有如此，方能使其成为内心的准绳和道德律，做到内化于心、外化于行，更好地落实落细。

当前，大学生思想政治教育的主渠道是思想政治理论课课堂，课堂上的主要方法是灌输教育法。这种传统的教学方法未能联系学生实际、忽视其情感体验，使思想政治教育的理论和实践缺乏连贯性，未能有效帮助大学生在实际生活里矢志不渝地践行，也不可能达到内化于心、外化于行的效果。作为教育方法的叙事，具有教育内容直观、教育过程自然以及同生命意义密切相关的特点，能够通过故事的讲述来诠释生活经验、传递价值理念，达到潜移默化、润物细无声的教育效果，这样就可以实现灌输和启发的统一。

自古以来，叙事一直受到东西方教育者的青睐，因为它不仅能够对自己，同时还能够对特定群体乃至整个民族进行教育。例如《山海经》《诗经》《伊索寓言》《荷马史诗》《圣经》等，都是在叙事中传递人类道德价值、延续本民族的历史文化、树立本民族的价值观念。传统社会的价值观教育常用故事这种隐蔽方式发挥社会教化的作用，通过神话故事②、民间故事、寓言故事以及文艺形式叙事的诗词歌曲、小说戏剧来实现价值观教化的作用，方法虽然保守却十分有效。

当前，高校思想政治教育对叙事传统呈现出忽视和遗忘的状态，表现为知识化倾向，将生活化的道理变成教条的理论陈述，"配方"比较

---

① 习近平：《把培育和弘扬社会主义核心价值观作为凝魂聚气强基固本的基础工程》，《人民日报》2014年2月26日第1版。
② 杨雪峰：《中国古代英雄神话中的道德叙事研究》，硕士学位论文，西北大学，2016年。

陈旧,"工艺"比较粗糙,"包装"不那么时尚,导致亲和力不佳①。因此,加强高校思想政治教育叙事研究对于增强思想政治教育的实效性、传承叙事教育传统皆具有十分重要的意义。

(三) 研究意义

第一,理论意义。目前,在文学、教育学、历史学、哲学等领域,叙事都已成为其研究的重要组成部分,但是如何将叙事与思政教育进行融通,目前还没有相对成熟的理论和方法。基于此,本书在吸收其他学科和本学科前人研究成果的基础上,拟构建高校思政教育叙事模式,这样既可丰富高校思政教育的研究视野,又可拓展叙事学的研究领域。

第二,现实价值。传统的高校思政教育重"宏大叙事",而轻"平凡叙事",以至于影响到思想政治教育的实效性。基于此,本书借鉴教育叙事研究的新概念、新范畴、新表达,通过灵活多样的叙述方式,使学生在知、情、行三个层次树立马克思主义信仰和价值,在朝向马克思主义事实本身的基础上提升高校思想政治教育的针对性和实效性,满足学生成长发展的期待。

二 国内外研究现状

(一) 国外研究现状

20世纪60年代,受结构主义思潮的影响,叙事学(Narratology)作为一门学科在法国诞生,对叙事活动独立而系统的研究正式开始。1969年,法国结构主义文学批评家托罗多夫(T. Todorov)在其著作《〈十日谈〉语法》中提出"这部著作属于一门尚未存在的科学,我们暂且将这门科学取名为叙事学,即关于叙事作品的科学";② 同时他借

---

① 2016年中青在线北京3月12日电。陈宝生:现在的思政课"配方"陈旧"工艺"粗糙。
② 张寅德编选:《叙述学研究》,中国社会科学出版社1989年版,第1—2页。

助语法分析模式和语言学术语建立起一整套叙事学研究的句法。结构主义叙事学的研究主要局限于文学，主张对叙事虚构作品（主要是小说）进行内在性和抽象性的研究。①

进入90年代以后，叙事学的研究逐渐从结构主义文学、语言学中挣脱出来，人文学科各领域先后把叙事引入自己的研究框架，形成了"叙事学转向"的壮景。《新叙事学——跨学科叙事理论》一书的主编戴卫·赫尔曼（David Herma）概括道："一门'叙事学'实际上裂变为多家'叙事学'。"②"新叙事理论"或者"后经典叙事学"主要在美国兴起，其主要特征是呈现跨学科、跨媒介研究趋势，其中包括历史叙事、哲学叙事、社会叙事、图像叙事、电影叙事等，其中教育领域对叙事的关注成为盛景。美国心理学和教育学家杰罗姆·布鲁纳（Jerome Seymour Bruner）认为，叙事认知同科学的例证认知一样是认识世界的一种思维模式，是自我建构以及理解他人的基本途径，他提倡在各个层次的教育中发展叙事思维能力。

教育叙事探究（Narrative Inquiry in Education）属于质的研究，它是一个独有的研究领域，更加强调以叙事来描述人类的经验、行动以及作为群体和个体的生活方式。美国学者理查森（Richardson）把叙事看作一种推理和表达的模式，融合理性和感性于一体，通过叙事来看清这个世界，并向他人表达这个世界（1990）。加拿大学者康纳利（Clandinin D. J.）和克莱迪宁（Connelly F. M.）在《叙事探究：质的研究中的经验与故事》（1994）中认为：复杂撰写的故事为叙事，写得好的故事接近经验，同时也接近理论；"如果我们能叙事地了解这个世界，就像我们所做的一样，那么叙事地去研究这个世界也是有意义的"③，并且"对于叙事探究来说，从对经验现象的探索开始比对各种理论框架的比

---

① 龙迪勇：《空间叙事学》，生活·读书·新知三联书店2015年版，第1页。
② [美] 大卫·赫尔曼：《新叙事学》，马海亮译，北京大学出版社2002年版，第1页。
③ [加] 简·克兰迪宁、迈克尔·康纳利：《叙事探究：质的研究中的经验与故事》，张园译，北京大学出版社2008年版，第19页。

较分析开始更有收获"①。此外,他们还解释了为什么走上了叙事探究之旅、什么是叙事探究以及叙事探究如何进行等。丹麦学者曹诗弟(Stig Thoegersen)则以田野考察的方法撰写了《世纪的中国》(2005),还原了梁漱溟所进行的乡村建设运动。这些成果皆可为本研究提供借鉴,拓展本书的研究思路。

(二) 国内研究现状

20世纪90年代以后,教育叙事研究开始在中国兴起,无论是在理论层面还是在实践领域,教育叙事都成为学者们关注的热点:胡亚敏的《叙事学》(1994) 开中国叙事研究之先河;丁刚教授主编了《中国教育叙事研究丛书》,其中《教育叙事探究》(2007) 系统地阐述了教育叙事的研究框架和理论体系;林德全的《教育叙事论纲》(2008) 对教育叙事的内涵、类型、范畴等进行阐释;杨义的《中国叙事学》(2008) 通过发掘中国叙事智慧之特征,拟构建中国特色的叙事学;陈然兴的《叙事与意识形态》(2013) 则对叙事的意识形态进行批判并建构。有关高校思政教育叙事的论文较少,主要有卢锋的《教育叙事研究——高校思想政治理论课教学研究范式之转变》(2010)、蒋红群的《论现代性困境下思想政治教育叙事形式的转换》(2011)、陈洁的《教育叙事在高校思想政治理论课中的应用》(2011) 等。目前,以叙事为视角对高校思政教育进行研究的论文主要是借鉴教育叙事的表达方法,但是将叙事与高校思政教育结合起来进行总体性建构的专著还没有出现。

目前学术界对教育叙事的研究有以下几个方面:(1) 对教育叙事内涵的界定。(2) 对教育叙事适用性的研究。教育叙事研究虽然在教育领域日渐盛行,可以让教师发出自己内心的声音,无论对于教师的身

---

① [加]简·克兰迪宁、迈克尔·康纳利:《叙事探究:质的研究中的经验与故事》,张园译,北京大学出版社2008年版,第137页。

心发展抑或是职业发展都有促进作用（陈向明，2010），但是这种教育方式并不适合所有的学科领域，比如，王枫（2006）认为教育叙事更适用于人文社科领域的教学活动。（3）对教育叙事方法的探索。如何收集适合课堂使用的故事是教育叙事研究的一个重要研究内容，丁钢（2008）讨论了教育叙事的方法，彭彩霞（2009）以康纳利、克莱丁宁和康莉三位学者为鉴，探讨了教师在运用教育叙事时需注意故事的情境性、时空性以及与现实的关联性，故事应根植于现实生活情景，探讨了隐喻在教育叙事重点的应用。（4）教育叙事在课堂应用中的现实难题。

国内关于思想政治教育叙事的论文较少，其中大多数是把初高中思想品德课与教育叙事结合起来讨论，厉萍在硕士毕业论文《教育叙事在小学思想品德课中的应用研究》一文中对教育叙事这一方法应用于小学思想品德课进行了研究与分析；冼汉海在其硕士论文《教育叙事在初中思想品德课中的应用研究》中认为初中思想品德课教师可以通过教育叙事的方式来改进教学效果，并具体探讨了运用教育叙事方式的四个阶段。另外一种是把教育叙事当作提升辅导员能力的一种方法来探讨，陈武在《教育叙事在高校辅导员成长中的价值体现》一文中从工作水平、科研能力、心理调节能力三个方面阐述教育叙事在高校辅导员成长中的价值体现；王珩在《教育叙事：高校辅导员专业化成长的有效路径》中把教育叙事看作是一种提升高校辅导员专业水平的有效途径等。

如何让思想政治教育焕发出其应有的生机，如何形成思想政治教育独特的叙事方式，使叙事与思想政治教育完美契合是当前研究的难点，国内研究相对比较缺乏，但是叙事研究的趋势和未来走向却越来越热。本书试图探究教育叙事在思想政治教育领域的应用，为高校思想政治教育改革提供有益借鉴。经过对高校思想政治教育叙事案例的搜集发现，近年来，华东师范大学已经初步形成以丁钢教授为主的专门研究叙事的团队，但其研究重心主要在教育叙事。

西北大学近年来关注高校思想政治教育叙事研究，已经成为高校思想政治教育叙事研究的重镇。近年来有一批硕士毕业论文选择与叙事相关的研究方向，主要包括道德叙事、社会主义核心价值观叙事、思想政治教育叙事等，如王玉婷的《高校思想政治教育叙事及其实现路径》、吕瑞琴的《叙事疗法在高校辅导员思想政治教育工作的应用研究》、张丽静的《毛泽东思想政治教育叙事研究》、唐锦琳的《延安时期思想政治教育叙事研究》、杨雪峰的《中国古代神话中的道德叙事研究》、袁迪的《试论高校道德教育叙事的理想追求和践行道路》、王祝昕的《社会主义核心价值观传播中的图像叙事探究》等等。西北大学还将叙事与高校思想政治理论课教学改革结合起来，讲好马克思主义的故事、讲清马克思主义的道理、坚守马克思主义的信仰。2018年2月18日，中国教育电视台以"西北大学 讲着故事学思政"为题对此进行了报道。

三　研究方法

"工欲善其事，必先利其器"[①]，方法对于研究来说从来都是重要的。本书以唯物辩证法为方法论原则，同时采用社会科学尤其是思想史研究的最新方法，坚持以下三个方面的结合。

第一，文献搜集和社会调研相结合。首先，本书对有关教育叙事和高校思政教育的相关文献进行搜集整理，对文献内容进行分析，以建立起本研究的理论支撑和资料库；其次，本书还对高校思政教育的现状进行田野调查，分析目前高校思想政治教育存在的问题，以了解叙事对象的现实需求。

第二，总体关注和专题研究相结合。首先，本书从总体性上构建高校思政教育叙事模式和研究框架；其次，本书还拟采取分类研究的方法对中国传统的道德叙事、国外道德叙事，对高校思政教育的主体、内容、对象、方法、场域，对高校社会主义核心价值观叙事、辅导员叙事

---

① 《论语》。

疗法等进行专题研究，以深化研究对象，形成系列成果。

第三，历时性分析和共时性比较相结合。首先，本书拟采取历时性方法，按时间线索梳理中国传统道德叙事的发展脉络和逻辑图式；其次，本书还拟采取共时性方法，分析共同时态下的国外道德教育叙事，以凸显叙事教育的普遍性和实效性。

四 研究框架

绪论。主要介绍高校思想政治教育叙事研究的必要性、重要性，国内外研究现状、研究方法和创新之处等。

第一章 叙事与高校思想政治教育叙事。要研究高校思想政治教育首先需要厘清相关的核心概念，为此本章从叙事、教育叙事、思想政治教育叙事再到高校思想政治教育叙事，一步一步剥离再结合解析高校思想政治教育叙事相关概念，这样就可以使得以后的研究建立在清晰的概念基础之上。

第二章 中国道德教育叙事的传承。人类产生价值自觉的时候，便开始进行价值教化。故事是各种知识的母体，它承载着人类的历史记忆和生活空间，是古代价值观教育的重要内容与方法。中国的传统叙事主要是道德叙事，为此本章首先界定了道德叙事及其作用；接着从个人、家庭和社会三个方面分析中国传统道德叙事的内容；最后对中国传统道德叙事的特征进行提炼、总结。

第三章 国外道德教育叙事的借鉴。叙事是人们传递和储存经验的方式，是人类生活必不可少的部分。作为道德教育、价值观教育的重要方式，国外教育叙事有着优良的传统和现实基础。《伊索寓言》《荷马史诗》《圣经》都是叙事的经典文本。基于此，本章梳理国外道德教育叙事的历史传统，总结其形成的基本经验，并对其合理成分进行借鉴。

第四章 高校思想政治教育叙事的要素。如同思想政治教育一样，高校思想政治教育叙事也有其构成要素，它是由作为主体之一的叙事者向受述者通过"在场"讲述教育事件故事来启迪教育对象,达到思想境界升华的目的。这里就包括了高校思想政治教育叙事的五要素:叙说者、叙说对象、叙说内容、叙说媒介、叙说环境,文章对此进行逐个阐释。

第五章 高校思想政治教育存在的问题和叙事回归。思想政治教育是一种丰富而生动的人类社会实践活动,它面对的是一个个有血有肉的现实的人,人的需求是多样的、复杂的,所以教育的方式也是多样的。面对高校思想政治教育存在的问题,我们应该引入叙事,实现教育的回归,弥补传统思想政治教育的不足,更好地衔接"人"与思想政治教育的关系。

第六章 大学生社会主义核心价值观教育叙事。社会主义核心价值观教育是高校思想政治教育的重要内容,如何使社会主义核心价值观深入人心、产生思想和情感认同,真正内化为主体意识并外化为自觉行动是价值观教育的重中之重。本章首先通过调研的方法梳理大学生社会主义核心价值观叙事面临的问题,接着分析了叙事介入大学生社会主义核心价值观的可能性和现实性,并具化了其实现路径。

第七章 高校辅导员思想政治工作叙事疗法。叙事疗法是指教育者通过运用语言的独特技巧,帮助当事人找出故事叙说中的遗漏环节,进而不断引导其改变内心消极的想法,使其重塑对生活的信心。高校辅导员是高校思想政治工作队伍的重要成员,将叙事疗法运用到工作中,有助于优化思想政治教育方法。本章首先分析了叙事疗法及其主要内容,在厘清叙事疗法融入高校辅导员工作的必要性、重要性、可能性的前提下,构筑了高校辅导员叙事疗法的模式。

第八章 高校思想政治教育叙事的实现路径。高校思想政治教育叙事模式不仅局限于理论的构建,而且还在于具体的方法应用,即通过叙事引入提升思想政治教育的针对性和实效性。基于此,本章首先分析了高校思想政治教育叙事实施过程应遵循的原则,在此基础上提出了高校思想政治教育的真、情、理、行、思的叙事路径,这对当下的高校思想政治教育实践具有一定的借鉴意义。

第九章　高校思想政治教育叙事艺术。高校思想政治教育叙事艺术是指在新的时代背景下，通过语言文字、图像音像、视频动画等载体叙说故事，最大程度地实现思想政治教育目标的具有感染力的技能和技巧的总和。基于此，本章在厘清高校思想政治教育叙事艺术的基础上分析了高校思想政治教育叙事艺术的理论基础和历史借鉴，并提出了高校思想政治教育叙事艺术的实现路径。

第十章　高校思想政治教育的叙事境界。马克思主义叙事就是将日常生活、理论世界和价值关怀融为一体，通过将基本原理变为生活道理，讲好身边故事，使人们在春风化雨中坚守马克思主义信仰，从而实现叙事、说理和信仰三效合一。故事从文本中来，道理从故事中来，信仰从道理中来。故事的深入浅出、道理的层层推进、信仰的不断坚守，使理论最终被掌握、被认同，从而内化于心、外化于形，这才是新时代讲好马克思主义故事的最高境界，也是马克思主义叙事的最高追求。

结论　故事的深入浅出、道理的层层推进、信仰的不断坚守，使理论最终被掌握、被认同，从而内化于心、外化于形，这才是讲好中国故事的最高境界，也是思想政治教育叙事模式构建的最高追求。所以，高校思想政治教育叙事模式构建既可以拓展思想政治教育研究的视野，也可以提升高校思想政治教育教学的实效性。

第一章　叙事与高校思想政治教育叙事

叙事是生活中最常见的现象，"存在于一切时代，一切地方，一切社会。有了人类历史本身，就有了叙事"①。叙事就是讲故事，是一种思想表达方式和教育研究方法，也是记录历史和认识世界的方法，它伴随人类历史的产生而出现，人们不断地创造故事、编撰故事并把它记述和表达出来，留下了发展的痕迹。叙事与思想政治教育结合在一起便构成思想政治教育叙事，它与思想政治教育一样，作为一种实践活动，有其构成要素。正是因为这些因素的相互作用、相互融合，才能顺利进行和实现思想政治教育叙事这一实践活动。研究高校思想政治教育叙事的概念、构成要素及其各要素之间的相互作用，有助于推动高校思想政治教育功能和效果顺利实现。

一　叙事及其基本元素

叙事是我们生活中最普遍的现象，是生活中不可缺少的部分，叙事现象无处不在。事实上，我们每时每刻都生活在不同的叙事中。美国叙事学家伯格（Buerger）认为，从襁褓之中的摇篮曲，到孩提时代的童

---

① ［法］罗兰·巴特：《叙事作品结构分析导论》，载张寅德《叙事学研究》，中国社会科学出版社1989年版，第2页。

话、歌谣，再到电影、广告甚至日记，叙事都是一种强有力的表达方式。① 不仅如此，叙事存在于每个年代、每个地方、每个社会，叙事无时不在、无处不在，没有哪个民族没有自己的叙事。教育叙事源于叙事学，当叙事研究进入教育研究的视野时，教育叙事也就进入叙事领域，成为一个学术研究的热门词，并在研究方法上主张借鉴、应用叙事，形成教育叙事的盛景。

（一）叙事

在我国古文中，"叙事"的"叙"有名词和动词多重字义，与"序""绪"通用。清代段玉裁在《说文解字注》提到"次弟谓之叙。经传多假序为叙"②，"叙"的通假字是"序"，用作名词意为"序列""次序"；用作动词意为"按一定的次序排列"或"依序行事"。"序"有时也与"绪"通假，意思是抽丝者找到头绪可以依次牵引，由此可知，"叙"也可以引申为凡事都有头绪可以接续和抽引或者给事件安排顺序、理清头绪，暗示事件发生的时间顺序、空间顺序和故事线索的头绪。在《国语·晋语三》中提到"纪言以叙之""述意以导之"，这里的"叙"就有表述、讲述的意思，把"叙"当作动词的"叙述"使用。"叙事"的"事"，古意为一种记叙历史的官职，与"士""史"相通。在《礼记·大学》中有"物有本末，事有始终"，其中"事"就是"事实、事件"的意思。"叙事"两字相并出现时，常用作有秩序地记述事实、叙述事情并把事情的发展过程记载下来。

在拉丁文中，"叙事"的意思是知识、专家或熟练实务，后引申为讲故事或演绎的事件、动作以及用来描述按时间顺序连续发生的诸多事件。《韦伯第三国际辞典》中把"叙事"解释为"讲故事，或类似讲故

---

① ［美］阿瑟·阿萨·伯格：《通俗文化、媒介和日常生活中的叙事》，姚媛译，南京大学出版社2006年版。
② （清）段玉裁：《说文解字注》。

第一章　叙事与高校思想政治教育叙事

事之类的事件或行为,用来描述前后连续发生的系列性事件"①。查阅英文词典,叙事(narrative)作为名词,有三个含义:(1)(事件、经历等的)故事叙述。(2)(书面或口头的)叙事文。(3)记叙体,记叙艺术,记叙过程。法国叙事学家热拉尔·热奈特从三个角度概括"叙事"的定义:承担叙述一个或一系列事件的陈述,包括口头和书面话语;叙事话语中真实或虚构的、作为话语对象而发生的事件;某人讲述某事的事件。②

叙事既可以指名词叙事话语和故事素材,也可以指动词叙事行为。由此可知,首先,叙事是一种话语模式,其中包括时间、地点、人物、行为等多个要素,把特定情节和背景下的事件通过形象生动的语言讲述出来。其次,叙事指故事或素材,意为一系列由事件行为者经历的从一种状况转变为另一种状况的事件。这种故事素材不仅仅是人类社会中发生的人物事迹、生活事件和社会现象,还包括动物抑或是宇宙间其他生物身上一段时间内发生的事件。这一事件可以是真实的、虚构的,也可以是运用人的主观意识在真实事件基础上编撰的故事。最后,叙事也指讲述故事的行为,就是把故事素材按照一定的话语模式叙述出来的动作,这种"叙述"有语言和非语言两种形式,语言叙事就包括口头讲述的故事和用小说、诗歌、寓言等各种文本形式直接地叙述故事的行为表现;非语言叙事是独立于一般的话语结构和文本体裁和样式,用绘画、雕刻、电影、舞蹈等语言文字以外的工具材料间接地叙述故事的行为。

叙事是人类最常见的行为方式之一,叙事也是对心灵的一种启迪和开发,人类是在叙事的历史长河中不断成长并发展成型的,我们的一生都是被叙事包围着的。事实上,叙事的发展伴随着人类历史和文化的发

---

① 李新叶:《教育叙事研究综述》,《中国电力教育》2008年第7期。
② [法]热拉尔·热奈特:《叙事话语,新叙事话语》,王文融译,中国社会科学出版社1990年版,第6页。

展。人类从钻木取火的远古时代，就开始讲述神话故事。有了文字后，历史学家们开始编撰、解释历史事件，再到运用电影、舞台、网络媒介，这些都是广泛意义的叙述。叙事与人类的生活息息相关，没有人类的生活实际，就不会产生叙事这一活动。我们生活在一个平凡的世界，在整个人生中会遇到各种不如意的事情，当我们遭遇挫折时，大多数会心灰意冷，而叙事可以改变我们对事件的态度和感觉，让我们重新找回信心，找到自我。

故事说学派认为叙事重在故事，"叙事即故事"[1]，是以人类的实践和经验为基础，并由叙述者来讲的故事；叙述说学派着重叙述，他们认为叙事是通过叙事者的口语把一个个或虚拟或真实的故事叙述出来；意义说学者更是着重把叙事的实质放在"意义"上，或是认为"当事人用自己的语言讲述的充满着意义的生活故事"[2]，或是认为"叙事就是作者通过讲故事的方式把人生经验的本质和意义传示给他人"[3]；信息说学者则是注重把故事中要传达的信息传递出去，形成一系列的叙事信息。在本书中，综合以上学说对叙事有一个完整的定义，叙事是指讲述者用一些有意义的故事把要传达的信息讲述给听众，并且让二者在这个过程中获得相互启发和心灵慰藉，是故事和叙述的完美结合。

叙事本来是文学的要素之一，"叙事学属于以小说为主的叙事文学的理论"[4]。但是叙事的媒介并不止于文字，正如罗兰·巴特（Roland Barthes）所讲的："对人类来说，似乎任何材料都适合于叙事；叙事承载物可以是口头或书面的有声语言，是固定的或活动的画面，是手势，以及所有这些材料的有机混合；叙事遍布于神话、传说、寓言、民间故事、小说、史诗、历史、悲剧、正剧、喜剧、哑剧、绘画、彩绘玻璃

---

[1] ［美］阿瑟·阿萨·伯格：《通俗文化、媒介和日常生活中的叙事》，姚媛译，南京大学出版社2006年版，第5页。
[2] 熊川武：《反思性教学》，华东师范大学出版社1999年版，第127页。
[3] 蒲安迪：《中国叙事学》，北京大学出版社1996年版，第5—6页。
[4] 朱立元：《当代西方文艺理论》，华东师范大学出版社1997年版，第256页。

窗、电影、连环画、社会杂闻、会话。"① 叙事研究的领域远不止于文学，像历史学、艺术学、哲学、传播学、教育学、心理学等领域都存在叙事。这些领域的学者们也意识到了叙事的重要性，有意无意地运用叙事的视角去考察问题、解决问题，出现叙事研究的转向。②

近年来，中国的教育实践尤其是思想政治教育实践迅猛发展，这就要求教育研究者拓宽自己的研究视野，将研究对象真正转向教育领域的各种人和事。这样，就使得文学色彩厚重和育人效果明显的叙事逐渐走进了人们的视野，研究者和实践者越来越重视叙事这一教育方法，形成了独具中国特色、中国气派和中国话语的教育叙事研究范式和应用图景。

（二）叙事的基本要素

对于叙事的构成要素，法国著名叙事学家热拉尔·热奈特（Gerard Genette）在其经典著作《叙述话语》中进行了修正。认为叙事由三种要素构成，包含三种含义：一是"故事"即被叙述的事件；二是"叙述话语"即叙述故事的口头语或书面语，在文学中体现为读者读到的文本；三是"叙述行为"，指产生话语的行为过程，如讲故事的过程。③这三个要素在叙事中相互联系、相互影响。话语和行为是首要的，叙述行为离不开叙述话语，叙述话语也依赖叙述行为。核心是事件，无论事件是过去的还是现在的，是真实的还是虚构的。叙事是人类的一种存在，自从有了叙事，人类生活便充满了色彩，知识也变得容易解释、理解，叙事是人类意识到语言的重要价值和无穷魅力的体现。

1. 故事

"故事"（histoire），指的是作品叙述的按实际时间、因果关系排列

---

① ［法］罗兰·巴特：《叙事作品结构分析导论》，载张寅德《编叙述学研究》，中国社会科学出版社1989年版，第2页。
② 龙迪勇：《空间叙事学》，生活·读书·新知三联书店2015年版，第54页。
③ ［法］热奈特：《叙述话语，新叙述话语》，王文融译，中国社会科学出版社1990年版，第71—76页。

的事件，它是抽象系统关联的序列。人类对故事的胃口是不可餍足的，故事能开启人们对未知世界的探索，孩童从开始会识字时，就对听故事、讲故事不厌其烦，孩子睡前的故事是必备的程序，对孩子价值观养成影响很大。人类生活的经验即故事，是人生必需的设备，故事通过叙事开展，得以诠释。"随着我们对传统意识形态的信仰日益消减，人们转而寻找我们依然相信的源泉：故事艺术。"[①] 中华古老的文明历史悠久，沉淀和积累了各种各样的故事，既有过去发生的事，又有当前的和未来的事。故事艺术是世界上主导的文化力量，文明的发展和延续有赖故事支撑，个人和集体的记忆借助故事建构，有了故事才有民族认同、阶级认同、自我认同。撰写故事绝非易事，价值观、人生观的是非曲直是艺术的灵魂，也是故事的灵魂，为此我们要深入生活，挖掘新的具有价值和意义的故事，以表达我们对世界的理解。

2. 叙述话语

"叙述话语"（recit），简单的理解就是在叙述过程中叙述如何开展，其中涉及叙述形式和技巧。无论是现实世界中发生的事，还是文学中的虚构之事，故事的再现方式既可以是文字，也可以是影像，也就是展现的话语。话语是故事和叙述行为之间的中介，故事是话语的对象，采用何种形式来表达，如用直接引语还是间接引语，即我们所说的话语层。结合思想政治教育叙事过程，叙事"话语"一方面是指涉及叙述、承载以及传播思想政治教育故事的"话语"，另一方面是指在思想政治教育过程中所涉及的直接或间接叙述思想政治教育的"话语"。

3. 叙述行为

叙述行为（Narrting）也就是讲述过程。讲述是行动，叙述故事的行动，是在话语中产生故事的沟通过程，是某人讲述某事（从叙述行

---

① ［美］罗伯特·麦基：《故事——材质·结构·风格和银幕剧作的原理》，周铁东译，天津人民出版社2014年版，第5页。

为本身考虑)的事件,是在特定的情境中讲述行为真或假的过程。叙述过程中的声音、表情、手势等,都属于叙述行为。在思想政治教育的具体叙事"行为"中,涉及叙事群体、叙事内容、叙事媒介等因素。在具体的思想政治教育实践中,要借助媒介,借助电影、摄影等技术形式和音乐、漫画、木刻等艺术形式,充分提高叙事"行为"的丰富性、生动性。

二 教育叙事与高校思想政治教育叙事

(一)教育叙事

叙事家族体系庞大,成员众多,教育叙事是其中重要的成员之一。作为叙事范畴,教育叙事在教育领域中既能体现出普遍性,又表现出特殊性。在特定的教育文化背景下,教育叙事的叙述者运用叙述、描写等最佳表现方式,把教育经验以故事的形式呈现给受述者。在这一过程中,教育叙事强调的是教育事件,以及受述者在教育实践中的感悟、体验、情感的升华。教育叙事研究作为一种独特的质性研究,在教师领域有其特殊含义和要求,它强调教师是教育叙事的研究主体,要求教师在教学过程中把深奥的教育知识、教育理论引入鲜活的教学经验中,以故事形式叙述教育经验、诠释教学活动、提升教学反思的能力、提高人们对教育及其意义的理解。

教育叙事是指叙述者在讲述过程中,将现实事件或故事以一种引人入胜、简洁明了的方式描绘给受述者,使受述者从对现实事件的领悟中树立起积极向上的人生态度的一种教育实践活动。其中,叙事者和受述者都是教育叙事的主体,二者之间相互促进、相互磨合;故事或事件是教育叙事的客体,是连接叙事者和受述者的桥梁和纽带;教育叙事的目的就是使教育叙事主体双方都得到心灵和精神上的升华,叙事者通过对故事的讲述总结教育经验、生活阅历,而更重要的是使受述者形成对人生的智慧态度、稳定的价值观念和高尚的道德情操。

(二) 思想政治教育叙事

思想政治教育是指"社会或社会群体用一定的思想观念、政治观点、道德规范，对其成员施加有目的、有计划、有组织的影响，使他们形成符合一定社会所要求的思想品德的社会实践活动"[1]。显然，思想政治教育也是一种教育实践活动，是要按照一定的社会需要培养出合格社会成员的教育活动。而叙事作为一种观察、发现、总结生活问题的方法，涉及的范围很广，从问题的发生、问题的发展演变，再到问题的解决以及经验教训的总结，叙事无不存在。

把思想政治教育与叙事结合起来，有其合理性和必要性，可以说是"软硬结合"的完美方式。二者在本质上都是教育实践活动，有相同的教育主体、共同的教育目标、相同的教育使命；二者在目的上都是通过一定的事件影响人、引导人，以使其符合群体和社会的规范。

结合思想政治教育和叙事的概念范畴，本书认为思想政治教育叙事为：从静态看，思想政治工作者向受教育者讲述发生在自己或他人身上的教育事件，通过着重讲述与挖掘事件和故事中的道德和价值观念，帮助受教育者树立满足社会需求的思想观念和价值观念的教育实践活动。同时在这一活动中，思想政治工作者也对其自身进行反思，以促进自身的发展。思想政治教育叙事侧重的是教育实践活动中的相互理解、互动提升以及对教育事件的升华与重构。从动态看，思想政治教育叙事是一个不断变化发展的过程，不断有新的内容和要素注入其中，思想政治教育叙事是一个开放的、包容的系统，是不断创新、不断发展的动态过程。

---

[1] 教育部社会科学研究与思想政治工作司组：《思想政治教育学原理》，高等教育出版社2010年版，第4页。

（三）高校思想政治教育叙事

高校思想政治教育叙事把思想政治教育叙事的范畴界定在高校的范围之内，具体的教育者相对应地成了教师，而受述者就变成了大学生，叙事主体的范围缩小了但也更加明确。但是，教育的目的并没有发生改变，是要将大学生带入所叙述故事的真实情景，感受教育事件的温度，进而实现教师和大学生的共同发展、自我提升，实现教学相长。

2016年12月8日，习近平在全国高校思想政治工作会议上强调："高校思想政治工作关系高校培养什么样的人、如何培养人以及为谁培养人这个根本问题。要坚持把立德树人作为中心环节，把思想政治工作贯穿教育教学全过程，实现全程育人、全方位育人，努力开创我国高等教育事业发展新局面。"在这里，明确地提出高校思想政治教育就是要引导学生树立"四个正确认识"：一是正确认识世界和中国发展大势，从我们党探索中国特色社会主义历史发展和伟大实践中，认识和把握人类社会发展的历史必然性，认识和把握中国特色社会主义的历史必然性，不断树立为共产主义远大理想和中国特色社会主义共同理想而奋斗的信念和信心；二是正确认识中国特色和国际比较，全面客观认识当代中国、外部世界；三是正确认识时代责任和历史使命，用中国梦激扬青春梦，为学生点亮理想的灯、照亮前行的路，激励学生自觉把个人的理想追求融入国家和民族的事业中，勇做走在时代前列的奋进者、开拓者；四是正确认识远大抱负和脚踏实地，珍惜韶华、脚踏实地，把远大抱负落实到实际行动中，让勤奋学习成为青春飞扬的动力，让增长本领成为青春搏击的能量。

要引导学生树立"四个正确认识"就需要叙事的融入，通过讲好马克思主义的故事、讲好中国改革开放的故事、讲好青年人自己的故事，实现润物细无声的思想政治教育效果，使学生在潜移默化中坚守中国特色社会主义道路自信、理论自信、制度自信、文化自信，为实现中华民族伟大复兴的中国梦而努力奋斗。

三 思想政治教育叙事的构成要素

作为教育方法,叙事是通过叙述故事来实现教育的过程与活动。叙事的过程即进行教育的过程,教育过程最基本的要素是教育者、受教育者、教育介体。根据思想政治教育的要素分析,本书认为思想政治教育的要素包括叙述者与受述者、叙事内容和叙事载体。

(一) 叙述者与受述者

叙述者和受述者都能够作为叙事的主体,作为主体的叙述者通过教育事件或教育故事的叙述向受述者传递知识信息,受述者接收所传递的知识信息。受述者虽不具备教育主动性,但具有接受教育的主动性,受述者通过发挥自身的主观能动性、创造性,对叙述者施加的教育影响有选择地、自觉主动地吸收,即把知识信息投入自身的精神世界里进行比较分析、判断选择、接纳,正是在这个意义上受述者能够发挥主体性的作用,正所谓内化于心、外化于行。

叙述者作为有目的地对受述者施加教育影响的叙事主体,是教育活动里的组织者、管理者和引导者,可以是第一人称的"我",也可以是第三人称的"他"。在具体教育中,教师充当着叙事者的角色,他积极引导受述者即学生参与叙事教育活动、主动寻找故事或事件与知识信息的结合点,启发学生对故事或事件的思考、讨论、领悟。作为第一人称的叙述者,教师讲述自己的故事,用自己的真情实感感染学生并引导学生进入自主思考,如果是我,我会怎么选择、如何做,激发起学生的叙事热情,既可以通过课堂上言说感想进行叙事,也可以在课后以反思性写作的形式进行叙事。作为第三人称的叙述者,教师讲述的是他人的故事或事件,通过客观性立场的审视更能够从新的角度提出启人心智的见解,增进学生对所叙内容的理解。

受述者，作为叙事中的受众，是叙事活动的依托者和教育效果的体现者，可以被明确地称为"你"。受述者可以是所叙故事中的一个参与者，也可以是脱离故事的聆听者。作为所叙故事的参与者，通过教师叙述发生在学生身上的故事参与进叙述活动中，或者学生自愿主动地叙述发生在自己身上的真实故事，可以是经验呈现或者问题解决的故事，后经教师提问、讨论和点拨帮助学生在感悟和反思中实现困惑的消除、问题的解决、知行的转化。作为脱离故事和事件的聆听者，学生在聆听教师精心设计和选取的故事或事件，在感知鲜活而生动故事的同时接受其所蕴含的教育思想和价值意义，修正错误思想，激发学习和效仿的热情，潜移默化地朝着更好的方向前进。

叙事教育的目标是使学生在掌握知识的同时发展自主思维和自觉践行能力，因此，对作为受述者的学生开展叙述活动时，要从学生实际出发、充分了解学生，做好教育活动中起着重要作用的前提性的准备，结合学生的已有知识经验和技能，针对学生的现有学习和思维方式精心准备切合学生实际的故事或事件，以发挥讲故事对学生产生的教育效果并使其效果最大化。

（二）叙事内容

叙事内容即承担教育作用的故事或事件，是教育活动的组成部分，是连接叙事者和受述者、承担中介性作用的桥梁和纽带。事件是叙述行为的客体和基本素材，叙事事件一般包括原本事件、意识事件和文本事件。原本事件是生活中实实在在、原原本本发生的事件，其仅仅存在于理论假设之中，因为事件发生后，被人们认识、记忆和叙述。没有进入人的意识的事件是毫无意义的；意识事件指的是叙事行为开始之际出现在叙事者意识中的事件，可以是叙事者的亲身经历、与朋友的闲聊、新闻报道，甚至是独坐时的浮想；文本事件是被写出来的，进入叙事文本中的事件。作为叙事对象的事件并不是原生事件，而是意识事件和文本事件，其中意识事件具有更大的扩展性。①

用讲故事的方法进行教育的过程是由叙述者与受述育者共同参与的、互相影响的实践活动过程，期间产生或处理过的故事、教师根据教育目标收集和选取的故事、书信的往来等都可以作为叙事的内容。作为有教育意义的故事或事件，首先应是教育生活中同人密切相关、有角色的故事。如中国传统文化中孔子的故事、孟子的故事、庄子的故事，中国革命文化中的马克思的故事、毛泽东的故事、邓小平的故事等，这些都是有具体角色的故事；其次应是具备情节性的故事，有波折起伏、情感流露的情境感，突出"价值导向""问题解决"情节，以指导学生应对现实生活中的困惑和价值抉择，如精卫填海的故事、红军长征的故事、焦裕禄的故事等；最后应是对一个已经"过去"、完成了的故事或事件的叙述，是"实然"的教育实践，不是关注未来并发出指令的"应然"实践。

总之，故事是一个客体性事件，它可以使叙述者与受述者同时进入故事情景，并进行双向互动、有效连接，同时还具有弹性的转换空间。

（三）叙事载体

作为一项教育活动中需采取的组织和活动形式，载体连接着教育过程中的各要素，没有载体教育活动便得不到实施。在传统的道德和价值观教育中，通过叙事开展教育总要依托一定载体，在语言文字并未形成之前，有口耳相传的神话、民间故事，以口头话语为载体来传播教育，后来多为以文学艺术为载体的叙事活动，如诗词歌赋、话本小说等。随着时代的发展承担叙事活动载体的形式不断变化发展，从语言文字到图像影视，再到文娱活动和网络媒介，由少到多，日益丰富。

在现代社会中，叙事教育活动的载体更为丰富且呈现显性与隐性相结合的特征，作为显性的讲故事的教育活动多见于课堂、围绕讲故事的

---

① 龙迪勇：《空间叙事学》，生活·读书·新知三联书店2015年版，第34页。

第一章　叙事与高校思想政治教育叙事

各类主题活动，隐性的叙事载体多以感性直观的方式，如报纸杂志、教育小说、传记、电影、电视剧、网络、宣传栏等人们能够看得见、摸得着的载体或以迂回、渗透的形式内隐于物质文化环境。在实际教学中，显性教育和隐性教育两者虽理论领域不同但多以融合的状态互通有无、合力于教育活动的进行。随着读图时代的到来，课堂里单一的叙述活动加以形象生动的图片或影视资料，在感官刺激的同时形成意象联想，可以勾起类似的经历和回忆并产生比较，增进理解，强化教育行为动机，落实行为践履。

讲故事也可以走出课堂，在进行爱国主义教育时走进历史发生地进行现场叙事，在实践中感知，在聆听中感悟，实现叙事教育的目标，形成移动的课堂。随着互联网的发展，网络叙事开始问世，新媒介出现，影视、绘画、互联网、摄影等图像符号成为叙事方式的基本表意系统，我们进入一个图像时代，图像叙事成为思想政治教育叙事的重要内容。

在文字产生之前，最基本、最重要的叙事载体是口语和图像，口语仅限于当时当地，不易保存，而图像便与文字成为叙事的两大工具。早在一万多年前，作为图像的岩画就成为人类先于文字的、表达情感和认知世界的方式。在法国南部拉斯科（Lascaux）和西班牙阿尔塔米拉（Altamira）的洞穴里发现有大量动物画，在中国贺兰山也发现有大量人物和动物的岩画，从这些原始图像中可以依稀解读出先民的生活故事。"如果没有相关图像或器物的佐证，人类对'史前史'的撰述和理解都是不可想像的。"[1]

当下社会已经进入了以图像为中心的视觉文化时代，图像不仅是一种消费对象，也成为标准的认知制度乃至价值秩序，"甚至可以用'图像先行'来定义。也就是说，图像不仅在时间上，而且在本体论的意

---

[1] 龙迪勇：《图像叙事与文字叙事——故事画中的图像与文本》，《江西社会科学》2008年第3期。

义上均先于实在"①。

在这个读图时代里,图像消费和科技动力是同等重要的,"图像既是结构主义的总结,也是经验主义的工具,既属于技术层面,也属于文化内容"②。图像的具体性、鲜活性与形象性非语词所能比拟,明乎此,高校思想政治教育需借用图像这个载体,实现语言文字向视觉形象的延展,把简单的词汇诗化为灵动的图像,实现"无意识教民化俗"之鹄的。

---

① [美]安东尼·卡斯卡蒂:《柏拉图之后的文本与图像》,《学术月刊》2007年第2期。
② 韩丛耀:《图像:一种后符号学的再发现》,南京大学出版社2008年版,第3页。

第二章　中国道德教育叙事的传承

叙事是人们理解思维的直接现实，人们需要表达和推理现实问题时，会选择叙事，通过叙事的运用，历史被理解、现实被讲述。故事是各种知识的母体，从篝火边的叙事到图像叙事、文字叙事、戏剧叙事、电影叙事……它承载着人类的历史记忆和生活空间，是古代价值观教育的重要内容与方法。历史是取之不尽的故事源泉，它包含你想象出的故事类型。我国古代社会中的神话故事（如女娲补天、神农稼穑）、美德典故（如孔融让梨、黄香温席），以及先秦诸子散文中穿插的大量寓言故事（如《庄子》中"朝三暮四""涸辙之鱼"）等，这些故事在承担民族文化和伦理价值的同时暗含着价值观教育的意蕴。中国传统的叙事主要是道德叙事，它形成于西周春秋时期，经过三千年的发展逐渐形成了一个严密而庞大的道德文化体系和一系列独特的思想理念和道德规范，是中华优秀传统文化的重要成分。研究中国传统道德叙事对于丰富思想政治教育叙事内容，拓展思想政治教育叙事领域，提升思想政治教育叙事效果皆有裨益，明乎此，我们研究的起点就从这里开始。

一　道德叙事及其作用

（一）道德叙事

叙事总是蕴含着一定的价值取向，在人类产生价值自觉的时候，便已开始进行价值教化。叙事往往与道德密切相关，故事中出现的各种人物形象之间不可避免地存在多种复杂的伦理关系，故事发展过程中也会不可避免地涉及一些伦理问题，叙事行为结束后人们自觉地对故事中出现的相互关系、活动过程和故事结果作出一定的是非判断和道德评价。因此，叙事话语、叙事素材、叙事行为等叙事要素都要以社会道德伦理为底线。叙事的研究不仅属于文学领域范畴，也可以引申到道德教育领域，从道德教育的角度把叙事作为一种行之有效的实践性道德教育方法。

道德教育中的叙事方法借助讲故事的方式进行道德教育，结合道德教学的具体情境和生活环境来剖析故事情节和人物行为，教育双方充当叙述者和受述者的角色。叙事过程既重视调动受教育者的想象力和探究性，也更加关注受教育者自身对其道德行为的理解和把握，使道德培养成为教育者和受教育者合作交流和沟通对话的有益环节。道德叙事结合榜样示范法、角色扮演法、情境陶冶法和道德评价法等多种德育方法，改变了直接用抽象语言传授道德原则的教育方式，弥补了道德教育中传道式、说教式等方法的不足。道德叙事要求叙事者用平实无华的语言，自然地讲述叙事者自身或者他人身上发生的真实的道德故事，引发受教育者的道德想象，使之把自己的生活经历与主人公的故事境遇自觉比较，增强受教育者的道德体验。

作为一种道德教育的实践方法，道德叙事是教育者通过神话、诗歌、小说、戏曲、建筑、风俗等多种叙事载体，借助平凡而意义深刻的故事叙述，展现内隐于故事中的道德观念和价值意义，从而促使思想道德水平不断完善的教育形式。道德叙事的叙事者具有灵活多样性，既可以是教育过程中的人物要素，包括教育者、受教育者、事件参与者，也可以是一件艺术作品或习俗礼仪。道德叙事能够把生动有趣的故事情节变成戏剧性、教育性的话语融入故事之中，逐渐展开故事情节和刻画饱满的人物形象，让受教育者潜移默化地体验、理解和接受社会所提出的伦理道德规范要求。叙事中出现的故事素材能够给特定情境中的道德活动提供一定的参考范式，把抽象的道德范畴化为具体而熟悉的道德形态或符号。道德叙事采用小说、绘画、戏曲等多种艺术形式巧妙地将道德价值和伦理观念隐藏在受教育者心中，减少灌输式德育引起的教育者与受教育者、受教育者与德育思想内容之间的距离感，使受教育者从故事中获得的感悟逐渐生成道德品质，在实践教育活动中塑造、引领其道德生活及实践行为。

（二）道德叙事的特点

首先，叙事内容隐含道德价值。道德叙事作为一种特殊的信息传递和表达方式，并非直接地向受教育者陈述观点和提出建议，而是通过叙述一个完整的故事来传达道德思想。道德叙事选取的故事素材可以是真实的事件，也可以是在真实事件基础上对现实生活多种元素进行重构、编撰和修改而成的具有代表性、富有启发性的故事，这些故事必须与社会主义核心价值观相符。道德故事由人物、行为、对象三个核心要素组成并体现某种道德思想，道德故事里包含的道德判断和教育立场使其与一般叙事故事素材相区别。道德叙事既是一种事实性陈述，也是一种规范性陈述，深层次地传递着某种"应然"的信息，用故事里榜样人物的高尚品德、模范行为潜移默化地陶冶、感染和激励受教育者的思想、情感，故事情节中某种具体的道德冲突和对立与故事结尾人物场景间接地进行善恶评判，为受教育者指明求真、向善、趋美的方向。

其次，叙事过程融合具体情境。道德教育不同于其他科学文化教育，在教育方法上不需要进行复杂的演算和推理，如果直接采用灌输、说教、生硬记忆等传统教学手段或让受教育者生硬地记忆有关道德的知识，并不能有效地实现道德教育使个人思想品德发展的目的，反而会使道德教育意识形态化，失去其原有的道德魅力和内在力量。道德境界的提升过程最为重要的不是抽象的理性思辨，而是感悟、理解和行动。道德叙事是教育者、受教育者和所叙述事情之间意义的生成与融合过程，教育者利用特定的教学情景和自身的实践经历，对受教育者进行叙事感化。在这个过程中，教育者用巧妙的情节设计、生动的表达方式自然地叙述完整的事件，努力营造和创设一种受述育者能够理解和接受的故事情感场域，引导他们融入故事的情景之中，感受、体验和领悟故事的真正价值。所有道德的力量都暗含在故事本身的自然叙述中，不用人为地刻意说教，这样反而会对其思想政治教育产生深远的影响。在道德叙事过程中注重和强调的是叙事者利用音乐、图画、录像或满怀激情的语言创设生动有趣的学习情景，使受教育者情不自禁地进入这种情景并展开想象，产生置身于其中的感受，学会结合自身生活实践理解和把握故事内涵，唤起情感上的共鸣，从而增强教育效果。

最后，叙事目的要求知行合一。传统道德教育方法中，侧重于使受教育者获得道德认知的理论教育，仅仅要求培养遵守道德知识和规范的人，忽视受教育者的主观能动性。受教育者学到的只是各种抽象的道德概念而没有真正地理解和把握精神精华，也不能把理论知识合理地融会贯通于生活实践之中。道德叙事利用图像、文本、活动等形式，直接诉诸其直觉和情感，从知性逻辑转向鲜活的真实事件，把道德知识与实际生活合理衔接，通过故事叙述体验真实生活。这样既重视思想道德的理论教育，又给其行为提供参考框架，把提高领悟能力和行为养成相结合，使其在接触社会实践时深化情感体验，遵循优秀传统道德规范，自觉地向故事中的道德模范学习。道德叙事能够使受教育者逐步培养和提高其道德理性思维和道德判断能力，使其能够及时反思和评价自己的行为，纠正不良道德思想和行为。道德叙事能够培养他们主动完成道德修养的积极性，形成稳定的思想意识和道德品格，成为有德行的人，并做出符合社会行为规范的活动。

（三）道德叙事的作用

首先，提升道德情操。道德叙事用细腻的叙述手法描述道德情感故事，使受教育者沉浸在跌宕起伏的故事情节里，与故事人物分享和感受相同的生活背景和经历，共同体验道德事件发生时刻故事人物的思想变化和心理状态。在不断推进的故事情节中,丰满的人物形象和动人的故事情节促使受教育者完成角色扮演和道德感知,能够激起受教育者强烈的道德情感,使其由生活场景进入特定的道德情感场域,与故事人物共同完成道德行为,从而产生感情共鸣并获得道德反馈,丰富和陶冶情绪体验和道德情操。道德叙事以感性体验的方式帮助受教育者建构和理解故事,实现其向故事情景描述和生活层面转化,加深对道德原则的深刻理解。

其次,规范道德行为。道德叙事是传递道德信息的过程,也是教育者和受教育者之间沟通交流的环节,道德叙事的直接目的就是提高受教育者的思想道德水平。教育者选择叙述隐含道德思想和价值观的故事素材,给受教育者创设出某种可能发生的真实情境,受教育者能够与故事主人公共同面临道德难题,需要做出是非判断和道德选择。故事的结局往往能够体现出善恶有报的因果论思想,体现是与非、善与恶的道德选择和价值评价。如果受教育者做出符合伦理道德的选择和行为就会得到与故事中正面人物相同的"大团圆"结局,此时正面人物能够发挥榜样示范和价值引导作用,给教育者留下深刻的印象并随着时间推移在受教育者头脑中形成观念意识,潜移默化地塑造受教育者正确的道德观,在类似的现实生活实践里对受教育者产生原型启发的效果。故事能对人们产生无尽的影响,它储存在人们的潜意识里,并逐渐地集中成为一种力量,在漫长的时间之后还能够不断释放出来,对人的道德行为产生影响。

最后,传承优秀文化。每一个故事都是本民族历史文化、风俗习惯和思想信仰的集中体现,故事人物在一定的文化背景下做出道德行为,代表和展现了民族文化的内涵和价值观。道德故事往往是民族文化中最能体现其主流价值观的部分,是优秀传统文化的转达者和传递者。道德叙事必须与优秀文化相结合,道德故事里隐含的伦理道德思想和文化价值观能够使受教育者在"接收"故事的同时受到民族文化的熏陶和感染,自觉地发掘和体悟故事背后的文化内涵和道德价值,把抽象道德范畴放置到本民族特有的生活方式、礼仪规范和风俗习惯的文化环境中，有效地帮助受教育者完成个体道德自主构建。道德叙事在道德教育与民族优秀文化之间搭建桥梁，将道德教育返回到文化本身，在中华优秀传统文化资源中探寻道德精神，也为道德教育的教学实践提供庞大的教育素材库，形成独特的道德教育话语体系，也有利于传承中华优秀传统文化，增添受教育者对中华传统文化的自豪感与自信心。

二 中国传统道德叙事的内容

中国叙事传统的源头可以上溯到古代神话①。2017年3月20日，在十三届全国人大一次会议闭幕式上，习近平总书记讲道："盘古开天、女娲补天、伏羲画卦、神农尝草、夸父追日、精卫填海、愚公移山等我国古代神话深刻反映了中国人民勇于追求和实现梦想的执着精神。"中国传统道德主要是从先秦到辛亥革命时期，以儒墨道法各家伦理道德传统为要旨的伦理思想以及道德实践活动的行为规范。中国传统道德及以其为核心思想的优秀传统道德故事是中国优秀传统道德叙事的主要内容。

（一）个人方面的道德叙事

中国传统道德从自身出发"反求诸己"重视个人的行为规范，再由自身推及与他人之间交往关系的道德规范。社会道德规范转化为个体成员自身的道德品质，一方面需要家庭、学校和社会环境潜移默化的教育，另一方面依靠个人的自觉认同和道德修养。传统道德强调善，从知、情、意、行四个方面都提出道德规范，要求个人以修身为本，自觉培养责任意识和奉献意识，具体来说就是要求遵守诚信、明智、自省、慎独、勇毅、节制等道德品格；在与人相处时，做到仁爱、宽恕、礼

---

① ［美］浦安迪：《中国叙事学》，北京大学出版社1996年版，第42页。

让、谦敬等基本道德规范。

1. 处己立身

儒家最为看重道德修养，修身的目的就是实现齐家、治国、平天下，把社会道德规范转化为上至天子、下至平民百姓的善良道德品质，天下所有人都以修齐治平为根本。孔子主张"修己以敬""修己以安人""修己以安百姓"①。墨家提出"君子察迩而迩修者也"②，强调君子明察身边的人，他们就会端正自己的品行，君子不端正自己的脾性而受到诽谤，就应当反躬自省，这样人们的怨言就少了。《管子》也提出要依靠自身的修为来领悟、强化内心的道德信念。古人还重视通过自我反省来不断强化对自我和他人的认同，孔子主张要善于"自省""自讼"，孟子强调"反求诸己"，朱熹提出"整齐收敛这身心，不敢放纵，便是敬"③，也重视内求自省在个人道德修养中的重要作用。古有孔子三省吾身、廉颇负荆请罪④、伯启胜人者先自胜⑤的故事。

自古以来，人们就很重视智德，把它称为"三达德"。明智是判断事物是非曲直和善恶的是非之心。孔子提出"是是、非非谓之知"⑥。程门立雪⑦、匡衡凿壁偷光⑧、车胤和孙康囊萤映雪⑨、辛弃疾虚心求教等故事都体现了古人爱好学习的优秀品质。传统道德还强调个人要懂得节制，按照伦理道德要求控制自己的思想和行为，在言行方面要遵从礼义，对待财务要取之有道、用之有度。例如，汉文帝勤俭治世、光武帝克己勤政、苏轼房梁挂钱、季文子克勤节俭等故事都展现古人节制的品德。诚信要求个人做到言而有信，保持内心的善良和不自欺，做到言行

---

① 《论语》。
② 《墨子·修身》。
③ 《晦翁学案》。
④ 《史记·廉颇蔺相如列传》。
⑤ 《吕氏春秋·先己》。
⑥ 《论语·为政》。
⑦ 《宋史·杨时传》。
⑧ 《西京杂记·卷二》。
⑨ 《初学记·卷二》引《宋齐语》《晋书·车胤传》。

一致。个人立身、国家立政的根本都是诚信,孔子曰:"人而无信,不可知其可也"①"民无信不立"②。古代有许多关于诚信的故事,有魏文侯不失信于人③、刚正不阿的吴良④等。慎独就是要个人在无他人在场时也能保持谨慎,注意言行,保持自己内心光明磊落,它是古代道德修养的方法和君子圣贤所要达到的境界。例如,《烈女传·卫灵夫人》记载了蘧伯玉敬上的故事,蘧伯玉在没有人的地方也能保持自己的礼节和君子品格。此外,还有杨震拒金⑤、柳下惠坐怀不乱⑥、许衡不食梨⑦等许多慎独的经典故事可以作为道德叙事的素材。

2. 人际交往

仁爱是我国最重要的道德规范之一。仁是人与人之间的相处之道,其具有宽广的内涵。儒家的"仁"是以孝为根本、以爱人和爱物为主要内容的、有差等、分先后的爱。孟子提倡"人人贵于己者",按照"四端"来规范自己的言行。孟子认为所有人都有同情、怜悯他人的恻隐之心,讲到一个小孩掉进井里的故事并解释说救小孩并非因为孩子父母的关系或欲在乡邻里博取声誉抑或是厌恶这孩子的哭叫声,而是因为人的同情心。墨家的仁爱讲的是兼爱,即对他人不分差等、先后的博爱。古人注重交友要选择益友,古有管仲与鲍叔牙、伯牙与钟子期、廉颇与蔺相如、羊角哀与左伯桃等八拜之交的美谈,重视对朋友遵循道义,以诚信为本、言而有信。朋友之间还要相互责善,指出并帮助对方纠正缺点和过失,相互扶持、患难与共。例如,荀巨伯舍生探友⑧、范巨卿与张元伯生死之交⑨等经典故事流传至今。中和是人们在做事立身时保持中正,

---

① 《论语·为政》。
② 《论语·颜渊》。
③ 《资治通鉴·魏文侯书》。
④ 《后汉书·吴良传》。
⑤ 《后汉书·杨震列传》。
⑥ 《荀子·大略》。
⑦ 《元史·许衡传》。
⑧ 《世说新语·德行》。
⑨ 《后汉书·独行列传》。

处事时要合乎中道,避免过犹不及的偏激行为。它是人们之间保持团结、和平、和谐的一种良好状态。孔子曰"君子和而不同,小人同而不和"①,是讲君子和小人对"和"有不同态度。君子尚和,与人保持和谐并非无原则地盲从,小人盲从而不与人和谐。"礼之用,和为贵"②,和谐适当是礼以为贵的体现。在伦理道德方面,礼就是按照传统礼节规定对人恭敬和礼让,才能获得人际关系的和谐。守礼节就要求做到对人谦敬,保持自我内心的庄严专注,做事要一心一意,不能任意妄行和随意敷衍。对待别人内心谦敬,外在行为上就会礼敬。孔子曾说:"君子敬而无失,与人恭而有礼。"庄子也提到:"夫遇长不敬,失礼也。"二者都强调要遵守礼义。孔融让梨③、千里送鹅毛④、汉明帝敬师等故事都体现出古人自我克制以服从礼的要求和待人以礼的道德规范。

(二) 家庭方面的道德叙事

在农耕社会中,家庭是耕作劳动的基本单位,古代道德教化通常以家族为主导和重点,也是形成传统伦理关系的重要基础。古人极重视"齐家"思想,这种家庭人伦亲情的价值关系形成尊尊与亲亲的价值结构和人伦关系的双向义务伦理模式。家庭道德伦理在个人立身处世、维护家庭和睦稳定和保持良好的社会风气等方面发挥积极作用,对现代社会的家庭道德教育有重要的现实意义。

1. 尊老爱幼

尊老爱幼是中华民族的传统美德,主要包括孝与慈。"孝"就是晚辈对长辈保持尊敬和孝顺。古人云:"奉先思孝。"⑤ 孝在家庭伦理中排第一位。孔子认为孝顺不仅是在行为上能够赡养父母,更重要的是从心

---

① 《论语·子路》。
② 《论语·学而》。
③ 《后汉书·孔融传》。
④ 《路史》。
⑤ 《尚书·太甲》。

理上自觉地保持对父母的尊敬。曾子也认为:"孝有三:大孝尊亲,其次弗辱,其下能养。"① 子女首先应当对父母保持尊敬和关爱,不能因后辈不当行为而使父母败坏名声。荀子提出"从义不从父"②,做到"孝"并不是对父母长辈唯命是从。古时候,有"二十四孝"闵损芦衣顺母③、子路百里负米④、汉文帝刘恒为母亲尝汤药等许多至孝至诚的感人故事。"慈"就是家庭的父母长辈对子女后辈关心和爱护。司马光认为父母对子女的爱有抚养的义务,除此以外"教"也十分重要。"为人母者""患于知爱而不能教也"⑤。同时父母还要为子女树立人格榜样,做到以身垂范教其为人处世之道,让子孙牢记长辈的谆谆教诲。古代孟母三迁⑥、陶母剪发退鱼以身示范⑦、隽母教子清廉⑧等故事也都成为教育经典、千古美谈。

2. 相敬如宾

夫妻之间的伦理道德关系是家庭道德关系的关键环节,保持幸福和谐的夫妻关系有利于进一步处理好家庭的其他关系和社会关系,也能够为个人成长提供健康的内部环境。"君子之道,造端于夫妇。得其极也,察乎天地。"⑨ 在传统家庭道德规范中,提倡夫妻之间交往要相互尊重、相互扶持,这样才能更好地对待其他人。历史上有许多夫妻相敬如宾、同甘共苦、患难与共的事例,如宋弘糟糠之妻不下堂、郤缺夫妇相敬如宾⑩、梁鸿与妻子孟光举案齐眉⑪等。夫妻之间应该相互尊重,

---

① 《礼记·祭义》。
② 《荀子·子道》。
③ 《论语·先进》。
④ 《全相二十四孝诗选集》。
⑤ 《家范》。
⑥ 《列女传·母仪》。
⑦ 《世说新语·贤媛第十九》。
⑧ 《汉书·隽不疑传》。
⑨ 《中庸》。
⑩ 《左传·僖公三十三年》。
⑪ 《后汉书·梁鸿传》。

这样才能做到忠诚与和谐，共同承担家庭的各种责任和处理家庭中出现的各种问题。虽然儒家承认封建等级制度，认为人与人之间的仁爱是有差等的，但是在夫妻关系上仍主张在礼义的范围内丈夫应给予妻子一定的地位和尊重，承认妻子在家庭中的地位和尊严，不能任意为之。"相敬如宾"要求夫妻之间保持忠贞和诚实，不能相互隐瞒和欺骗，对妻子提出的合理意见丈夫要承认失误和敢于接受。丈夫要承担家庭责任，为妻要对丈夫顺从，正确处理夫妻之间的矛盾和差异，才能够建立起更加和谐健康的家庭关系。

3. 和睦友爱

兄弟关系在一个家庭里是十分重要的，兄弟之间和谐相处能促使整个家族更加团结和稳定。儒家把"孝悌"作为仁之本。一个家庭关系里，除了父慈子孝的这种长辈与晚辈之间的关系外，还有同辈之间的兄弟关系。保持"兄良弟弟"[①]就是"悌"。一方面，强调兄长关心和爱护比自己年幼的弟弟，有时还需要替父母照顾和教育他们。另一方面，年幼的兄弟要保持对兄长的理解和尊敬。孔子曰："弟子入则孝，出则悌""孝悌也者，其为仁之本欤"[②]。儒家经常通过对大量典型事例的讲述和传播，达到阐述和论证其思想理论的目的，选择相关的历史故事强化手足情谊。古代强调兄弟之间手足之情、褒奖兄弟间兄恭弟谦的事例比比皆是，如舜感化弟弟象[③]、蔡廓奉兄如父[④]、司马光兄友弟恭[⑤]等故事。

（三）国家方面的道德叙事

在传统的道德观念中，国家的整体利益居于第一位，高于其他利

---

① 《礼记·礼运》。
② 《论语·学而》。
③ 《史记·五帝本纪》。
④ 《南史·蔡廓传》。
⑤ 《家范》。

益，所以往往把个人利益放在国家利益之后，个人要维护和遵守国家利益，正所谓"天下兴亡，匹夫有责"。在国家道德方面也要求做到仁、义、礼、智、信，具体包括仁爱、民本、诚信、正义、和合、大同等思想。其中，公、忠、义是个人与整体及国家、天下和人民之间关系的基本道德规范。传统国家道德要求以天下、国家的安定为己任，忠诚于公共利益和事业，在必要的时候为之献身。这种爱国思想能激发人们强烈的正义感和民族自尊心。

1. 公

"公"就是"背私"①，"公"与"私"是相互对应的一对道德规范。中国传统文化重群体轻个体的群体本位价值取向强调整体利益高于个人利益和个体对于群体的义务和责任，要求个人能"以公灭私，民其允怀"②，做到因国忘家和因公忘私。以天下百姓和国家利益为重就是"公"，以公灭私才能得到民众的归顺和支持。把儒家伦理道德中的"仁爱"范围由"亲亲"推至"国家"，这种"家国同构"的宗法制度形成了"天下为公"的整体思想。个人要求以身任天下，鼓励个人关心天下事、为国家强盛建功立业。发扬以天下之忧乐为自身之忧乐的政治抱负、把自己的生死祸福置之度外而为国效劳的报国情怀等以天下为己任的优良传统。孟子提出"穷则独善其身，达则兼济天下"③，未受到国家重用时要注重修养个人品德，受到重用就要使天下百姓都能得到帮助和收益。尧舜禅让的故事就是天下为公的具体表现。舜任用禹治理黄河水，禹三过家门而不入的献身精神等，都体现了大公无私的中华优秀传统文化和民族精神。

2. 忠

忠就是"尽己"，是个人处世立身的态度。"忠"讲的是对国家和民

---

① 《韩非子·五蠹》。
② 《尚书·周官》。
③ 《孟子·尽心上》。

族利益要做到尽心竭力、忠诚无畏。"临患不忘国，忠也"①，遇到灾祸时也不能忘记国家和民族的利益。"公家之利，知无不为，忠也"②，对国家有益的事情就要竭尽全力争取甚至不惜以身报国，从一而终地为国奉献都是忠的内涵。在中国传统道德中，常把"忠"与"公""义"联系起来。封建统治阶级的思想家把忠于君主、忠于国家社稷作为"公"的根本要求以维持统治，这种思想是私有制社会局限性的表现。历代进步思想家积极宣扬民主思想，认为民众是国家之根本，"忠"首先要忠于人民和道义，把国家天下的兴亡衰败作为个人的责任。岳飞精忠报国、文天祥留取丹心照汗青、诸葛亮为汉室江山鞠躬尽瘁、屈原为国悲愤投江、冯婉贞勇抗英军、于谦保卫北京、戚继光驱倭保海疆、青文胜为民请命、史可法尽忠殉国等爱国英雄故事，千古传颂，为后人所敬仰。

3. 义

义就是适宜、适当和应当，孔子曰，"君子义以为上"③，义是个人道德原则的重要内容，也是儒家五常之一。"义"还有"正义"的意思，社会和国家能够维持下去主要赖于正义存在，强调以整体利益、天下和人民利益为内涵的正义。古代思想家提出公义和私义，从不同立场出发提出了不同的"义"，有个人的正义、国家大义和天下通义，把国家大事和公事放在第一位，暂时舍下家事和私事。当个人遇到顺境或逆境时，首先要按照义的准则行事。在义利关系问题上，"此谓国不以利为利，以义为利也"④，把"义"作为国家和个人都应该遵守的道德原则，个人要求能够做到"舍生取义""义然后取"，能够按照道德要求自觉地见利思义。我国历史上有许多这样的故事，有苏武牧羊大义凛然、宁死不屈，谭嗣同为变法英勇就义，林则徐虎门销烟，严植之见义勇为等，这种优秀的价值观念和道德思想为我国造就出一大批仁人志士和民族脊梁。

---

① 《左传·昭公元年》。
② 《左传·僖公九年》。
③ 《论语·阳货》。
④ 《礼记·大学》。

三 传统道德叙事的方法和特征

中国叙事传统历史悠久，中华传统文化中孕育出来的叙事传统与民族思维、语言文字、生活方式、风俗习惯相互融合，形成具有中华民族特色的叙事思维和道德叙事方法。独特的道德符号、设喻方式、叙事技巧和叙事环境构成传统道德叙事的方法，是思想政治教育需要借鉴和学习的重要内容。

（一）传统道德叙事的方法

1. 道德符号叙事

以各种形式出现的道德故事及其中的一些典型的人物形象，随着故事的广泛流传已经逐渐发展成为一种道德符号。这些人物形象饱满生动、人物性格各具特色，他们身上发生的道德故事在代代传颂和时间的流转中积淀为一种符号，完成道德故事的符号化过程。当人们在新条件下接触这种符号或提及人物、事件名称时，便会不自觉地联想出完整的人物形象、故事情节和品格特征，把道德符号与现实生活进行比照，在新的语境中更新道德叙事话语和表现方式，解释人物的行为事迹，感悟事件背后的道德意旨。

第一，汉字符号。汉字是一种表"事"文字，借字形以指示事义。我国许多汉字虽看似笔画简单，但本身凝聚和蕴含了一定的道德教育内容和深刻思想。汉字的指事作用通过象形部件暗示出对应的动作与状态，让人激发动感和引起联想。古汉字"老"字，字形似一位长发老人头上戴顶帽子，手里拄着拐杖。由"老"字字形体现出古人对老年人的尊敬和关爱，"拄杖加牟"正是尊崇老人的表现。古汉字"子"是一个会意字，以子承老、善待父母的人能符合"孝"的传统道德规范。"孝"的字形像一个青年背负着一个头发稀疏的老人走路，强调的是子孙晚辈尊崇、孝顺父母和尊长的善行与美德。

第二章 中国道德教育叙事的传承

第二，人物符号。历史中真实存在过的圣人贤者和英雄人物及其事迹会随着时空的不断延展和世代口口相传而延续和传播变成道德故事，从而自然地成为一种人物符号被引用和借鉴并在文学作品中担当故事角色。历史人物道德化、符号化的这种发展也是道德叙事的过程，经过历史的不断沉淀和洗礼，故事中的人物形象也就成为了人们心中的道德榜样，传统道德榜样是在劳动活动中产生的，带有劳动人民身上善良朴实、勤劳勇敢的精神，与人们的生活更为贴近。如克己奉公的大禹、正义坦荡的蔺相如、精忠报国的岳飞等人物都是传统道德叙事的典范。

第三，象征符号。象征符号就是人们约定俗成的能够代表其他事物的某种物体或状态。在戏曲表演上，脸谱是个人实际生活状态放大的面部装饰性的图案，图案和颜色的搭配与戏曲人物的性格特点、思想道德有紧密的联系。面具脸谱的配色充分体现这种象征意义，也符合人们的价值追求，因而出现了以红色代表忠勇、白色代表奸佞、黑色代表刚正、灰色代表勇敢的固定象征。脸谱的画法与人们的思维习惯、审美要求相适应，有忠义耿直的红脸关羽、刚正不阿的黑脸包公、奸诈多疑的白脸曹操、桀骜不驯的蓝脸窦尔敦等，使看戏观众一见便知人物性格并能联想出戏里人物的道德品质和故事情节。

2. 道德设喻叙事

古代道德叙事经常借用历史典故或神话传说为比喻，利用与现实生活中某种人或事之间的相似性来暗示或讽刺故事主人公的观点或行为，以此将抽象道德概念具体化在某个人物形象当中，或用耐人寻味的反讽音调令人读来口舌生津。

第一，隐喻叙事。隐喻式叙事是利用各种道德符号和意象进行的模仿式叙述方式，能使人们在联想中接受道德讨论和道德劝诫，使人们能够自觉地在道德思想和现实活动中形成密切联系。"圣人立象以尽意"[1]，多次反复使用某种意象就能成为象征。例如，《易经》中的意象

---

[1] 《周易·系辞上》。

"潜龙"经过反复使用,被人们自觉地约定成象征隐逸君子。画家也经常使用隐喻手法通过某一事件和人物来隐喻自己的现实生活,借客观存在的"物"表达自己内在感情中的"志"。南宋画家李唐的《采薇图》绘画也带有叙事成分,绘画选取伯夷和叔齐在采薇途中席地小憩的画面,讲述伯夷和叔齐宁可饿死也不食周粟的故事,歌颂他们的忠贞气节,并以此隐喻对当时金兵侵宋时那些苟且偷安、明哲保身的北宋大臣的不满和对国家民族存亡的关切。

第二,讽喻叙事。讽喻叙事所叙之事是具有象征意义和超出故事本身含义的暗喻故事,它通过刻画历史人物和叙述事件,褒奖美好善良的人物和行为,鞭挞和讽刺阴险丑恶的人物和行为,促使个人明确区分善恶美丑,不断反省自我的道德品性,培养品德高尚的人。《魏风·硕鼠》篇借用对动物说话的口吻,把狡黠贪婪的统治者比作硕大的老鼠,控诉他们搜刮和剥削劳动者的粮食和财物,表现出下层群众反抗统治者剥削和压迫的抗争精神。《离娄下》篇中讲述一个齐人经常趾高气扬地对妻妾夸耀富有,妻子心生疑虑并发现他每天酒醉饭饱回家的真相,原来他每天无所事事以向别人讨要剩饭度日却假装富有。

3. 道德比照叙事

比照就是在一定条件下将多种相似事物或矛盾的双方集中于统一体而形成的某种呼应关系。道德叙事中的比照是以传统道德为衡量标准,发现道德故事内在结构的人物之间、动作之间存在的某种对照关系。

第一,道德人物的比照。在我国神话故事中,通常出现善恶形象对立的神人和恶人,如文王和纣王、女娲与猛兽、黄帝与蚩尤等相互对立的人物形象,在神话叙事中始终隐含着一条惩恶扬善的伦理道德线索,故事中同时存在善、恶两大阵营的斗争,善良公正的代表总会战胜邪恶的化身而获得民众的拥护和支持。除神话故事之外,明清小说以"忠孝节义"为主导思想,以"忠"字为首,当忠孝不能兼顾时就会以"精忠报国"为行动准则才能符合伦理道德规范。而"忠"的对立面是"奸",比照叙事的故事情节是围绕忠与奸两个道德对立面之间的博弈展开的。《说岳全传》刻画出岳飞英勇作战、精忠报国的英雄形象与秦桧卖国求荣、陷害忠良的丑恶小人形象,两者形成强烈对比。

第二,道德行为的对比。我国许多寓言故事也经常使用对比手法,通过人物动作行为的对比推动故事情节发展,叙述自然灵活,能深刻地凸显道德主旨和寓意。孟子通过"逢蒙学射于羿"和"庚公追师"① 两则寓言故事,把后羿与子濯孺子进行人物形象对比,借此表明教师不仅要传授知识和技能,更应该重视育人、培养人的道德品行。"学弈"②和"五十步笑百步"③ 是两体对比,"挟泰山以超北海"④ 和"山径之蹊"⑤ 是一体两面对比。此外,"齐人有一妻一妾"⑥"牛山之木尝美矣"⑦ 等篇目都使用了对比的手法。对比是传统道德叙事最常用的修辞手法,通过对比把是非、善恶、美丑揭露出来,鲜明地显示出两种相互矛盾对立的道德行为之间的差别,以此让人们在比较中得到鉴别。

(二) 传统道德叙事的特征

1. 叙事母题的发展性

母题⑧是从原有的民间叙事作品中的某个情节或故事要素游离或发展,并重新组合而形成新的叙事作品,这种情节元素有重复性和能动

---

① 《孟子·离娄下》。
② 《孟子·告子上》。
③ 《孟子·梁惠王上》。
④ 同上。
⑤ 《孟子·尽心下》。
⑥ 《孟子·离娄下》。
⑦ 《孟子·告子上》。
⑧ "母题"(motif)一词在拉丁语中意指策励和鞭策,这一术语由德国学者科尔勒首先提出。我国学者陈建宪在其专著《神祇与英雄——中国古代神话的母题》(生活·读书·新知三联书店1994年版)一书中提出:"简言之,母题就是民间叙事作品(包括神话、传说、民间故事,叙事诗歌等)中最小的情节元素。这种情节元素具有鲜明的特征,能够从一个叙事作品中游离出来,又组合到另外一个作品中去。它在民间叙事中反复出现,在历史传承中具有独立存在的能力和顽强的继承性。它们本身的数量是有限的,但通过不同的组合,可以变换出无数的故事。"

性。我国古代故事中的许多道德形象都可以在先秦神话和故事典籍中找到雏形与源头。先秦典籍中关于某件历史故事的简单陈述，经过不断改编和创新而最终形成新的故事。同一个母题要素可以通过多种组合形式在历史传承中反复出现，维持其生命力并使其不断发展继承。

在历史不断发展中，母题的基本故事要素只能保存其最原初形式，故事里凝聚的道德思想和其他故事情节会随着社会发展而不断扩充和虚构。不同时代的人们会根据当时的社会情况和个人经历把母题的故事人物形象描绘得更加生动丰满，故事情节内容不断被填充、改造，体现出一定时期人们的生活状况和思想情感，故事人物身上体现的道德精神也会随着该时代社会主流思想的变化而使其中的伦理道德价值更隐含地表达出来。比如，《孟姜女哭长城》的故事传说是由《左传》中"杞梁妻拒绝齐侯郊吊"[①]的故事发展而来的，这个母题故事主要是为了褒扬杞梁妻在万分哀痛时仍能以礼处事和大义凛然的刚烈性格，也包含反对战争、尊重丈夫的思想。故事里增添了哭夫、崩城、投淄水、秦始皇筑长城等新情节，一波三折，主人公名字也由杞梁妻改成孟姜女，将历史与虚构完美结合，不同人物形象和行为以善恶作为道德评价标准给予评判。其中还包含了忠孝情义、善良正义、坚毅执着、敢于反抗等多种道德品质。又如，《列女传》中的《东海孝妇》到了元代被改编为《窦娥冤》。在关汉卿笔下，窦娥变成坚强不屈、勇敢抗争的妇女形象，展现出社会下层人民渴望伸张正义、惩治邪恶的愿望和坚强不屈的斗争精神。

2. 叙事技巧的多样性

（1）宏大叙事与个人叙事相结合

古代文献中记载重大历史事件、宏观历史研究的叙事内容、宏伟的叙事风格的文论巨著和官方史籍等都归于宏大叙事，宏大叙事者要保持宽广的时空格局和思想高度，体现特定阶级道德要求的理论载体和道德

---

① 《左传·襄公二十三年》。

原则。个人叙事关注的是个体生命的具体遭遇和道德境况，更加注重个人的内心活动和情绪反应，叙述者的眼光集中在讲普通人自己的故事，让每个人在叙事中形成道德自觉。

古代道德叙事受"家国一体"的宗法思想影响，把个人道德修身与齐家、治国、平天下作为一个整体，把宏大叙事与个人叙事两个叙事方法结合起来，使宏大叙事以平凡的日常生活为基础，剥离对道德理论华而不实的高谈阔论。个人叙事是具有自我独立性的叙事方式。古人在讲述创世、建功立业、安定天下、民族融合等"大情怀"叙事的同时也把英雄人物、政治领袖的具体个人故事添入其中，将宏大叙事转入关照个体现实问题，又充分尊重个体在事件中的经历和感受的个人叙事，减少宏大叙事与人们生活和塑造个体道德中呈现出的疏离感和无力感，对故事情节和人物行为的是非曲折作出道德判断，培养道德高尚的人。反之亦然，个人叙事不仅着眼于个体平凡生活中的经历，而且适度地注重事件发生的现实背景和思想状况，以个人道德生活叙事为中心，在个人平凡叙事中体现道德生活本身，体现个人叙事隐含的道德思想和价值观念，使个人叙事的道德教育变得厚重和崇高，以小见大地展示出一种真正持久的道德良知感、使命感和责任感，摆脱现实生活附着的琐碎和肤浅，在生活叙事中产生强烈的感召和激励作用。

（2）道德叙事与情感抒发结合

我国古代文艺作品的道德叙事中注重作品的意境和个人感悟，不需要对叙事对象进行全面细致的叙述和描绘，而对叙事作品本身包含的思想情感的追求予以更多关注。古代诗词歌赋和书画舞乐作品中大都体现出重情感、黜叙事的民族思维和文艺特色，这也是我国传统叙事思想不受重视的原因之一。在古代众多的文艺创造活动和文艺作品中，可以较为清晰地体现出作者所要表达的思想感情，也可以折射出文艺作品的道德伦理追求，对个人的道德思想和审美观念产生一定影响。情感表达与伦理道德、审美价值相互联结，能够丰富民间艺术的文化内涵并引导人们保持高尚的艺术审美意识。

叙事作品的创作缘于一定的思想情感的驱使，促使艺术家将自己的情感倾注在文艺创作过程和作品中。特别是在我国文学叙事传统中，作者通过展现故事人物形象和情节设计的形象性、情感性等审美特性，使文学作品发挥道德教育的先天优势并借此进行道德教育，这样更加宜为人所接受。许多叙事文艺作品中隐含着作者对现实生活和人生经历的感悟和理解，借助所描绘的生活图景或虚拟的故事情节抒发作者的爱憎情感，受述者就能在赏析中进行感悟和理解，结合生活实际获得道德教育。《诗经》《窦娥冤》等许多叙事作品中都尖锐地批判统治阶级的道德缺失，弘扬广大劳动人民善良勇敢、勤劳朴素的精神品格。

3. 叙事环境的整体性

中国古代道德教育也具有整体性特征，受儒家"家国一体"思想的影响，传统道德教育从学校、家庭、社会、国家四个方面对个人品德修养形成全方位的道德合力。古代道德教育包括学校教育、考试制度和上到帝王圣人，下到地方官吏、家庭长辈的示范教育。在传统道德教育中，道德叙事方式也能够有效地体现出这种立体化、多层次的教育环境。

传统道德叙事形成了官方与民间一体的纵向体系。我国古代道德教育注重言传身教，教化者要做到带头给他人做示范，在做人和做事上以身作则，才能获得他人的认可和支持。上至天子、下至庶人都要规范自己的言行以给他人做出榜样，以德服人。古代君主是社会道德风尚的决定者，这就要求他们自身养成圣人的德行，励精图治、宽以待人、孝敬父母等仁德的行为事迹会在民间广为流传，为平民百姓所效仿。周公在《尚书·召诰》中对幼年成王的训诫是要把自己的德行修养放在首位，自己成为百姓效仿的楷模才能使之施行于天下。他认为君主的道德品质和行为方式能感化万民，对百姓的道德行为起到引导和示范作用。君主应该修身立己向古代圣人贤王学习，平民百姓就能在下面按照法度自行行事，彰显美好的品德。反之，君主不注重修养德行而骄奢淫逸、昏庸无道，不能成为民众的道德榜样，就会导致国家政治混乱、失去群众的支持。孔子也有提到"其身正，不令而行；其身不正，虽令不从"①。

　　除了君王自身要求德行之外，选用的官员也要求是伦理道德的代表。我国西周选士制度和汉代的察举制度都能表现出道德教育与选举制度之间相辅相成的关系。西周时期由乡举贤能逐层上荐，地方乡大夫每隔两年要进行校比，考察乡里民众的德行、学问和技能，以便选拔和推荐有德行和有才能的贤人；汉武帝时期设察举制度选举孝廉，各郡国每年向中央举荐孝顺父母、清廉勤政的有德之人担任官吏。同时，中央会自上而下地对忠孝节烈的行为进行有效而广泛的传达宣扬。据记载，汉朝曾专门对朝廷功臣以图绘的形式表彰英烈事迹激励后进。汉宣帝时期，君臣之间能相互鼓励颂扬功德，宣帝命人为苏武、霍光等每一位功臣良将画像以表功绩。未列入画像表彰的子孙会因此感到羞愧，让后人因不知先人美德事迹而不能自我勉励。这种政治宣教的行为不只是对功烈事迹进行旌表，更主要的还在于给当代臣僚子民提供道德行为的典范。民间的道德教化和道德叙事面对的是普通劳动大众，以一定的组织形式移风易俗进行道德教化。凡对地方风俗净化、纲常整肃、善恶训诫有利的地方贤良、节士、烈女、孝义、贞烈等优秀人物与事迹，只要合于道德风教的需要，无论身份地位高低，就多建祠造像以祭祀，树为乡民榜样。

　　传统道德叙事形成了以学校、家庭与社会为整体的横向格局。古代学校教育在一间中有私塾，五百户就有庠，一万二千五百户设有序，京城里设有大学。古代道德教育不仅是学校、家庭的职责，社会各方面也负担一定的责任，能够调动各个方面的积极性并形成多方参与、齐抓共管的格局。第一，学校是道德叙事的重要场所。自先秦开始，无论官学还是私学，都重视道德教育。学校教育重视对贤者圣人道德思想和经典故事的传授和理解，培养学生的道德品质和道德操守、道德教育和德性培养，将道德修养与国家天下紧密联系。学校教育强调个人的历史使命和志在天下的精神气概与胸怀抱负，并逐渐形成了道德教育及个人修养

---

① 《论语·子路》。

的方法。第二,家庭道德叙事教育传统常常在家族长辈的言传身教中完成。古代家庭既是基本的生产单位,又承担着维系氏族发展的职责。古代社会的宗法制度形成了重视血缘关系和家族门第的思想,家庭承担着十分重要的教化任务。古人重视衣锦还乡和光宗耀祖的家族使命,家族中培育出的优秀且有德行的人会成为整个家族甚至乡里的荣耀和后代瞻仰、学习的对象。因此,古代家庭教育是传统道德教化必不可少的部分。第三,良好的社会环境是叙事的重要境遇。社会风气的大环境和居住交往环境良好就能使人们从对身边发生的道德事迹的耳濡目染中获得熏陶,对个人德行的养成有正面的、积极的影响。"孟母三迁"的故事能反映出古人比较重视社会背景和环境对个人成长和道德教育的陶冶。荀子通过"蓬生麻中,不扶而直;白沙在涅,与之俱黑"[①]的比喻也同样认为良好的社会环境更有利于道德修养,反之亦然。因此,在进行道德叙事时需要依据叙事的社会环境和个人的背景经历选择适当的叙事方法。

文化的创新发展离不开历史传承,"历史从哪里开始,思想进程也应当从哪里开始,而思想进程的进一步发展不过是历史过程在抽象的、理论上前后一贯的形式上的反映"[②]。我们不仅要继承传统道德叙事的精华部分,而且要进行创造性发展和创新性转化。传统道德叙事的创造性转化首先要尊重和传承优秀传统文化,再将优秀传统道德思想赋予新的内涵,更新其现代表达形式,在不断修整和完善中,使其与现代生活相适应、与现代文化相协调。传统道德叙事的创新性发展需要科学评价和扬弃传统文化,将优秀传统文化的道德叙事内容不断补充和完善。中国传统道德叙事在继承传统优秀文化的同时又能弘扬时代精神,形成中国优秀道德文化独特的精神追求,重续中国道德叙事传统,能够弘扬优秀传统文化,并为高校思想政治教育叙事提供有效的内容和方法借鉴,增强历史的厚重感。

---

① 《荀子·劝学》。
② 《马克思恩格斯选集》第2卷,人民出版社2012年版,第14页。

第三章　国外道德教育叙事的借鉴

叙事是人们传递和储存经验的方式，是人类生活必不可少的部分，任何故事都与人相关。漫长的历史中，不同社会历史形成了不同的文化背景，道德教育是每个国家、每个民族、每个地区文化延续中必不可少的一部分。德育的内容和方法既有相同之处，也存在着各自的特色，作为道德教育、价值观教育的重要方式，国外道德教育叙事有着优良的传统和现实基础，《伊索寓言》《荷马史诗》《圣经》《一千零一夜》《拉封丹寓言》等作品，都在讲故事中传递人们的道德价值、延续本民族的历史文化。道德叙事作为一种有效的德育途径，很早就产生于中西方的家庭教育中，但近现代以来在中国的道德教育中倾向于将这一方式变成规范化的说教。为提高德育效果及社会道德水平，就要加强对道德叙事的研究和实践，特别是在全球化的背景下更要博采众长，吸取国外道德叙事中的有益经验，并结合我国民族文化传统，形成具有我国特色的一套完整的道德叙事理论体系，使得道德叙事真正成为一种强有力的教育方式。

一　国外道德教育叙事的传统

道德叙事并不是一种独立的叙事方式，它是就叙事的道德性质和伦理教化而言的，不仅仅在于讲述故事情节，而且通过展现故事情节告诉人们做事的规则、做人的道理。它在德育中有很重要的地位，可以在道德认知水平、道德情感、道德意志等多方面进行教育，最终有利于促进学生道德品格的形成[1]。虽然叙事作为一种研究方法的历史并不久远，但叙事作为一种教育方法存在已久，在学校尚未制度化之前，大多体现在家庭道德教育之中。

（一）国外道德教育叙事

国外对于道德叙事的研究早于我国，且注重实践探索，自20世纪80年代以来，以美国、日本、加拿大等为代表的国家十分重视道德教育和道德叙事研究，并在不断实践中取得了理想的效果。

国外对道德的研究主要是以伦理学的形式出现的。伦理学研究与哲学研究相得益彰，从古希腊时期的苏格拉底、柏拉图、亚里士多德，到中世纪神学时期的奥古斯丁、阿奎那，再到近代的夸美纽斯、卢梭、黑格尔、康德、费希特、杜威、马克思等，都对"道德"理论做出了自己的诠释，国外与我国德育相对应的内容是"公民教育"（Civic Education）[2]。

国外的道德教育叙事也可以理解为讲故事，即通过向受教育对象讲述道德故事，在设定的道德情景中潜移默化地进行道德影响。根据法国结构主义叙事学家热奈特的研究，"叙事"概念包括三种含义：讲述一个事件或一系列事件的口头或书面的话语，即叙事话语；叙事话语中讲述的真实的事件或虚构的故事；某人讲述某事的对话行为。威尔逊认为，道德故事可以传递道德信息、激发道德情感、提升思想境界。[3]

---

[1] 曾秀兰：《道德叙事的教育价值及教学运用——以〈思想道德修养与法律基础〉课为例》，《教育导刊》2011年第5期。
[2] 王宇翔、唐莉莉：《德育与思想政治教育的内涵重构》，《重庆第二师范学院学报》2016年第11期。
[3] ［英］约翰·威尔逊：《道德教育新论》，蒋之一译，浙江教育出版社2003年版。

(二) 国外传统道德叙事内容

道德叙事内容就是道德故事。道德故事与一般故事的最大区别在于，它包含着道德判断或道德立场，是使受教育者求真、向善、趋美的。

美国以培养爱国、修养、诺言、伦理道德、纪律的"国民精神"，以及对国家履行义务的"责任公民"作为教育目标，激发学生的民族自豪感与责任感，形成爱国教育、法制教育、文明市民教育、价值观教育和心理教育的目标体系。

欧洲道德教育内容包含宗教教育、公民教育、政治教育、科学教育、环保教育及健康教育等内容。中世纪以来欧洲的道德教育就是宗教教育，至今宗教中的道德性依旧体现在德育内容之中，在《新约全书》和《旧约全书》等基督教经典著作中有许多故事都成了道德教育的素材，也就是道德叙事内容的雏形。如《出埃及记》中就包括"孝敬父母、不能杀人、不可偷盗、不能作假陷害栽赃"等教育内容。公民教育也是西方道德教育中的传统板块，其历史可追溯到古希腊的雅典和斯巴达以及罗马等。当时主要培养爱国主义情怀，相比近代以来的教育内容较为宽泛。在欧洲以新自由主义民主思想为代表的政治理念也可追溯到古希腊智者普罗泰戈拉，这些政治思想不仅仅为德育的内容，更为德育的具体操作奠定导向性原则。欧洲道德教育不是直接对科学知识的传授，而是对理性思维、科学精神的塑造。关于环保及健康教育等内容，欧洲一些国家相继颁布了对应的法律法规，部分还被纳入国家课程，力求公民能够在道德实践中践行。

在吸取别国道德建设的经验方面，日本、新加坡、韩国做得较好。比如，日本借鉴中国文化儒家思想中的诚信、忠义等，并将其与日本本土等级制度、国家观念相融合，形成了具有日本特色的道德文化。日本还强调整体利益，主要体现于日本道德转型的两个原则：一是忠至上；二是和为贵。其中，特别是"和为贵"集中体现了日本道德转型过程中对他人和整体利益的强调。

马来西亚注重将道德教育与宗教教育紧密联系,伊斯兰教是马来西亚的国教,但同时也存在着佛教、印度教、基督教。在各级学校课程中都开展伊斯兰教及其文化的教育（对穆斯林学生）和道德教育（对非穆斯林学生）。而道德、伦理教育则是在各级各类学校中广泛开展以"伊斯兰教育"和"国家意识教育"为核心的道德品质教育,并将16种价值观（善良、奉献、谦恭、自尊、爱心、公正、独立、勇敢、勤奋、诚实、快乐、合作、节制、知恩图报、具有理性、渴望成功）置于德育教学大纲中,用这种整体的统一的方式发展个人的潜在能力,以造就出智力、精神、道德和身体均衡发展的人。

新加坡主要为华人聚居,坚持东方价值观,同时也融合了自身社会特点和国情,最终形成东西方融合、适合社会发展的道德文化。

韩国道德文化的发展也融入了中国儒家思想,形成强烈的秩序、集体主义及爱国主义。可以看出,在道德建设方面,不仅要重视传统与现代道德观念相结合,也要重视吸取外国道德建设经验并融合本国特点。

（三）国外道德叙事主体

学校教育遵循的是单向线性时间观念；家庭教育是一种故事性、关怀性的教育方式,强调价值关怀及潜移默化；而社区教育是介于家庭关怀与社会磨砺之间的一种教育形式,强调价值建构的中观层面。国外道德教育注重学校、家庭、社会三位一体,特别是在美国、韩国、日本等国家的道德叙事中较为突出,他们坚信道德教育是全社会的事情,不只是学校的单一事情,因此在这些国家能够保持教育的一贯性。

日本在课堂教学方面重视个性教育,突出学生个体。日本对于下一代的德育非常重视,在家庭教育方面为了更好地对孩子产生影响,家庭中的妈妈会自发形成"母亲读书会",与其他母亲一起学习交流。日本道德教育表现形式是由"近"及"远","即由个人→他人（家庭、邻里、学校）→社会（自然界）→国家、民族,呈现出自由灵活、通俗

第三章 国外道德教育叙事的借鉴

形象、直观具体、具有可操作性的特点"①。

韩国政府对于德育投入力度很大，组织各种与学校德育相结合的社会活动。社会上各种儿童组织也会通过各种活动方式支持学校德育，如各种美学艺术活动、音乐节、文艺及促进个性发展的传统艺术活动。"韩国自独立以来掀起的形式多样的社会活动，如1970年的新生活运动、20世纪80年代以来极力推广国语和推动本土文化运动等都对学生的心灵有重要影响。"②除此之外，韩国政府在1969年1月颁布了《家庭礼仪准则》《公职人员伦理法》等，强调公民要忠诚于祖国、献身于祖国。在单位应该有敬意和信赖、在生活中遵守秩序，不论何时都清廉守纪。二战结束至20世纪90年代初期，韩国政府针对学校的各类课程先后进行改革，每一次改革都特别重视道德教育和国民教育。

在新加坡，政府提出道德教育要"三兼顾五强调"：个人、社会与国家兼顾，法育与人情味兼施，理想与现实兼行；强调国情，强调国家利益，强调新加坡特色，强调内容形式应符合时代要求，强调寓教育于故事之中。在课堂上以讨论式为主，师生互动，重视团队协作精神，突出群体意识。

俄罗斯比较重视青年组织建设，其中俄罗斯青年联盟和"纳什"爱国组织是俄罗斯发展比较突出的两个青年团体。俄罗斯青年联盟在苏联时期就已经成立，其任务之一是加强青年思想政治教育，强化青年人的爱国精神和公民意识，引导青年增强团队意识、合作精神和社会责任感，到2006年已有会员近30万人。"纳什"组织反对国外势力干涉俄罗斯事务，强调培养成员的组织纪律观念和集体意识，训练成员的团队协作精神，通过组织国内政治家、学者给成员上课，培养他们的爱国意识和政治领悟能力。③

---

① 毛史明：《现阶段中日青少年道德教育的比较分析》，《产业与科技论坛》2016年第15期。
② 张晴晴：《韩国道德教育的方法借鉴》，《吉林省社会主义学院学报》2016年第4期。
③ 耿密：《析近十年俄罗斯的思想政治教育》，《中国青年研究》2009年第4期。

美国、法国的志愿者活动大多数是由社区、学校及教会共同承担的，几乎所有的学生都有参加社区志愿者的经历。

（四）国外道德教育叙事路径

1. 话语

口头：古希腊著名的思想家、哲学家、教育家苏格拉底提倡"雄辩术"，他在教授弟子的时候主张通过雄辩、讨论来进行，利用口头的语言来引导弟子进行思考，寻求答案，追求道德真理。

书面："教材读物编写方面，美国贝内特撰写了《美德书》，将道德概念寓于生动的故事当中；法国碧姬·拉贝、米歇尔·毕奇合著《写给孩子的哲学启蒙书》，也是用生活的故事进行道德叙事；英国学校道德教育课程设计委员会成员和以麦克菲尔为首的一批专家学者、教育实践工作者联合协作编纂而成的《生命线》道德教育丛书，以及为教师编著的配套道德教育参考书《中学德育》、《学会关心》等。"[1]"俄罗斯也重视书刊的作用，制定《儿童和青少年的精神—道德教育》刊物出版计划，向儿童提供行为榜样和规范的生活方式。"[2]

2. 媒介

班杜拉认为人的多数行为是通过观察别人的行为和行为结果而习得。人获得什么样的行为则有赖于榜样作用，所以学生个体可能在外部多种传媒及教育途径的影响下，模仿学习和接受社会生活的正、负面双向影响。这些榜样模式可通过新闻宣传机构、电视等不同途径表现出来。

大众传媒在美国、英国、日本等国家都是思想政治教育的有力工具。政府通过电视、报纸、电影和书籍等媒介宣传官方的政治道德信息，从而影响公民的政治倾向、价值取向和生活方式等。一些西方国家

---

[1] 黄向阳：《德育原理》，华东师范大学出版社2015年版。
[2] 秦仪燕：《俄罗斯思想政治教育探析》，《西伯利亚研究》2013年第2期。

开设专门道德教育的电视台或电视频道节目（包括一些宗教电台），讨论公众关心的社会热点问题。

日本的大众传媒在道德教育中发挥着重要作用，常常利用各种方式将政府的活动、施政方针以及某些高官的违法乱纪行为等公布于众，连续报道加以评论，或者进行舆论调查和民意测验来引起社会各界的广泛注意，从而形成社会舆论，构成一种政治压力，迫使政府采取措施挽回影响。日本的报纸、电台、电视台都设有政治部或政治经济部，专门负责对政治事件进行报道，对重要的政治任务还要派专人长期跟踪报道。这无疑会促进学生的政治社会化和道德社会化过程。

3. 实践

人有接受教化的潜质、人并不先天拥有德行，因此道德叙事是必要的。对学生进行德育教育，不仅仅是理论上的教育，究其本质是一种实践教育、一种养成教育。因此，通过道德叙事而进行的教化就成为了使个体拥有德行的一个十分重要的环节。亚里士多德（Aristoteles）认为理智的道德是通过训练和教育得来的，美德是习惯得来的，也就是通过生活中他人的影响加之道德理论指导的实践后形成的。20世纪初杜威（Dewey）主张"使儿童认识到他的社会遗产的唯一方法是使他去实践，因为除了教育者的努力同儿童不依赖教育者而自己主动进行的活动联系以外，教育者便变成了外来的压力。这样的教育固然可能产生一些表面的效果，但实在不能称它为教育"①。

在韩国社会各界都较为重视实践道德叙事。据不完全统计，在韩国的中小学中不同类型的校内课外活动就有98种，这些活动将会对中小学生产生深刻的道德影响。美国高校注重社会服务，各高校会定期组织学生到社会各个部门单位中开展社会服务活动。"英国同样采用参与和互动的教育方法，澳大利亚则通过组织社区服务活动，帮助学生有效地参加社会生活，形成积极的品格特征，包括信赖、敬重、责任、公平、

---

① 赵祥麟、王承绪编译：《杜威教育论著选》，华东师范大学出版社1981年版。

关怀、宽容、坚定、礼貌和同情等。"①

4. 隐性教育

韩国注重利用乡土文化、学校环境建设及历史文化遗产进行隐性教育：道德教育注重从乡土教育入手，即以本地区的地理、历史、经济文化发展为教育内容，通过小家了解大家。学校注重利用校园环境建设对学生进行潜移默化的教育，韩国的学校几乎是城市中最美的建筑，并且在校园中随处可见各种名言警句，学校还会把城市建设中涉及拆迁的历史文化建筑移植到学校，从而为学校开展爱国主义教育提供活教材。

隐性教育也是西方道德教育中的一个特色，除了平日学校的课堂教育之外，德育还全面地渗透在各种各样的社会活动，比如，主题实践活动、参与校内管理、互助合作、讨论争议性问题、参与选举活动、参加社区服务，以及精神关怀、学校风气、教师榜样示范、心理咨询、生涯指导、政策声明及校规校纪等学校生活的隐性教育之中。西方丰富的文化产品也加强了意识形态、价值观等方面的隐性指导。

二 国外道德教育叙事的现状

20世纪60年代，叙事学作为一门学科在法国产生，80年代以美国的"品格教育"为节点，此后以美国和加拿大的学者为主要研究群体，开始重视叙事法在德育中的应用，并取得了良好的教育效果。

（一）理论基础

1. 知识论

"现代不同知识的划分表明人们对知识的理解与研究更加深入具体，加涅（Gagne）和安德森（Andersson）关于知识分类的观点推动了

---

① 万美容、姬会然：《国外道德教育的基本方法对我国学校德育的启示》，《学校党建与思想教育》2007年第4期。

传统意义上对知识的分类。知识论中兰尼提出的个人缄默知识和利奥塔尔界定的'陈述性知识'等有力推动了对道德叙事的研究。"[1] 据此理论说明，道德叙事是将个体或者群体所存在的隐性道德缄默知识或叙述性知识使其逐步显性化及理论化，比如，智慧技能、认知策略等知识就会以隐性的形式存在，道德叙事在这一过程中起到了促进、推动作用。

2. 现象学

现象学是在现象描述的基础上对现象背后的事实及意义进行研究，道德叙事也重视以讲述故事来传达背后的道德寓意，最后力求回归到生活，摆脱空洞理性的思辨，揭示事件本身，关注自身道德故事，用道德意识带动道德行为。

3. 叙事心理学

心理学家及教育学家布鲁纳将叙事法归为一种教学方法。他认为人的心理方式分为例证性思维和叙事性思维，而叙事性思维在未成年人中更容易被接受，从而有利于通过叙事加强个人对于道德价值的理解、认同与践行。因此，道德叙事在社会以及个人的道德发展中具有重要作用，不仅要大力提高教育者的叙事能力，也要提升受教育者的叙事性思维。

4. 文学中的叙事学理论

文学中的叙事学理论是教育叙事的主要理论基础，发端于文学领域的叙事，之所以能在教育领域获得合法地位，最主要的原因就在于叙事能够传递价值和意义，为教育者解释价值观念提供背景和素材。从20世纪70年代开始，叙事学就成为了文学研究的核心领域，其中叙事的情节、结构、语言、语境、合理性以及口头叙事与书面文本之间的转化都可以借鉴到道德叙事之中。

5. 伦理学

社群主义的代表人物麦金泰尔（Macintell）从伦理学的角度阐述了

---

[1] ［法］让－佛朗索瓦·利奥塔尔：《后现代状态》，车槿山译，生活·读书·新知三联书店1997年版。

道德原则产生于他们所处的文化与时代。采用基于历史和传统的叙事方法，通过实践的叙事可理解性、个人生活的叙事统一性和传统的对话叙事性，以一种传统历史性共识对普遍、抽象的伦理规范进行补充和纠偏。麦金太尔美德概念的逻辑发展存在三个阶段，每个阶段都与叙事结构相关联，通过实践的叙事可理解性、个人生活的叙事统一性和传统的对话叙事性，使合理性成为从历史中产生的实践，具有受文化制约、由传统构建的特质。首先是实践的叙事可理解性，麦金太尔的美德概念阐释从实践出发，通过叙事来理解实践是对于实践生活的自我阐明，是对实践过程的描述。其次是个人生活的叙事统一性，生活具有内在的叙事结构，叙事为个人生活提供统一性，"我们全都经历了我们生活中的叙事，而且我们就依据我们所经历的叙事来理解我们自己的生活"[1]。最后是传统的对话叙事性，麦金太尔采用道德叙事的方法，以历史主义的批判继承态度，将道德哲学建立在人类历史实践的基础之上，在对美德内涵的阐释过程中完成了他对德性伦理理论的建构。

（二）实践探索

国外的道德叙事研究与国内相比，在实践层面的道德叙事研究较为广泛，有一定的影响力。

1. 在校内开设课程

国外关于道德叙事的实践研究比较丰富，开设了各式各样的课程，"品格教育在80年代迎来了新发展机遇，是基于传统品格教育理念的一种超越与创新。其中道德叙事一直是品格教育最显著、最常用的方法之一"[2]。有儿童伦理课程中的道德叙事：美国赫特伍德为一年级到六年级的孩子设计"儿童伦理课程"，其中选择了有关道德的叙事类文学作

---

[1] ［美］麦金太尔：《追寻美德——道德理论研究》，宋继杰译，译林出版社2011年版。
[2] 罗苏琴、孙玲：《美国"新品格教育运动"中道德叙事的形式、策略及启示》，《郑州师范教育》2012年第10期。

品，这些作品也出自儿童之手，因此更易于儿童理解与接受其中所蕴含的道德价值观念。除此之外，美国学校还重视对话式道德叙事，以学生和教师为主体融入引言、回应和评价等环节。有关课堂中的道德叙事：加州德赖格里克小学的教师蒂姆·肯特（Tim Kent）经常从《读者文摘》杂志上寻找道德叙事的素材，改编后和学生共享。

各科教学中的道德叙事：在新品格教育运动中，道德教育已经成为每一个人的责任，学校的各科任课教师也在道德教育中发挥了巨大的价值，让学生在各科学习中都能受到潜移默化的影响。"在日本的学校中有一种道德时间教育方式，以道德叙事为开展方式。首先确定主题，然后各自收集资料，资料包括：文学作品、古今故事等文字资料，影视作品或广播节目等音频、视频，进行分享后互相交流讨论，从而帮助学生理解道德性价值和道德性情感。"①

美国道德教育协会前主席、发展心理学家托马斯·里克纳（Thomas Rickner）曾说："学术课程在价值观培养方面的作用是一个沉睡中的巨人，如果我们不能把这种课程利用为培养价值观和伦理意识的手段，我们就正在浪费一个大好的时机。"② 美国学校首先是开设文学课程，主要向学生传授道德价值和道德推理，学生可以通过文学作品中的故事，建构道德标准。其次是开设社会文学课程，通过介绍历史中个人或者群体对国家做出的贡献等，给学生树立起道德榜样，并学习其品德精神或价值追求。历史课程在美国极其受重视，美国以法律的形式规定各级各类学校都必须开设历史课，通过学习历史事实来培养学生的爱国意识、集体意识、奉献意识等。除此之外，还开设了人文类、伦理类相关课程。

2. 课外活动中的道德叙事

除了课程以外，国外学校中对道德叙事实践的试验也较多。杜威认

---

① 王丽荣：《当代中日道德教育比较研究》，广州人民出版社2007年版。
② ［美］托马斯·里克纳：《美式课堂——品质教育学校方略》，刘冰等译，海南出版社2001年版。

为学校是一个与社会环境等同的地方,将学校与社会协调统一。

新加坡的学校推行真实教育,主张学校道德教育应该向学生展示真实的社会道德生活面貌,认为学校传授的道德知识、道德原则、道德规范应该是社会上真实可行的,符合社会推行的奖惩标准和利害后果。在英国一些教师指出,道德教育应坚持针对现实问题客观地分析和审视学生所关心的一切道德问题。韩国在其道德教育过程中,除了运用课堂上的直接灌输外,更加注重实践教育法、隐性教育法、综合教育法,并且在具体的实践中借鉴西方成功的教育方法,如价值澄清法、两难讨论法等。

(三) 试验研究

英国伯明翰大学"品格与美德纪念中心"做了许多关于品格与美德的实证研究,其中成果包括大卫·卡尔(David Carl)的《用故事教品格》,就是在"骑士美德课程"的研究探索中得出的。耶鲁大学也开展过主题为"经历与表达"的活动,这个活动将学生作为叙事主体,由学生来讲述发生在他们生活里的道德故事,以学生的口吻让其他的同学有更好的道德体验,以此来影响学生的道德行为。美国拉邦—普纳库奇中学的教师奥特·威金顿倡导实施了"狐火"计划,带领学生到社区进行访谈活动,把他人的口述、当地的民间传说以及地方历史相结合,通过学生对该地道德故事的倾听、记录及分析,让学生在理解与分析的过程中促进自我道德的发展。

三 对国外道德教育叙事的借鉴

思想道德作为文化建设的主要内容,直接关系到人心向背,社会主义事业的兴衰,以及社会发展目标的实现。我国正处于深化改革时期,社会发展速度加快,利益关系冲突增多。尤其是在开放的网络环境中,中国的青少年受到国内外各种思潮的影响,在思想尚未成熟的条件下,极易形成扭曲的道德观。因此,在新的社会环境中如何进行创新道德教育是需要破解的一个难题。道德叙事作为一种有效的德育方式，在欧美等国家的研究比较集中、成熟，既有理论又有实践，已经有了较为全面的发展。

我国虽然经历了多次学校德育改革，但当前我国的学校道德教育依然难以挣脱长期以来存在着的"德育实效低下"的问题。该问题实际上是对学校德育模式实效性的严峻挑战。国内目前仍停留在理论介绍和实践探索阶段，我国对于道德叙事的研究涉及面主要有道德叙事的概念界定、道德叙事的特点、道德叙事的类型、道德叙事在德育中的作用等，也有部分学者对道德叙事在学校道德教育中发挥作用的原因做了简要探究，总体来说显得比较零散和缺乏自觉。因此，在研究我国传统道德叙事的基础上，我们也要不断吸取国外关于道德叙事的经验。

（一）加强对道德叙事的理论基础研究

国外对于叙事的研究早于中国，其关于德育叙事的理论基础、研究与实践都已经初具规模。国内开始关注并介绍国外教育叙事的相关研究成果主要是在20世纪90年代末，对于道德叙事的研究相对来说较少，还存在很多研究的空白地带，且没有对目前关于德育叙事系统性的总结。从已有的研究成果来看，大体可以分为两类：一是从学理层面探讨教育叙事的本体问题、价值问题及方法规范问题；二是依据理论从事研究的个案。

道德叙事不是简单叙事，讲道德故事也需要理论支撑才能提高效率，真正达到道德叙事的效果。例如：知识论是要将个体或者群体所存在的隐性道德缄默知识或叙述性知识逐步显性化及理论化；用现象学来解释道德叙事以讲述故事来传达背后的道德寓意，用道德意识带动道德行为。实践是需要理论指导的，具备了良好、系统的理论基础，再进行实践中的道德叙事，其教育结果将会更明显。要想充分发挥道德叙事的作用，只有加大对道德叙事理论基础的研究，才能加强实践的深入性、针对性。对于道德叙事的研究不仅仅是学校内进行德育方面的教师，还需要有本领域或者相关领域的专家来进行其理论基础的研究。

(二) 改变学生受动地位

在中国的教育中，一直以来有很多学校走不出"我教你听"的圈子，在教和育的环节中，教师一直作为主导人物而存在。这样的方式对于教师来说，全程居于主动角色需要付出很多的精力，其次对于学生来说没有参与感、一直倾听的状态也会很枯燥，教师的话语对他们来说没有吸引力。教师和学生之间就会处于一种对立状态，没有交流感。从我国学校道德教育现状来看，学校道德教育基本上只是一种教会顺从的道德教育，作为受教育者的学生可以说从未被真正视为具有独立人格的主体。德育本应该更倾向于感情教育，但很多学校也将其机械化为书本式的教育，道德叙事更需要学生改变被动地位。罗杰斯认为人皆有天赋的学习潜能与倾向，他提出了构成新的道德教育气氛的三方面要求。一是真诚，师生关系需要诚信。二是认可，教师对学生应给予充分的信任和尊重。三是理解，从学生的角度去理解学生的思想、情感及对客观世界的态度。

"在道德叙事中，教师的独特地位不是削弱了，而是以一种特殊的方式存在着，这种存在以一种更强大的力量影响着倾听者。要求老师要随时与学生处于二元关系中，把他视作伙伴而与之相遇。"[1] "道德叙事过程中教师要把这种关系贯彻始终，使学生在这种'伙伴式'的氛围中自由自觉地叙事。在这种关系中教师的作用并没有被抛弃，而是得以重新建构，从外在于学生情景转向与情景共存，权威也转入情境之中。"[2]

学校道德教育中道德叙事过程的实质是叙事者与倾听者之间，以道

---

[1] [德] 马丁·布伯:《我与你》, 陈维纲译, 生活·读书·新知三联书店2002年版, 第124页。
[2] [美] 小威廉姆·E. 多尔:《后现代课程观》, 王红宁译, 教育科学出版社2000年版, 第238页。

德事件为桥梁，通过叙述达到心灵相通的效果，在此过程中道德叙述的主体不仅仅是教师，学生也应该有更多的时间去表达故事、倾听故事。学生叙述及倾听故事的过程不仅仅是一种价值传递的过程，同时也是思考反省自己道德发展的过程。德育教师首先需要潜心研究学生的心理特点、思想特点，科学设计课堂组织形式，减少"教育者"和"被教育者"之分，无论是叙事者还是倾听者，他们的内心都是平等的，没有高低贵贱之分，平等的对话让道德叙事成为彼此沟通的桥梁，充分调动学生的积极性，使学生在思维上、情感上、行动上做到全面参与，成为道德成长的根基。

（三）注重实践中的道德叙事

20世纪90年代之后，我国相继出现了快乐教育、生命德育、希望德育、情感德育、生活德育等多种学校德育模式，不一而足。我国德育偏重知识传授，对学生的道德实践、品德训练方面重视不够，中小学校以及各高校虽然也组织学生进行实践活动来对学生进行道德影响，引导学生树立正确的道德观，但是这样的实践活动只占少数，并没有成为道德叙事中重要的环节，在学校也没有形成完善的实行机制和制度保障，事实上举办的活动也大多未达到预期目标。个体道德结构是知（道德认知）、情（道德情感）、意（道德意志）、行（道德行为）的统一体，德育还需要重视非理性因素在教育活动中的作用，善于利用和灵活创设各种教育情境以增强教育效果。借鉴发达国家的经验，我们在道德教育实践中也应该注重更加贴近现实生活，服务现实生活。

首先，在学校教育的过程中建立一套完整的道德教育课程体系、完善的实践道德叙事体系与长效机制。小学注重培养学生的道德习惯；中学以内化道德规范为主；大学则注重发展学生良好的道德判断能力。挖掘中国古今道德故事，编录成集，并且在学校课程的设置中，打破传统的课堂模式，有主次、有区分地加入相关的课程，如可以设置专门的德育课程，或在语文、艺术等课程中，也加入道德叙事的元素。也就是使道德教育处于教育的核心地位,其他科目的教育也担负着一定的德育任务。

其次,充分利用社会资源,引导个人道德叙事。比如,组织学生参与社会实践活动,使道德教育更加贴近现实、贴近生活,重视对学生良好品行的养成训练,促使学生将学到的知识外化到"行"当中,并在实践中磨炼和巩固道德意志。实践是新知识、新思想产生的源泉,对学生主体性的培养及道德、品格观念的内化有促进作用。建立德育基地,组织学生进行参观学习、调研学习,为学生的道德教育实践提供有效渠道。

苏联著名教育家苏霍姆林斯基指出:"教育的技巧并不在于能预到课堂的所有细节,而在于根据当时的具体情况,巧妙地、在学生不知不觉中做出相应的变动。"因此道德叙事过程中需保持弹性,"既要注意从整体上对叙事及其实施进行勾勒设计,又要注意考虑教育对象认识理解的'前见'基础及其在教育过程中的主动参与性,在教育者主导性和教育对象主动性、教育预设与品德内在生成之间保持适度张力,以教育机制最大限度地优化教育过程,充分发挥道德叙事在思想政治教育中的作用和价值"。[①]

(四) 形成叙事合力,优化叙事环境

要为学生的道德发展创造出协调一致、持续有效的良好环境,学校德育也才可能真正获得成效。我国学校德育工作的立体性网络还不健全,而家庭、社会常常把道德教育的责任推给学校,往往在学校与家庭之间互相推卸责任。

首先家庭重视德育,家庭对个人的影响是很大的,家庭中的德育环境对个人的道德发展更是起决定作用,日常生活中孩子通过对家庭成员

---

① 潘莉、王翔:《道德叙事在思想政治教育中的价值和运用探析》,《学校党建与思想教育》2014年第1期。

语言及行为的模仿和家庭成员对其进行道德教育来逐步形成道德价值观。因此，家长不论何时都需要注意自身的言谈举止，自觉为孩子树立榜样。家长在关心孩子成绩的同时，也应关注其身心健康、品德行为状况。

其次是学校，学校教育中很重要的一部分就是德育，学校要与家庭形成良好配合，增强学校与家长直接的交流与联系，使双方更清晰地认识到学生的道德状况，在合力教育中提高学生的道德水平。同时学校应主动争取地方党政部门的领导和政策的支持，充分发挥学校德育的优势，将学校德育辐射到社区中，争得社会对德育的支持配合。

社会教育是指为道德教育提供良好的社会氛围，大力营造良好的文化环境、舆论环境、校园周边环境，把社会各方面的力量动员起来，宣传、新闻、文艺、出版等部门和机构要把握正确导向，形成德育叙事网络，在全社会形成重视道德教育的风气，形成良好的舆论氛围。社会成员也应明确自身对青少年学生具有"劝其向善"的义务，履行好作为一个公民的职责。

环境对人的思想道德培养既有显性约束力，又有隐性感染力。家长、学校、社会相互合作，进行力量整合形成立体德育网络，学校德育效果自会增强。社区也要充分发挥优势，组织学生社区服务等活动，构建道德教育的立体网络。我国道德教育在运用显性教育法的同时，也应有意识地进行隐性教育，注重显性与隐性教育形式的结合，开展大量的实践活动、文化环境熏陶教育，投入大量的人力物力，营造校内外环境，使学生在这样自然的生活中，接受了无形的道德教育。从而使学生在潜移默化中受到教育，从无形中增强吸引力和渗透力，以此达到润物细无声的效果。

（五）既保留又创新本民族道德故事

任何形态的道德故事都必须植根于现实生活的土壤之中，这样才能保证道德故事的真实性和可信度。然而，在一个全面向外运动的现代性语境下，这种现实的生活不再是个别人的，而是大众的；不再是特殊的，而是普遍的。当人们把几乎全部的精力用于创造物质产品以追求最大化的享受的时候，用于提升人的心智力量的道德故事便失去了鲜活的基础。人们既无精力、能力，更无愿望创造道德故事以及故事的文学形式如神话、典故等，这意味着原生形态的道德故事愈益枯竭。深入了解中国的传统文化，从具有民族特色的文化资源中选择道德叙事的素材，让学生在祖国的文化中汲取道德成长的营养。选择具有民族特色的道德叙事素材，不仅可以培养故事中蕴含的核心价值观和美德，同时还会让倾听者产生民族自豪感和自信心，使他们感受到民族文化的博大精深。这种潜在的民族意识和民族精神的弘扬与传承，对培养世界中的"中国人"是异常可贵的。对于外来的优秀伦理道德观念，也应以马克思主义为指导，结合我国国情和时代特点进行大胆借鉴吸收，把传承与创新有机结合起来，以此促进我国道德建设体系不断完善。

任何一个国家的历史都不能不摆在人类历史的框架，应该以人类历史的观念去对待文明问题。面对中国发展现状，我国新的道德体系既需要历史根基也需要时代气息，贯通古今、融汇中西、继承借鉴、发展创新。

第四章　高校思想政治教育叙事的要素

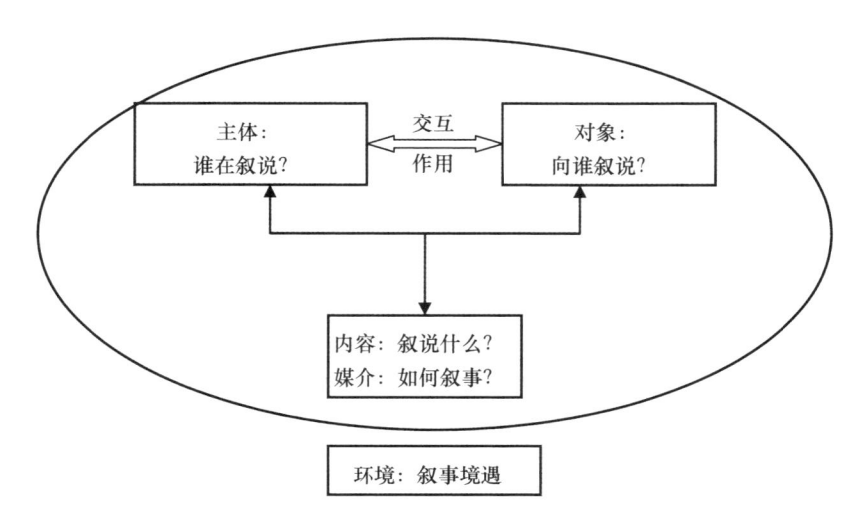

如同思想政治教育，高校思想政治教育叙事也有其构成要素，它是由作为主体之一的叙事者向受述者通过"在场"讲述故事来启迪教育对象，以达到思想境界升华之目的。在这一定义中，呈现出高校思想政治教育叙事的五个要素：叙说者、叙说对象、叙说内容、叙说媒介、叙说环境（见图4-1）。这五要素之间并非独立存在的模式，而是相互作用、相互影响的，共同使得高校思想政治教育叙事成为统一的整体。

图4-1　高校思想政治教育叙事五要素

一　叙事主体

（一）谁在叙说

高校思想政治教育叙事中叙事主体是教师，教师通过叙述自己在生活和教育实践活动中的"教育实践"和"教育经验"以此对自己的教学实践进行反思。教师在"讲故事"的过程中，同时也对教育事件本身进行理解加深和重构，在叙述的过程中无时无刻不渗透着自己的教育哲学和教育理念。教师作为一个丰富的个体存在于叙事事件当中，不论是讲述发生在自己身上的故事还是他人身上的故事，教师都是作为一个实实在在的人包括在叙事活动之中，他们置身于教育事件当中，而不是置身事外地叙说着教育故事。

教师不仅仅是单纯作为讲述者把蕴含自身教育理念的教育事件和教育经验讲述给学生，更重要的是通过反思和重构，把积累的经验再次注入教育事件当中去，形成新的更具价值的教育文本。来自于不同专业领域的教师，进行思想政治教育叙事活动，前提条件是必须有叙事知识作为支撑，有能力、有实力推动思想政治课叙事实践活动顺利进行和发展。从一定程度上讲，高校思想政治教育叙事的效果优劣依赖于教师综合水平的高低，教师需要将教育理念、教育内容和教育方式有机结合在一起，建造一种能快速让学生进入和理解教育事件的场所和氛围。

1. 更新教育理念

教育理念和教育哲学绝不仅仅是对教育事件的简单概括和总结，它要求教师在进行教育叙事的活动过程中，要融入自己的理解和解释，挖掘教育事件背后的深层含义。同时，注重理论素养的提高，使教师的综合教学能力与思想政治教育叙事能力同步提高、同步升级。

学生"只有尊其师，才能信其言"，所以老师的人格魅力在教学中具有十分重要的作用。其一，一个具有个人魅力的思想政治理论课教师是一个信仰坚定的教师。"言为心声"，教师只有从内心深处真诚地信仰马克思主义，才能在行动上不遗余力地传播马克思主义，才能在大学生中产生巨大的吸引力和说服力。其二，一个具有个人魅力的思想政治理论课教师是一个知识渊博的教师。马克思主义理论既是科学又是学科，这就需要教师不断提升自身对马克思主义理论的领悟能力和认识水平，进行研究性教学，否则在教学中就会出现"以其之昏昏，难使人之昭昭"的尴尬局面，学生对教师的认可程度就会受到影响。其三，一个具有个人魅力的思想政治理论课教师是一个具有激情的教师。马克思在《1844年经济学哲学手稿》中指出："所以是一个有激情的存在物，激情、热情是人强烈追求自己的对象的本质力量。"[①] 黑格尔也认为："冲动与激情是一切行动的生命线，没有激情，任何伟大的事业都不能完成。"[②] 在教学中，教师只有以饱满的热情、激昂的激情才能感动、打动学生，才能取得良好的教学效果。

2. 创新教学方法

教师不仅要依赖于传统的课堂教学、专题讨论、课程作业等形式，而且要擅用新媒体技术，贴近学生口味。针对高校思想政治理论课程的特点，教师可以运用网络进行音频、视频、图像等多种手段进行授课，变抽象为具体，变死板为生动。同时创新其他教育载体，形成主动、创新型的教学方式。其一是问题教学法。在思想政治教育过程中，我们要有问题意识，对一些难点、热点和焦点问题，可以采取学生辩论、讨论等方式进行，这样就可以将学生由观众变为演员，调动学生学习的积极性。其二是自主式教学法。教师根据教材内容确定教学研究专题，然后分小组让学生搜集资料，进行自主讨论，由各小组选代表在课堂上进行汇报，教师对汇报情况进行点评，这就有利于提升学生运用马克思主义分析问题、解决问题的能力。

我们还要走进社会、走进生活，进行社会实践。利用周末和假期到

---

① 《马克思恩格斯文集》第1卷，人民出版社2009年版，第211页。
② ［德］黑格尔：《精神哲学》，杨祖陶译，商务印书馆1979年版，第475页。

社会主义新农村去、到改革开放的最前沿去，深入实际，了解中国经济和社会发展状况。通过现场教学、在场感悟，可以增强学生对马克思主义的价值认同、对中国特色社会主义的认同、对中国共产党的认同。这样，学生感到思想政治教育不是悬置的楼阁，而是接地气的，是贴近现实、融入生活的。

3. 优化教学内容

并不是所有的教育事件都适合拿来对大学生进行思想政治教育，用于大学生思想政治教育的故事必须是精心挑选的、合理规划的，而且一定要符合社会主义核心价值观、符合社会主旋律、跟上社会发展的潮流，同时也要彰显教师的个人魅力。教师向学生传播的是社会主流意识形态和国家的政策方针，前提条件是教师要有坚定的政治方向，要符合国家和社会的需要。坚持方向性不代表空洞、枯燥，还要遵循学生的日常生活需求和身心发展规律，要贴近生活、贴近实际，及时创新教学内容。

进行高校思想政治教育就需要朝向思想政治教育本身，朝向马克思主义本身，遵循教育规律、思想政治工作规律、学生成长规律。首先坚持马克思主义的科学性。马克思主义是科学的体系，为此高校思想政治教育叙事要从整体上对马克思主义进行系统阐释，提取其精神实质和理论品格。其次坚持马克思主义的人民性。实现以劳动人民为主体的最广大人民群众的根本利益，是马克思主义的政治立场，"满足人民群众对美好生活的向往"是中国共产党的历史担当，为此高校思想政治教育需要坚守人民立场。再次坚持马克思主义的实践性。马克思主义本身就是实践的，它不仅能够解释世界，更重要之处在于改造世界，不仅是世界观，更是方法论。所以要理解马克思主义，进行高校思想政治教育叙事就必须坚持实践的观点，将马克思主义置于中国特色社会主义道路的伟大实践之中。最后坚持马克思主义的开放性。马克思主义是开放的系统，为此坚持高校思想政治教育叙事需要从历史视角、世界视角、中国视角来阐释马克思主义，学习和实践21世纪的马克思主义，当代中国的马克思主义。

高校思想政治教育需要具备现实性、情境性的特征，同时教育叙事也已成为思想政治教育过程中不可或缺的一部分。高校思想政治工作者叙事能力的形成不单单是基于对叙事的掌握，更应该尽力阐明隐藏在叙事事件中的价值观、教育意义以及立场。一方面教育者必须着手提升自己的教育叙事能力，同时这也是基本实现条件，以生动形象的描述、细腻的感触，激发教育对象对现实生活中教育事件的领悟；另一方面在叙事活动完成之后还要进行研究和总结，用自身丰富的理论知识和教育经历进行反思回味，加深对思想政治教育的经验理解和实践探索。

当前教育叙事的研究理论体系已日趋成熟，学校可以邀请该领域的专家和学者对该校教师进行讲座和培训，并且组织多方平台关注和记录教育叙事，以提高教师教育叙事综合能力；积极利用网络平台，可以让教师及时信息共享，把一些有意义、有价值的教育事件分享在教师群里，扩大教师之间的交流、对话，共同吸收、借鉴，集合众力形成更有创新价值的教育事件和教育经验；最重要的是要关注教师个体的发展，关注教师内心、生活世界的想法和需求，及时给予理解和关心，这是教师顺利进行叙事的先决条件，也是必要条件，让教育者在叙事的过程中无后顾之忧，专心做好本职工作。

（二）向谁叙说

思想政治教育叙事是一种交互式的对话活动，作为叙事者的教师和作为叙事对象的学生都是思想政治教育叙事的主体，这两个主体各司其职、相互作用。一般来说，叙事主体和叙事对象同时居于教育叙事实践活动的两端，缺一不可，叙事主体是"发起端"，而叙事对象是"接收端"，二者职责分明。前者主要负责教育事件的讲述和传递，后者主要负责理解和接受，共同促进教育叙事活动成功进行。

如前所述，教师作为叙述者，可以重塑教育文本，受述者学生也不例外。在高校思想政治教育叙事过程中，也要充分发挥学生的主观能动性，不仅要让学生主动地接受教师讲述的教育事件，也要让他们通过反思、自我提升对教育事件加以自己的理解，进而把教育思想内化于心、外化于行。不仅如此，在高校课堂上，也可以让学生自己讲述发生于自己身上或者身边的教育故事，让身边的同学分享自己的故事或经验，并且探讨其教育意义，从中获得启示，让学生们在亲自参与中加深对教育事件的理解和感受，也更容易达到教育目的。真正对思想政治教育叙事活动效果起决定作用的是受教育者即学生，是他们的自我认知和态度、自我承受和接受能力。

大学生作为受述群体，也是中国特色社会主义事业的建设者和接班人，他们有其自身独特的生活、学习、思考方式，了解这些对思想政治教育叙事效果的良好提升有重要作用。"90后"大学生群体具有一些新特点：普遍具有良好的思想政治素养，受教育程度普遍较高；善于独立思考、自主意识强，但价值观更加现实，更加喜欢张扬的个性、勇于表现自我；叛逆心理较重，但同时他们又普遍面临着学习、就业、经济等各方面的多重压力。

1. 生活方式新潮

在日常生活中，手机、网络等新媒体技术已经成为大学生最主要的生活方式，大家可以足不出户进行网购、与网上陌生人进行交流，并且可以在网上进行课程学习、查找资料，给生活带来了很大的便利；但同时，也被称为"低头族"，大部分时间都是低头看手机，刷微博、朋友圈，对于新媒体技术的依赖，大大减少了他们在现实生活中与"真人"的交流时间和话语，以致出现这样一种"怪圈"：在网络的虚拟世界中，大学生能够侃侃而谈，而在现实生活中却沉默寡言、不善言辞；网络生活拉近了网民之间的"虚拟距离"，但现实中的人们之间的心理、情感距离却渐行渐远。

2. 学习途径多样

与传统学习方式相比，现代化的学习方式越来越流行，大学生能够通过网络了解和获取学科专业方面的前沿信息和资料。大家完成作业的方式也更加现代化,运用网络进行视频、音频、图像等的模拟,可以根据不同对象的不同要求对信息、资料进行筛选,节省了很大一部分时间来排除不需要的信息,进一步拓宽了自己的知识和认识;但另一方面,由于对新媒体的过度依赖,面对海量信息,大学生还不具备完善的、清晰的辨别能力,加之搜索引擎的便利,养成了依赖电脑网络来完成作业的习惯,降低了独立自主的学习能力,学术研究能力低下,抄袭现象屡见不鲜。

3. 心理和思维方式新奇

大学生正处于求知欲、好奇心旺盛的阶段,他们的想象力和创造力相对也比较强,同时也是一个极其脆弱的阶段,学生的价值观多元,感情和观念极易受到周围人和环境的感染。大学生往往注重个人的发展,把实现自我价值作为主要的人生目标,处理问题时,更多注重自我价值标准,以自我为中心,更希望按照自己的兴趣和喜好做事,受挫能力差。

(三) 叙事者与叙事对象的相互作用

在思想政治教育叙事的实践活动中,叙事者和叙事对象是同时在场,同时包围在教育事件当中,他们互相分享、互相学习,然后对某一教育问题达成共识和认同。对话、理解、反思和自我提升的统一是思想政治教育叙事的本质,这个本质体现的是高校思想政治教育叙事的良性循环模式,叙事者和叙事对象之间的相互作用是思想政治教育叙事成功实现的基础。当然,这并不是否认叙事者即教师的主导性作用,而是在尊重教师这一主体地位的基础上,同时引导学生这一受众主体发挥自身的主动性,实现思想和行为之间的转换、升华。

在高校思想政治教育叙事实践活动中,教育者和受教育者都是思想政治教育叙事活动的参与者,双方进行交流互动,在教育场所中进行知识的传递和接收,最终实现教学活动的顺利展开,叙事主体回归多元化的本质在于教育者与受教育者相互学习、相互促进、共同发展,真正实现"双主体"的角色。教师是主体，学生也是主体，教师和学生之间不是传统意义上的主客体二元对立，而是和谐的主体间性。只有根据学生的具体情况，尊重学生的主体地位，发挥学生的主动性，让学生在学习中自求其得、自取其乐，变"要我学"为"我要学"，才能切实提高思想政治教育的效果。

在发挥教师和学生两个主体积极性的前提下，还要实现两个主体的有效对话。课堂是师生对话的主要场所，这种对话过程贯串于教学的全过程，话语、眼神、手势都是心与心沟通和交流的媒介；这种交流还可以由课堂内延伸到课堂外，通过发放调查问卷、个别访谈、网络交流等途径，随时了解学生对本门课程的学习状况；了解学生对本门课程的预期；了解学生对教学方式方法的认同；了解学生对热点、焦点的态度等等。只有多种渠道了解学生的"消费需求"，才能在整个教学中有的放矢，激发学生学习的积极性和主动性。目前，许多高校已经建立了大学生思想政治教育专题网站，学生不仅可以通过网络查阅文献，而且可以和教师进行网上交流、讨论，解决理论困惑和理论难点。

具体说来，在高校思想政治教育叙事活动中，教育者讲述自己或他人的教育经验、教育事件，传递自己的知识和教育信息来影响和感染学生，同时学生在课堂或者课外通过讨论、提问、总结把问题反馈给教师，使得教师从中发现新问题，积极努力寻找解决新问题的方法，实现叙事主体的共同进步。

基于此，叙事者和叙事对象并不是简简单单的叙事主体和客体，应该是"双主体"。在思想政治教育叙事过程中，叙事者和叙事对象是双向互动、共同发展的，是和谐的主体间性。在互动过程中，教师与学生不仅仅进行知识层面的交流，更是进行精神、情感、思想方面的深层次交流，教师和学生通过对话、思考，互相探讨寻找问题之源，互相增进彼此的沟通和交流，共同感受生活的美好。学生已经不是永久被动的"接收者"，他们在课堂上起到主要作用，教师需要学生对他的回应，否则就是"对牛弹琴"。叙事主体的"双主体"模式，在实质上打破了教育者与受教育者角色、地位的严格界限，使得二者真真正正发挥自身的独特作用，同时在交互过程中实现共赢。

二 叙事内容

叙事内容是连接叙事者和受述者的桥梁和纽带，在本书中，叙事内容即教育事件。叙事的媒介是"事件"，教育事件是教育叙事具体过程得以展开的依据和源泉。教育者通过对事件的叙述，重现了已经真实发生的教育活动，同时教育理念、教育哲学也得以与他人共享、升华，这些都让教育事件成为最有意义的存在，一点也不亚于叙事主体的地位。

在坚守马克思主义基本立场观点和方法的前提下，我们围绕学生、关照学生、服务学生，因事而化、因时而进、因势而新，从课程本身和大学生年龄特点和兴趣爱好出发，讲好四个故事，这样就可以使学生"坐得下、听得进、学得好、用得上"，取得良好的效果。[1] 在全国宣传思想工作会议上，习近平总书记发出了"讲好中国故事，传播好中国声音"的号召。同时，他也提出了具体路径，即四个"讲清楚"[2]。

（一）讲好经典故事，以经典人物的魅力引导学生

高校思想政治教育更多的不是强调"严密逻辑"的"认知性教育"，而是强调"体悟意会"的思想政治教育，所以必须遵循一种"德性逻辑"。为此，需要实现宏大叙事向依事说理转向，通过叙说生动故事、真实案例，实现马克思主义理论与现实生活的紧密结合，使学生感到马克思主义不是经院式的、学理式的，从概念到概念、从原理到原理的推演和说教，不是拘囿于"理论世界"的认知活动，而是接地气的、

---

[1] 王强：《试论高校思想政治理论课的四条叙述路径》，《高校马克思主义理论研究》2017年第4期。
[2] 《习近平谈治国理政》第2卷，外文出版社2014年版，第155—156页。

生活的在场①。

朝向马克思主义事实本身是叙述马克思主义的逻辑前提,而研读经典则是对马克思主义理论进行问题式诠释和聚焦式讲述的重要途径。研读经典既需要扎实的理论功底,能够沉得下、钻得进、出得来;也需要面向思想内容和思想对象,了解经典人物的生活轨迹和活动场景,讲好经典故事,展示经典人物的人格魅力和德行品质,使学生自觉地融入一种道德情境。这样才能实现与经典人物的对话,才能实现"在场"阅读。经典名著的重要价值不仅在于其科学而深刻的重大结论,而且还在于其对现实问题的深层次、多角度审视,在于对未来发展趋势的科学研判。马克思就是在准确把握时代课题的基础上,发现了人类社会发展的一般规律,提出了人类社会的发展愿景。通过讲好马克思、恩格斯、列宁、毛泽东等经典作家的故事,可以实现经典名著的具象化、生动化、深刻化,可以使学生感受到理论的温度,在知、情、意三个方面树立马克思主义信念。

人是一种模仿性的生物,学习和模仿是人类进行文化创造的根本性冲动②,也是思想观念培育和行动习惯养成的重要途径。青年学生往往存在"英雄情结",经典人物的人格魅力、德性品质、思想境界对他们价值观的生成具有示范作用,可以使学生自觉地融入一种道德情境。这就需要讲好经典故事,使经典人物成为学生心中崇拜的"偶像"和模仿的"范本",成为他们努力的方向。马克思在其中学毕业论文《青年在选择职业时的考虑》就立下"为人类幸福而劳动"③的伟大志向;毛泽东写下了"孩儿立志出乡关,学不成名誓不还"的豪言壮语;邓小平满怀深情地说:"我是中国人民的儿子,我深爱着我的祖国和人民";习近平代表新一届领导集体做出了"人民对美好生活的向往就是

---

① 王强:《"原理"课如何实现教材体系向教学体系的转变》,《思想理论教育导刊》2009年第10期。
② 龙迪勇:《空间叙事学》,生活·读书·新知三联书店2015年版,第468页。
③ 《马克思恩格斯全集》第40卷,人民出版社1982年版,第7页。

我们的奋斗目标"的庄严承诺。

在教学实践中，我们从经典人物的生活点滴和革命故事谈起，引导学生阅读《马克思传》《马克思的幽灵》《毛泽东传》《邓小平时代》《青年榜样习近平》等书籍和视频，帮助学生了解马克思主义理论产生、发展的历史图景和时代条件，这样的讲授就不是灰色的、苍白的、空洞的，而是灵动的、趣味的、感人的。通过讲述故事，可以拉近学生与伟人的距离，正如一名同学所说的："这样的教学，既有力度、深度，又有生动性、时代感，我们听得有趣，记得牢固，也学到了东西，我们喜欢这样的教学方式。"

（二）讲好历史故事，以厚重的历史感折服学生

任何理论的产生都有其历史图景，如果看不到理论背后的事实材料，就无法理解思想的真正内涵。历史是最好的教科书，是最好的老师，以史载道，以史明理是思想政治教育的重要方法。黑格尔说过，哲学就是哲学史，恩格斯也认为要学习哲学，迄今为止除了学习哲学史外别无他法。列宁曾经说过："不钻研和不理解黑格尔的全部《逻辑学》，就不能完全理解马克思的《资本论》，特别是它的第一章。"[①]

离开了历史，理论就会成为无根的、空洞的东西，从一定意义上说，历史是流动的理论，历史为理论研究提供依据或支撑。[②] 马克思主义的诞生是人类思想史上的一个伟大事件，不了解马克思主义发展史就不可能理解马克思主义，也就无法理解思想真正内含的哲理。基于此，要提升思想政治理论课的教学效果，就需要具备历史意识和历史视野，就需要具备宽广视角和理论视野，就需要将马克思主义理论置于人类思想史发展的长河之中进行考察、比较和阐释，通过叙事来还原马克思主

[①] 列宁：《哲学笔记》，人民出版社1993年版，第151页。
[②] 郝立新：《在史与论的统一中拓展马克思主义研究的三个向度》，《理论视野》2014年第12期。

义的理论生态和事实本身。这样就可以增强理论的厚重感,彰显马克思主义的历史意义和现实本真,实现"以史活论"之鹄的。如青年时期马克思的哲学思想与中年以及晚年的哲学思想侧重点有所不同,这就需要我们将其思想与当时的社会背景联系起来,与马克思的生活图景联系起来,进行历史主义的分析,回到马克思主义的历史情境之中。这样,才能帮助学生正确地理解和认识马克思主义的理论体系和发展脉络,明白马克思主义的理论品质和精神追求,明白为什么马克思被西方媒介誉为千年思想家。

一个民族的历史是一个民族安身立命的基础,中华民族5000多年的文明史,中国人民近代以来170多年的斗争史,中国共产党90多年的奋斗史,中华人民共和国60多年的发展史,都是人民书写的历史[①],有着取之不尽的凝聚正能量的故事。在纪念孔子诞辰2565周年国际学术研讨会暨国际儒学联合会第五届会员大会开幕会上,习近平同志强调:在长期历史进程中积淀的中华传统文化,代表着中华民族独特的精神标示,为中华民族生生不息、发展壮大提供了丰厚的滋养,而且为人类文明进步作出了重大贡献,"只有坚持从历史走向未来,从延续民族文化血脉中开拓前进,我们才能做好今天的事业"[②]。这就需要我们深入挖掘和阐发,"使中华民族最基本的文化基因与当代文化相适应,与现代社会相协调"[③],并且转化为思想政治教育课的课程资源。

讲好历史故事,我们需要将中华优秀传统文化作为涵养马克思主义理论的重要源泉,使中华优秀传统文化与中国特色社会主义核心价值观相融相通,实现创造性转化和创新性发展,激发其生命力,这样学生才愿意听,听得进、能理解、有感悟。陕西是中华民族和华夏文化的重要

---

① 习近平:《在纪念邓小平同志诞辰110周年座谈会上的讲话》,《人民日报》2014年8月21日第2版。
② 习近平:《在纪念孔子诞辰2565周年国际学术研讨会暨国际儒学联合会第五届会员大会开幕会上的讲话》,《人民日报》2014年9月25日第2版。
③ 习近平:《在哲学社会科学工作座谈会上的讲话》,2016年5月18日,新华网,http://www.xinhuanet.com//politics/2016-05/18/c_1118891128.htm。

发祥地之一，而延安则是中国革命的圣地，在教学改革过程中，我们利用陕西优秀的传统和革命文化资源，将黄帝陵、周公庙、楼观台等历史遗迹和宝塔山、杨家岭、王家坪等红色资源作为高校思想政治理论课实践教学基地，带领学生实地参观，并进行现场教学，让文物说话，使历史鲜活，增强学生的文化认同感和文化自信。

（三）讲好现实故事，以改革的成就贴近学生

任何重大的理论问题都源于重大的现实问题，意大利哲学家克罗齐（Bendetto Croce）在《历史学的理论和实际》中就提出"一切真历史都是当代史"[①]的命题。马克思主义理论从其诞生之日起就把解决现实问题作为自己的使命，其不仅是科学体系，更是实践指南。正如马克思在《关于费尔巴哈的提纲》中所说的："哲学家们只是用不同方式解释世界，问题在于改变世界。"[②] 这句后来刻在马克思墓碑上的话，表达了改变世界的"实践"就是马克思哲学最本质的特征和活的灵魂。

理论需要现实来支撑，高校思想政治教育要体现时代性、把握规律性、富有创造性，就需要紧密结合经济社会发展的新要求、马克思主义中国化的新成果、大学生思想发展的新变化，增强思想政治教育的实效性[③]。改革开放30多年来，中国经济发展、社会稳定，创建了一种不同于现代西方文明的中国式现代化。细数2016年中国那些世界第一：GDP增速6.7%重回世界第一、超级计算机"神威·太湖之光"运算速度世界第一、成功发射量子科学实验卫星"墨子号"世界第一、"天眼"望远镜口径之大和灵敏度世界第一、专利申请数量世界第一、中国游客量及旅游消费均排世界第一……这些都为叙说马克思主义构筑和积累了庞大的资料库。通过讲述现实故事，可以展现马克思主义中国化

---

① ［意］克罗齐：《历史学的理论和实际》，傅任敢译，商务印书馆1982年版，第2页。
② 《马克思恩格斯文集》第1卷，人民出版社2009年版，第502页。
③ 郝立新：《时代问题视阈下马克思主义理论教育的创新》，《光明日报》2015年7月18日第7版。

的最新成果，提升学生对中国特色社会主义理论体系的认同。马克思主义中国化进程的主线必须反映时代需要、回应时代问题、把握时代脉搏、体现时代精神，这也是叙说马克思主义的根本。明乎此，我们要以理论的方式把握现实，发掘、整理凝聚正能量、弘扬主旋律的中国故事，并对故事背后的道理进行延伸，实现"以事说理"的目的。

在高校思想政治教育实践中，我们以自己正在做的事情为中心，立足中国国情和发展实践，采取马克思主义与当代社会相结合的叙事路径，聚焦问题、挖掘材料、紧接地气，强化科学性，彰显实践性，对马克思主义理论进行时代诠释和实践引申，实现理论世界向生活世界的转向，加深了学生的在场感，培养了学生正视问题、分析问题、解决问题的实践精神。通过讲述中国好故事、传播中国好声音、树立中国好形象，可以凝聚正能量、弘扬主旋律，形成积极向上的良好心态，提升学生的"四个自信"，引导学生"四个正确认识"，增强学生"三个认同"，培养又红又专、德才兼备、全面发展的中国特色社会主义事业合格建设者和可靠接班人。

绝大多数学生都是改革开放的亲历者，讲好中国现实故事最具在场感，也最能引起大家的情感共鸣，从而对马克思主义理论产生自觉认同，不断提高自身的思想水平、政治觉悟、道德品质、文化素养，勇做走在时代前列的奋进者、开拓者，并积极投身于实现中华民族伟大复兴的中国梦之中。

（四）讲好自己故事，以身边的人物感染学生

价值观的传播不能仅仅依靠灌输和口号，而应多宣传"最美人物""身边好人""道德模范"等，以他们的人格魅力来诠释求真务实的科学精神、积极向善的价值追求。雷锋、焦裕禄、孔繁森等先进人物的感人事迹激励了中国几代人成长，是培育和弘扬社会主义核心价值观的典型教材。新中国成立，特别是改革开放以来，中国社会涌现出很多美丽故事、正能量故事，形成模范人物竞相涌现、群星荟萃的可喜局面。这些都需要我们认真挖掘、总结、提炼,并转化为课程教学资源,编好、讲好当代先进人物的模范故事,就可以实现小人物带来大感动的目的。

日常生活中,无论是教育者还是被教育者都有通过直接感受所获得的具体经验,这些故事看得见、摸得着,最形象、最生动、最具在场感。在教学实践中,教师自己讲自己的故事,最生动、最真切、最感人,也最能打动学生的心扉,拉近与学生的距离,增强学生对教师的亲近感,满足学生的获得感。如一名思想政治理论课教师以自身情况讲授改革开放所取得的成就,讲到动情处学生无不潸然泪下,继而是热烈的掌声,场面感人至深,能把思政课讲到形成实践修为这样的程度,是老师最大的幸福!

讲好身边故事,要求思想政治教育工作者不仅要坐得下冷板凳,加强理论修养,提升理论高度,挖掘学术深度;也要贴近实际,把鞋底磨热,增加生活温度,拓展社会宽度。中央宣传部、教育部关于印发《普通高校思想政治理论课建设体系创新计划》中明确提出要"加强教育部高校思想政治理论课教师社会实践研修基地建设",还要"支持教学科研骨干、马克思主义学院负责人到相关部门挂职或实践锻炼",这样就可以增加教师的生活阅历和社会经验,使其成为一个有故事的人。

讲好自己的故事还包括学生的故事,在教学实践中,我们举办了"好学生讲好故事"活动,鼓励学生站到讲台上讲自己的故事,并以此为契机实现对生活的反思,激发了学生学习的主动性,提高了学生的参与度,获得了学生的共鸣和认同,受到了学生的普遍欢迎。如一名学生讲自己利用暑期到偏远农村支教的故事,情节感人、生动形象,充满了正能量。

高校思想政治教育叙事的"所述之事"一般情况下来自于社会、校园、课堂,大多与教师、学生的学习、生活有关,教师与学生的血脉联系也就因为事件而构成,并且在一定程度上形成高度的协调和认同。对于这些教育事件的叙述,教师和学生的存在价值才会被外部或自身碰撞和关注。叙事内容的存在，使得叙事"双主体"不再是在两条平行线上独立行走而不发生关系的单一主体，二者之间相互督促、促进各自自身的完善和发展。

三 叙事媒介

叙事必须通过媒介才能得以传播，从而被受众接受和认可。人类对媒介的探索经历了一个漫长的过程，击鼓、燃烟、举火、结绳等都是人类传达信息的渠道。"媒介"是一个运用广泛的概念，它的含义不太明确，常常与传播符号相混淆。按照《现代汉语词典》对"媒介"的解释为"使双方发生关系的人和物"，这个解释还是不够确切。具体地讲：媒介是传播信息的存载物，主要包括纸质媒介和电子媒介。纸质媒介传播的具体方式包括书籍、报纸、期刊等；电子媒介传播的具体方式包括广播、电视、互联网等。叙事与媒介息息相关，联系紧密。基于此，叙事媒介是指叙事借助媒介进行故事的讲述、传播。媒介是叙事传播的形式，叙事是媒介传播的内容。媒介在传播，它就在叙事、传递信息、传播艺术。充当叙事的媒介很多，从理论上说，文字、声音、图像、音乐、舞蹈、手势等都可成为叙事的媒介，有时媒介以文字、图像等符号系统出现，有时表示为文本。当今随着互联网的发展，网络叙事问世，新的电子媒介出现，如影视、绘画、互联网、摄影等图像符号成为叙事方式的基本表意系统。

迅速发展的新媒体改变了人们的生活方式，也给思想政治教育带来了挑战。以前思想政治教育的话语权主要由党和政府的相关机构、学校以及传统媒体等掌握。互联网的兴起与迅猛发展，特别是微信等新媒体的广泛应用，这个话语权就不再是丝毫不可撼动的了。在网络空间里，每个人都是信息的发布员，每个人也是信息的接收终端，传统思想政治教育的主体与客体不再是固定不变的，而是相互交融、相互转化的。"互联网背景下，谁的传播手段先进、传播能

第四章　高校思想政治教育叙事的要素

力强大，谁的思想理念和价值理念就能广为流传，谁就能在掌握话语权上占据主动。"① 怎样才能让思想政治教育适应时代的发展，怎样才能占据思想政治教育的网络阵地，唯一的途径就是思想政治教育要与网络相结合，发挥新媒体的传播优势，将科学的思想理论用网络"包装"起来，做到有情有义、有滋有味，使人们心情愉悦地享受精神产品。

"好的思想政治工作应该像盐，但不能光吃盐，最好的方式是将盐溶解到各种食物中自然而然地吸收。"② "微信公众平台＋思想政治教育"就是利用互联网对人们进行思想政治教育的有效载体。微信公众平台适应了互联网背景下人们的文化消费习惯，是人们需要的各种"食物"。通过"微信公众平台＋思想政治教育"，将思想政治教育的元素溶解到灵动的故事之中，做到有虚有实、有棱有角，这样受众就可以在潜移默化中不知不觉地受到教育，达到润物细无声的思想政治教育效果。

互联网技术和新媒体改变了传播模式，催生了一大批新的传播形式，形成了"微信公众平台＋思想政治教育"的样态。如何适应社会发展，加强正面引导，讲好中国故事，是高校思想政治教育面临的一个重要问题。讲好故事并非易事，要能够经受住时间和实践的检验，受到大家的普遍赞誉。为此，要通过新媒介编撰趣味性、哲理性的故事，这样才能贴近学生、贴近生活、贴近实际，才能受到学生的普遍欢迎和真心喜欢。

（一）贴近学生讲好故事

习近平总书记指出："思想政治工作从根本上说是做人的工作，必

---

① 《党的十九大报告辅导读本》，人民出版社2017年版，第317页。
② 人民日报评论员：《沿用好办法 改进老办法 探索新办法——三论学习贯彻习近平总书记高校思想政治工作会议讲话》，《人民日报》2016年12月11日第1版。

须围绕学生、关照学生、服务学生，不断提高学生思想水平、政治觉悟、道德品质、文化素养，让学生成为德才兼备的人才。"① 贴近学生讲故事，就是要让选取的故事有利于学生的健康成长，满足学生成长成才的需求。为此，选取什么样的故事，编辑什么样的体裁，这些都需要让学生自己参与、自我开发、自我创造、自我完善，达到自己服务自己、自己满足自己的效果。提倡学生在学习过程中的主体性地位，就是为了发挥学生的主观能动性，将大学生对主流价值观认同的力量导源于内心深处。在互联网背景下，"微信公众平台+思想政治教育"需要发挥学生的主体作用，所以思想政治教育的传统客体也需非对象化。学生最了解同辈最喜欢看什么样的故事，让学生讲故事不仅有利于调动学生的积极性，也有利于增强故事的影响力和传播力。

（二）做好把关人审查故事

贴近学生讲故事，发挥学生的主体作用，并不是全部由学生编撰。在"微信公众平台+思想政治教育"中，除了发挥学生的主体作用外，还需要发挥教师的主导作用。这就需要严格贯彻把关人理论，层层审查，这样才有利于把立德树人的好故事推送出去。在实践中，我们的把关环节包括三个部分：一是选题小组的引导审查。微信工作团队对学生提供的主题进行筛选，并提出正面引导意见。在故事的撰写过程中，团队也需要做好审查工作，重点审查政治方向是否正确、舆论导向是否明确、语言运用是否准确等。二是责任编辑的把关审查。每则推送都有责任编辑，通过责任编辑再次审查，可以确保资讯万无一失。三是指导教师的最终审查。重点检查语言运用是否妥当、故事是否能够与思想政治理论课教学同向同行、能否形成线上线下的良性互动以及能否在学生之间引发共鸣等原则性、方向性问题。

---

① 《习近平谈治国理政》第 2 卷，外文出版社 2017 年版，第 377 页。

（三）利用时机推送故事

党的十八大以来，以习近平同志为核心的党中央着眼"建立和规范礼仪制度，组织开展形式多样的纪念庆典活动，传播主流价值，增强人们的认同感和归属感"[①]。"微信公众平台+思想政治教育"也需要利用各种纪念日、各种时机推送消息，讲好马克思主义故事，讲好中国故事。比如，利用马克思、恩格斯等无产阶级革命家的诞辰纪念日、革命运动纪念日等时机推送故事；利用中国传统文化的重大节日、重大活动等时机推送故事；利用中国革命和建设时期的重大事件、重大胜利等时机推送故事；利用改革开放以来重要节点、重要会议等时机推送故事。这样，就可以传播主流价值，凝聚广泛共识，增强思想政治教育的实效性和针对性。

四　叙事环境

任何教育和教学活动都是在一定的环境中进行的，不论是宏观环境还是微观环境，良好的环境能为思想政治教育提供一个轻松、良好的氛围，可以使教育效果事半功倍，所以环境在思想政治教育叙事过程中具有十分重要的作用。2015年1月出台的《关于进一步加强和改进新形势下高校宣传思想工作的意见》、2017年2月27日出台的《关于加强和改进新形势下高校思想政治工作的意见》、2019年8月14日出台的《关于深化新时代学校思想政治理论课改革创新的若干意见》等纲领性文件，为高校的思想政治教育工作提供了政策和文件上的指引和规范，使高校思想政治教育有章可循、有理可依，这些都在宏观层面为高校思想政治教育提供了良好的社会环境。

[①] 中共中央宣传部：《习近平总书记系列重要讲话读本》，学习出版社、人民出版社2016年版，第192页。

注重环境在育人过程中的作用是中国传统文化的有效组成部分，"孟母三移其居"就是很好的例证。高校思想政治教育的叙事环境主要包括课堂、实践和网络三个空间。积极探索"课堂+实践+网络"这种"三合一"的教育模式，也是当下高校思想政治教育叙事的重中之重。

（一）发挥课堂教学的主渠道作用

2016年12月8日，习近平在全国高校思想政治工作会议上指出："要用好课堂教学这个主渠道，思想政治理论课要坚持在改进中加强，提升思想政治教育亲和力和针对性。"师生之间互动的课堂是高校思想政治教育叙事最重要也是最广泛的环境，它可以让学生"在场"地感受到故事当中所暗含的教育意义和价值。

在传统的固有思维习惯中，一说到思政课，很多人会产生质疑，认为就是政治说教，表现为假大空。为此要坚持习近平总书记在北京大学马克思主义学院考察时提出的"马院姓马，在马言马"的鲜明导向和指导原则，建立了一支对马克思主义真信、真学、真懂、真用的优秀教学团队。当然，叙事的课堂不仅包括思想政治教育课程的课堂，还包括专业课程的课堂，这样才能实现课程思政和思政课程的完美融合，才能"守好一段渠，种好责任田"，使各类课程与思政课同向同行，形成协同效应，共同发挥立德树人的作用，培养社会主义合格建设者和可靠接班人。

（二）发挥实践教学的文化育人功能

高校思想政治教育除了课堂环境以外，还有实践这个"第二课堂"，只有把课堂上的理论带到实践中去，理论才能活灵活现，深入人心。高校思想政治教育叙事环境除了课堂之外就是校园，要更加注重以文化人、以文育人，广泛开展文明校园创建活动，开展形式多样、健康向上、格调高雅的校园文化活动，广泛开展各类社会实践活动。在华东政法大学，思想政治教育课程实行"草坪上的课堂"的新模式，把学生分组，围坐在一起，对案例进行讨论，充分发挥学生的发散性思维，这种教学模式也对教师的教学能力提出了较高的要求。很多学校要求学生假期在家乡进行实地调研，将课堂上学到的理论知识运用到实地当中，从实地中发现问题并分析产生的原因，再经过多方面的实地访查，提出解决问题的策略。

陕西是中华文化和华夏文明的发源地之一，是马克思主义中国化的发源地，也是习近平新时代中国特色社会主义思想的萌发地。在思想政治理论课实践中，西北大学充分利用陕西优秀的中华传统文化和革命文化资源，建立了一批相对稳定的实践教学基地，推行实践教学，通过实践使学生自觉践行社会主义核心价值观。在黄帝陵、周公庙、张载祠等地，进行中国传统文化与社会主义核心价值观教育；在延安、照金、马栏、梁家河等地，进行革命传统和理想信念教育；在工矿企业、社会主义新农村等地，进行社会主义先进文化教育；等等。这种现场体验式教学使学生对中国特色社会主义理论体系的理解更加生动具体，自觉把个人理想与国家梦想、个人价值与国家发展结合起来，提升了课程的感染力、吸引力，提高了学生学习的积极性、主动性，受到学生的普遍欢迎。

（三）占领网络空间新阵地

现代的世界是互联网的世界，面对互联网兴起并且日益深入人心的时代特点，谁掌握了互联网，谁就赢得了主动，掌握了话语权。明乎此，要提升思想政治教育的实效性就"要运用新媒体新技术使工作活起来，推动思想政治工作传统优势同信息技术高度融合，增强时代感和吸引力"[1]。

1994年，中国正式接入互联网。二十多年来，互联网在中国由小

---

[1] 《习近平谈治国理政》第2卷，外文出版社2017年版，第378页。

变大、覆盖面越来越广，从城市街头到乡村田园，互联网影响着人们生产生活的各个方面。在互联网背景下，人们获取信息的方式由原来的报纸、广播等传统媒介扩展到各大门户网站、手机客户端、微博、微信等。传统媒体也在不断自我变革，适应互联网发展趋势，纷纷研发互联网产品，以满足人们对美好生活的向往。在众多新兴媒体中，微信越来越成为人们必备的手机软件。腾讯微信团队发布的"2016微信数据报告"显示，"50%的用户一天使用微信长达90分钟"①；2017年4月24日，腾讯旗下的企鹅智酷公布的"2017微信用户&生态研究报告"显示，"截至2016年12月微信每月共计8.89亿活跃用户，新兴的公众号平台拥有1000万个"②。2017年11月9日，腾讯发布的"2017微信数据报告"显示，"截至2017年9月，微信日登录用户9.02亿"③。微信公众平台也渐渐成为各行各业宣介自身、传播信息的重要载体。为此，本书将微信公众平台作为思想政治教育叙事的重要媒介。

微信公众平台推送的消息具有清晰明了、生动形象、方便快捷、易于传播等传统媒体不可比拟的优势。一是微信公众平台可根据受众的阅读习惯，通过字号、字体颜色等方式凸显文章要点、突出关键词，这样受众就可以快速了解文章的主要内容和观点；二是微信公众平台融合文字、图片、视频、音频等众多元素推送消息，内容生动形象，可使受众在轻松愉快中获取资讯；三是微信公众平台可不受时间地点约束，随时随地推送消息，现场就是资讯的发布地，手机就可发布图文并茂的消息；四是微信公众平台推送的消息传播速度快、传播范围广，消息可在短时间内得到大量转发，这样每个受众不仅是信息的接收者，也成为信息的发布者。

网络正在成为大学生的"第三课堂"，要把握住网络思想政治教育

---

① "2016微信数据报告"，2016年12月，http://tech.qq.com/a/20161228/018057.htm。
② "2017微信用户&生态研究报告"，2017年4月，http://tech.qq.com/a/20170424/004233.htm。
③ "2017微信数据报告"，2017年11月，http://tech.ifeng.com/a/20171109/44753420_0.shtml。

这一阵地，创新网络思想政治教育。南京大学推出的"神会马克思"，通过师生对话的形式，展现了一个真实的马克思、有情有义的马克思；西北大学创立了思想政治理论课微信公众平台——"思想者之家"，"讲好马克思主义的故事，讲好中国故事"，大多数学生成为本平台的粉丝，平台在广大师生中产生了广泛的影响。

上述五个方面构成高校思想政治教育叙事的因素，各自地位不同、缺一不可，否则高校思想政治教育叙事就无法顺利进行。五因素之间相互作用、相互影响，客体连接着"双主体"。环境是进行思想政治教育叙事的客观前提和实体硬件，五要素之间和谐共存，共同推动了高校思想政治教育叙事模式的构建。

第五章　高校思想政治教育存在问题和叙事回归

思想政治教育是一项丰富而生动的社会实践活动，它面对的是处于社会关系之中的现实的人。人的需求是多样的、复杂的，高校思想政治教育更是如此。传统的高校思想政治教育更加注重的是教育者的灌输，忽略了大学生的本性和心灵，难以满足学生的获得感和个性化需要。2018年6月21日，在全国高等学校本科教育工作会议上，教育部部长陈宝生强调，在双一流建设进程中，高校要进一步转变理念，做到四个"回归"，即：回归常识、回归本分、回归初心、回归梦想。叙事的回归，恰恰能弥补传统思想政治教育的不足，更好地衔接"人"与思想政治教育的关系。

一　高校思想政治教育存在的问题

高校是思想政治教育的主要场地与基地，那里有教育经验丰富、可以给学生进行实地指导的教师，有充足的时间与相对完整的教材体系，是实施教育叙事这一教学方式的场所。相对于家庭与社会来说，高校思想政治教育在计划的使用上是比较稳定、比较规范的。高校有良好的育人环境，学校的一些教育办法也并非局限于学校范围之内，如实践活动、媒体宣传等等。

第五章　高校思想政治教育存在问题和叙事回归

近年来，高校思想政治教育越来越朝向现代化的方向发展，教学方式的多样性、教学媒介的科技性、教学目的的明确性……这些都使得思想政治教育散发着更大的魅力，同时也使得大学生更容易接受和认同。高校思想政治教育有着十分明确的针对性和思想引导性，这就确保了其与国家大方向一致，但是在推行过程中也出现了抽象说教的倾向。教育叙事在一定程度上可以弥补思想政治教育的不足，这就要求我们把思想政治教育与叙事方法合理、合情地结合在一起，发挥最大的功效。

传统思想政治教育的重要特征在于肯定了思想政治教育的社会性和大众性，并且认为思想政治教育是有目的、有计划、有组织的活动。但其也有缺点：受教育者主要处于被动接受和被动适应的地位。

（一）重视理论灌输，忽视生活实践

"教育只有一种教材，那就是生活的一切方面"[①]。思想政治教育原来也是现实生活世界、教育世界的一部分，但是近年来越来越从生活世界中分离出来，理性的工具价值越来越凸显。高校思想政治教育的典型特点就是将思想政治教育课程化、理论化、系统化，然后通过教育者专业系统的授课方式进行教学，之后再进行客观化的知识考试，考察学生的识记能力和理解能力。

在教育方法上，更加推崇"榜样示范"的作用，虽然在现实生活中确实用先进的榜样指引了学生的某些思想或行为习惯，但本质上越来越多的人对这些"理想化"的人物形象充满了无力感甚至是排斥；在教育内容上，思想政治教育偏好向受教育者宣传一些前沿理论，在受教育者面前呈现一幅未来的美好愿景，而这些却让学生在现实生活中无所适从，无法实际地指导实践活动，大学生思想政治教育中一个重要的现状就是理论与实践脱节，在教育者理性的指导下，受教育者每天都在识

---

① ［英］怀特海：《教育的目的》，华东师范大学教育系、杭州大学教育系编译，人民出版社1980年版，第116页。

记理解一些抽象空洞的理论知识，无法到现实世界去亲自体验实施，感受不到现实生活世界的丰富性和乐趣。

要摆脱这种现状，就需要将理论学习与社会实践结合在一起。社会存在决定社会意识，社会意识对社会存在具有反作用。基于此，要把在学校课堂里学到的理论知识，运用到现实生活中去，同时也可以反过来检验理论知识的实用性。五彩斑斓的现实世界与单调的理论世界并行存在，二者缺一不可。

2017年，我们对陕西省高校思想政治教育现状进行了调研，发现在思想政治理论课建设过程中，陕西省始终致力于教学方法的创新，通过吸收借鉴、总结凝练、经验推广，已取得显著成效。经调查发现，有48.40%的高校思政课教师运用启发式教学法进行思政课教学，使用案例教学法的有56.80%，使用专题式教学法的有67.40%，使用参与式教学法的有63.20%，使用探究式教学法的有37.90%，使用叙事教学法的有47.40%，使用课堂讲授法的有88.40%（见图5-1）。

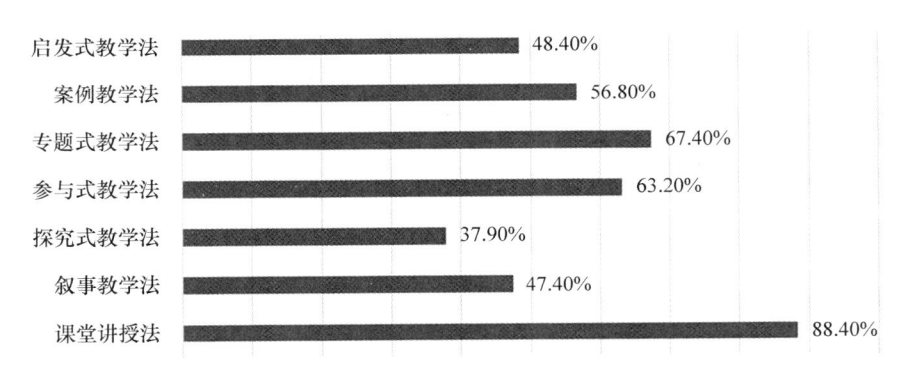

教学方法	比例
启发式教学法	48.40%
案例教学法	56.80%
专题式教学法	67.40%
参与式教学法	63.20%
探究式教学法	37.90%
叙事教学法	47.40%
课堂讲授法	88.40%

图5-1 思想政治理论课教学方法运用情况

大部分高校都能够适应时代发展要求，将信息化手段运用于思想政治理论课的教学实践中。有57.40%的高校拥有独立的思想政治理论专题网站；有51.20%的高校有学习思政课的微信公众号；有63.50%的

◈ 第五章 高校思想政治教育存在问题和叙事回归 ◈

高校有制作微课视频；有33.70%的高校参与MOOC在线课程学习平台（见图5-2）。

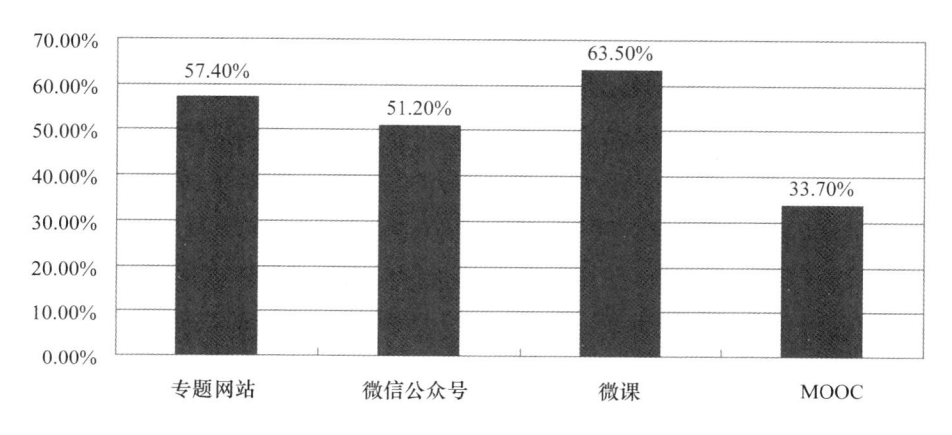

图5-2 思政课信息化手段运用情况

同时，也应该清醒地看到，现在思想政治理论课教学依旧没有发挥应有的作用，与实际教学要求还存在一定差距。根据调查结果显现，有53.80%的教师认为思想政治理论课的教学方法没有贴近大学生的实际生活，阻碍了学生主观能动性的发挥（见图5-3）。现代大学生的心理有三个特点：一是情感丰富且强烈；二是心理压力较大；三是自我意识强，对自己没有清醒的认识。所以从现代大学生的思维方式和信息接收方式上来看，大学生较难接受理论说教，他们思想前卫，喜欢独立地思考和判断，容易在互相讨论中获取知识与信息。除此之外，教学方法针对性不够也是阻碍学生主体性发挥的重要原因。调查显示，有15.10%的教师认为对不同专业的学生缺少针对性。大学生们所学专业千差万别，但思想政治理论课的教学方法却相同，这样很容易造成"知"与"行"的脱节，很难将学到的知识运用到自己的专业领域。显然，传统单一的"灌输式"的教学方法，老套的教学模式已不再适合现代大学生，更无法满足他们的求学需要。

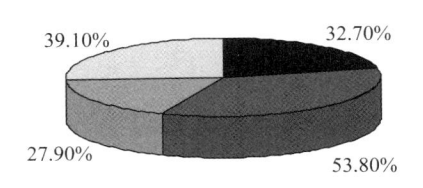

```
39.10%        32.70%        ■ 说服力和感染力不够
                            ■ 没有贴近学生实际
                            ▨ 名目繁多,缺乏评估机制
  27.90%      53.80%        □ 对不同专业缺少针对性
```

图 5 - 3　现有教学方法中存在的问题

随着时代的发展与进步，任何一种思想政治理论课教学方法都有时效性，如果长期不变，其效益也会呈递减趋势。目前，思想政治理论课的教学方法存在以下问题：一是过分倚重理论灌输，教师与学生之间互动环节没有充分开展，思想政治教育缺乏针对性；二是过分注重和强调正面宣传教育的作用，忽视"隐性教育"和实践教育，教学方法单一；三是过分强调学校、家庭的主体地位，忽视社会、其他组织的作用，各方面力量没有形成合力。要解决这些问题，必须集中改革创新高校思想政治课教学的方式方法。

（二）重视教材体系，忽视教学体系

长期以来，在我国高校思想政治教育中，教育者和受教育者被公认为是主体和客体的关系，在这样的思想政治教育过程中，受教育者没有被当作独立的主体来对待，以致沦为"对象性思想政治教育"，即"单纯将教育者当做主体而将受教育者视为客体的思想政治教育理念、模式"①。高校思政课教师授课有国家规定的系统的教材体系，并且一般情况下，每个学校都有自己评价教师的一套体系，其中就包括教师的教案准备工作，大多数学院要求教案要以学校提供的教材为依据。

高校思想政治教育课教材的编写有特定的要求和思考，它关注的是整个国家宏观环境和学生接受能力的平均水平，加上课时的限制，教材

---

① 闫艳：《交往视域中的思想政治教育》，人民出版社 2011 年版，第 5 页。

第五章 高校思想政治教育存在问题和叙事回归

大部分内容以纯理论为主、实践为辅,相对比较枯燥乏味,难以激发学生的学习兴趣,在高校的公共课教学中,会发现学生上课昏昏欲睡、交头接耳的现象。这些都折射出高校思想政治教育的软肋:受教育者沦为顺从、被动的接受地位,我们的思想政治教育缺少对人的关怀、对生命的关注。

要改善上述情况,需要教材体系与教学体系并重,教学并重、教学相长,不仅要依据书本教材的内容来进行教育,更多的是要教学生学习做人、学习适应社会的本领和技巧、学习应对问题的态度和方法,等等。书本的理论知识可以拓宽学生的视野,增加头脑的内涵,与此同时,也要促进教育对象主动学习的激情和热情。

2017年,我们对陕西省高校思想政治教育现状进行了调研,发现高校师生对现阶段的教材满意度较高,获得了师生普遍认可。在参与本次调研的高校学生中,有73.90%的学生认为现阶段使用的教材能够理论联系实际,对实践有较好的指导作用(见图5-4);有26.40%的学生认为思政课教材完全能够反映时代发展的最新要求,40.80%的学生认为基本能(见图5-5);认为思政课教材具有较强的可读性和吸引力的学生占总人数的58.40%。

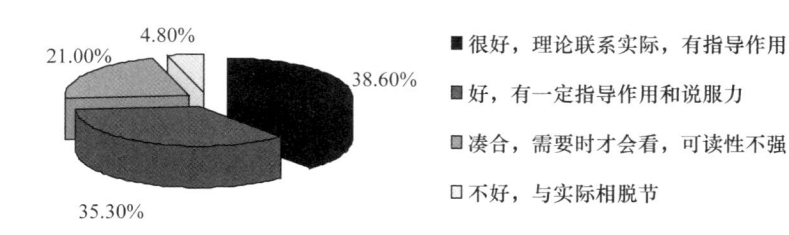

图 5-4 高校思政课教材使用情况

（饼图数据：很好，理论联系实际，有指导作用 38.60%；好，有一定指导作用和说服力 35.30%；凑合，需要时才会看，可读性不强 21.00%；不好，与实际相脱节 4.80%）

在参与本次调研的教师中,有57.40%的教师对现阶段使用的统编教材持满意态度,认为内容充实、材料丰富、逻辑性强,能够满足教学

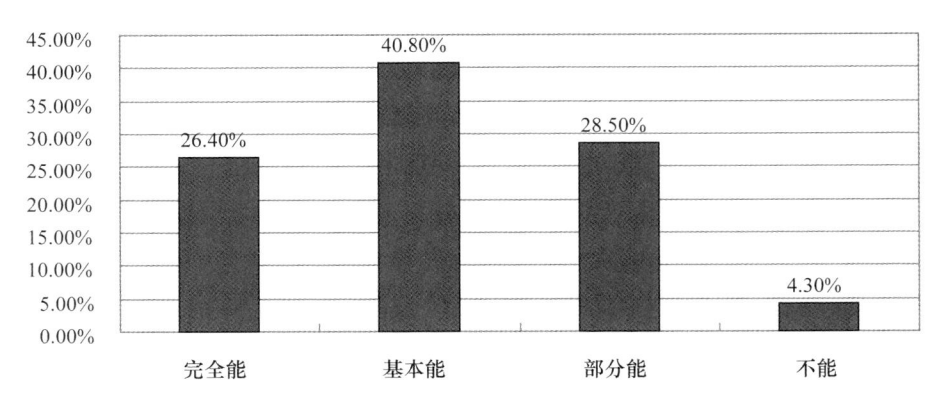

图 5-5 思政课教材能否反映时代要求

的需要（见图 5-6）；部分教师认为各省可结合实际出版辅助统编教材的自编特色教材，也有教师认为应按照学校层次与学生认知能力编写出版有针对性、个性化的辅助教材。

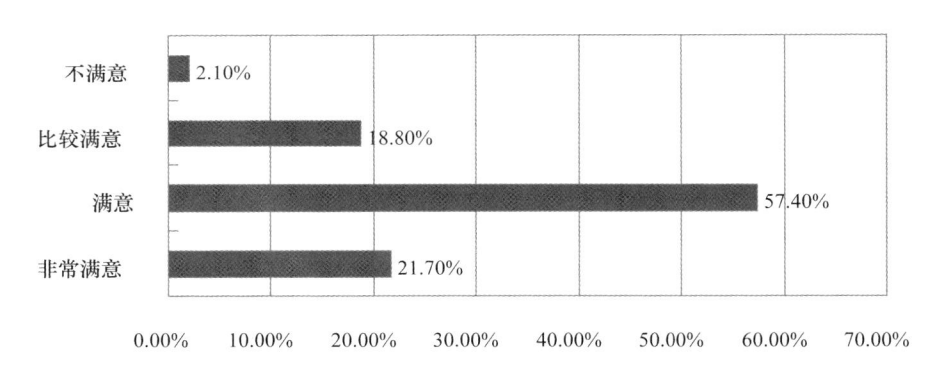

图 5-6 思政课教师对统编教材的态度

同时，在学生调研问卷中，有 21.30% 的大学生只在课程任务需要时才会翻看思政课教材；有 38.20% 的大学生认为教材内容脱离大学生实际，联系学生生活实际不够；有 27.00% 的大学生认为教材内容与中学课程体系重复，可读性不强（见图 5-7）。在教师问卷中也有同样的问题且较突出。现有的思政课统编教材理论和逻辑严密，但引用材料多数为内容宏大的政策文件和国家重大事件，不能与大学生的日常学习、生活有效接轨，给学生一种距离感和无法跟进感，学生在生活实践中难以学以致用。同时，学生对思政课教材里与中学课程重复的部分内容不感兴趣，容易产生厌烦感。

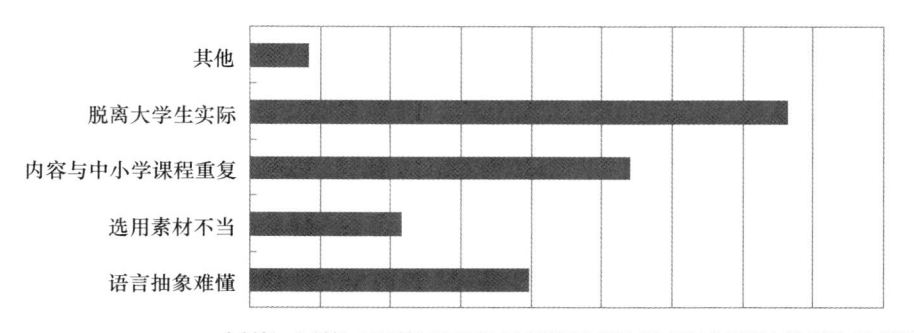

图 5-7 思政课教材中存在的问题

据调研数据显示，从教材内容编写的理论性、逻辑性与课程教学实践的现实性、灵动性等角度看，思政课教师在教材体系向教学体系转换的过程中还没有形成完善的过程机制，日常的教学实践中还存在照本宣科、言不达意的现象。教师在思政课教学实践中，缺乏把教材语言转换成生活语言、把抽象理论还原到现实生活中的技巧和能力，往往用理论解释理论，用道理说服学生。思政课教师的学科背景只局限于个人的学术研究方面，缺乏其他学科知识积累，知识面狭窄，不能有效地结合学生的学科背景、认知能力和生活经历灵活使用参考资料和教学教材，不能有效调动学生学习的积极性，思政课的教学效果不明显。

（三）重视科研成果，忽视人文关怀

当今高校大多重视的仍然是传统的教育理念，教育目的在于掌握丰富的知识、取得优异的成绩、占有大量的科研成果，这种教育方式的考察结果是可量化的、外显的。对高校教师而言，这种方式同样重要，并

且越来越成为量化考核教师的一个指标，教师职称的评审，在很大程度上依靠的就是科研成果的数量及成果，高校教师也就把大部分精力和时间放在了科研项目的申报、立项和结项上面。当然，这并不能否认教师的努力，大部分高校教师把科研与教育相结合，把科研课题融入日常的教学生活当中，并且让一部分学生参与自己的科研项目，这样不仅提高了科研项目的完成效率，也提高了学生的学习能力和学术能力。

不可忽视的一个现象是：过多侧重科研成果却忽略了"以人为本""以生为本""以本为本"的鲜明导向和根本原则。尤其是在以意识形态教育为主的思想政治教育过程中，更是要注重学生的兴趣，关注学生的兴趣点和学习点，才能引导他们更好地学习和接受思想、信念、价值方面的教育。

思想政治理论课教师是高等学校教师队伍的一支重要力量，是党的理论、路线、方针、政策的宣讲者，是大学生健康成长的指导者和引路人。加强思想政治理论课教师队伍建设、提高教学水平，用中国特色社会主义理论体系武装大学生，用社会主义核心价值体系引领各种社会思潮，把他们培养成德、智、体、美全面发展的社会主义建设者和接班人。思政课教师具有较强的理论水平和科研能力，具有良好的思想道德素质，能够为人师表、行为世范。

2017年，我们对陕西省高校思想政治教育现状进行了调研，发现有35.60%的受调查者认为教师队伍发展完善，能够胜任学校的教学任务，有40.10%的受调查者认为教师队伍良好，基本满足当前教学任务的需要（见图5-8）。

同时，在对思想政治课教学科研二级机构的调研中发现，有51.60%的教师认为其所在高校的研究成果质量不高，有57.90%的教师认为在马克思理论学科建设中存在研究质量不高的问题。在教学科研获奖情况中，校级和省部级获奖比例较大，分别为44.20%和20.00%，厅局级和国家级获奖比例较小，分别为16.80%和1.10%（见图5-9）。可以看出，思想政治课教学科研二级机构的科研实力较弱、研究

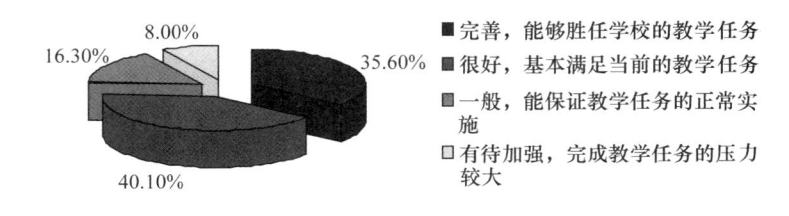

第五章 高校思想政治教育存在问题和叙事回归

完善，能够胜任学校的教学任务 35.60%
很好，基本满足当前的教学任务 40.10%
一般，能保证教学任务的正常实施 16.30%
有待加强，完成教学任务的压力较大 8.00%

图 5-8 教师队伍发展现状

成果质量不高，如何提升教师的教学科研水平、以教学带动科研、科研反哺教学，进一步增强思想政治教育的针对性、实效性是思想政治课教学科研二级机构需要解决的问题。

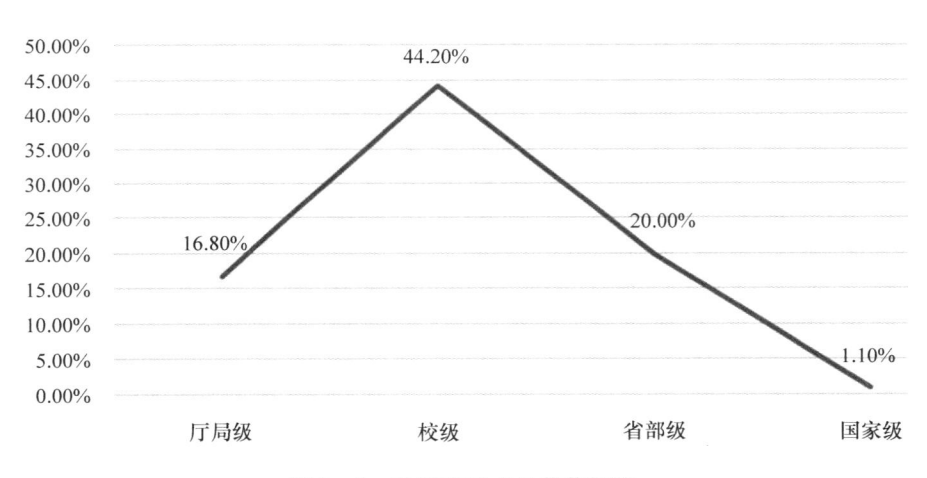

厅局级 16.80%
校级 44.20%
省部级 20.00%
国家级 1.10%

图 5-9 教学科研成果获奖情况

2016 年 12 月 7 日至 8 日，在全国高校思想政治工作会议上，习近平总书记强调：加强和改进高校思想政治工作，事关办什么样的大学、怎样办大学的根本问题，事关党对高校的领导，事关中国特色社会主义事业后继有人。要坚持把立德树人作为中心环节，把思想政治工作贯穿教育教学全过程，实现全程育人、全方位育人，努力开创我国高等教育事业发展新局面。基于此，高校思想政治教育叙事的回归恰逢好时，也正当其时。

二 叙事回归的必要性

在日常生活领域中,通过叙事语言,我们才能清晰地表达遇到的人、事以及当下的感受。叙事关注的是对生活的体验、对教育事件的总结,在对现实生活的描述中总结经验教训;它不但对事件的当事人具有总结提升作用,也对事件的接收者同样有启发教育作用;故事是讲述中的核心部分,最主要的是要通过他人来达到育己的作用,通过讲故事来使听众获得心灵方面的启迪和教育。

(一) 叙事的生活性与思想政治教育政治性的互补

在我国现阶段,思想政治教育作为党的工作的一部分,服务于党和国家方针、政策的实现,它主要是以马克思主义的理论、党的思想路线来教育引导人民,高校思想政治教育也是如此。青年大学生是国家的未来,肩负着中华民族伟大复兴的重任,所以更是要加强对大学生的思想引领,坚定大学生的理想信仰,培养社会主义事业的建设者和接班人。

思想政治教育具有浓厚的意识形态性和政治性,所以传统的思想政治教育大多采用教化和灌输的方式,使社会成员形成与社会发展趋势相吻合的思想意识形态。思想政治教育话语更多体现的是一种软强制、软约束,它并没有直接硬性规定教育对象必须具备什么样的世界观和价值观,也没有强制教育对象必须实施规定的行为,它更多的是引导教育对象树立科学的人生观、世界观和价值观,并以此来指导现实生活。

叙事强调要从生活实践出发,以真实发生的生活故事为例,在思想政治教育过程中用真事、真情对教育生活经验加以梳理,淋漓尽致地把真实发生在生活中的教育实事表现出来。将目光聚焦于现实、回归于现实,让思想政治教育回归于"生活世界",紧扣大学生的现实生活世界,关注学生现实生活中遇到的问题,让学生体会到思想政治教育是一个有温度、有关怀的价值存在。

（二）叙事的交互性与思想政治教育单一性的互补

传统的高校思想政治教育的运行模式比较单一，注重的更是教育者这个单一主体的作用。首先，在教学模式上，传统思想政治教育奉行的是主客体的一种硬性关系模式，教育过程更是一种主体作用于客体的实践过程，教育者成为单一主体，具有理论及行为的绝对权威，真挚的感情交流在教育者和教育对象的相互关系中比较缺乏；其次，在教学载体上，传统的思想政治教育主导方式还是以课堂教育为主，以讲座、讨论、社会实践为辅，传统的这种面对面的方式有其好处，能现场感受到课堂氛围、现场掌握学生的反应。但新媒体技术的出现完全削弱了这种"现场作用"，学生更多地通过新媒体技术如微博、微信、朋友圈等沟通交流，这使得现场教育的效果大打折扣。

把教育叙事运用于思想政治教育过程中，能弥补这一不足，教育叙事重在其交互作用上。教育叙事是叙事者和受述者共同参与、共同进步的一个实践活动，二者在这一过程中，都能发挥自己的能动性、创造性。

（三）叙事的故事性与思想政治教育说理性的互补

思想政治教育作为一种为特定社会阶级服务的教化手段，它的教育内容更多与阶级、观念、利益相关，突出宏大的视角，用一种宏大叙事的口吻来讲述历史人物、平凡人物的"高大精神"；同时，在宣传导向方面，各种主流媒体、宣传平台也更倾向于各种"宏大事迹"的宣传。由于思想政治教育的内在规定性，要求其对真理与权威要高度配合，使其在教育内容以及叙事形式上都表现为宏大叙事，这种宏大叙事忽视了事件发生的复杂性、流动性、具体性，忽略了人的个体性、生动性，从而并没有真正意义上发挥出教育的时效性。

运用教育叙事的故事性特征，可以把遇到的现实事情、问题转化为生动形象的故事语言，使得教育者和受教育者更加身临其境，一起分享、回忆、反思故事中所带给人的感动。从教育学的角度来说，教育者在教育叙事过程中所讲述的故事体现了教育者的价值理念、行为习惯甚至是生活追求,通过对大量生动形象故事的描述,来体现故事中所包含的对人的关怀、对生活的关注、对生命的尊重。

教育叙事在上述这些方面可以与高校思想政治教育形成"合力",碰撞产生更强大的火花,但同时应注意的是教育叙事这一方法应用于高校思想政治教育的研究相对比较少,内容和方法都不太成熟。一般情况下,把更多倾向于"讲故事"的叙事方法应用于中小学的教育效果更加明显,在高校思想政治教育上还需要投入更多的努力。尤其是面对大学生这一群体,他们有自己的思考和辨别能力,思维也更加活跃,教育叙事这一方法有其局限性,它不能及时同步更新、跟随大学生的思想,故事性强的特点也会让学生产生不信任感,这些都需要特别注意。

三 叙事回归达到的预期效果

教育叙事作为一种研究方式,在运用于思想政治教育的过程中,能更加注重微观、细节、具体、真实的教育实践,并且对于受教育者来说也更易于接受信息,潜移默化地影响受教育者的思想、情感、信念。不仅如此,教育叙事更可以作为教育主体自主成长的重要方式,教育主体通过对自己或身边的教育事件的反思,在进一步形成的叙事故事中不断进行自我反思、自我进步、自我成长。

(一)叙事视野丰富了高校思想政治教育的方法

思想政治教育方法,就是"教育者对受教育者在思想政治教育过程中所采用的思想方法和工作方法,或者说,是教育者为了达到一定的目的对受教育者采用的手段和方式"[①]。思想政治教育方法的不断创新和

---

① 教育部社会科学研究与思想政治工作司组:《思想政治教育方法论》,高等教育出版社1999年版,第3页。

完善历来是教育模式改革中最有动力的因素。选择不同的教育方法，就会产生不同的教育效果。现代高校思想政治教育一直致力于方法的不断创新升级，更加倾向于以人为本，突出人的主体地位，注入新鲜且又具有动力的血液才能更好地实现思想政治教育的效果，而叙事恰好可以实现现代高校思想政治教育的这一主张。

思想政治教育的基本方法有灌输法、实践教育法、批评与自我批评等。事实上，叙事这一方法也一直存在于高校思想政治教育的过程当中，只是因为微乎其微而被人忽视。重新将叙事方法纳入思想政治教育方法体系，可以给高校思想政治教育的说理困境指明方向和道路。一直以来，高校思想政治教育的方法大多偏显性，课堂上教师直接向学生讲授思想政治理论，这使得思想政治教育方法在某种程度上有僵化、固化的趋势，在高校思想政治教育过程中，应当始终贯穿叙事方法，将故事与说理相结合，将叙事融入课堂、融入头脑、融入实践，让高校思想政治教育更加焕发出人性的光彩。叙事的基本出发点和落脚点之一就是关注生活、关注人性、关注内心，它丰富了高校思想政治教育"以人为本"的方法体系。

现代高校思想政治教育方法也确实越来越先进，比如通过多媒体进行音频教学，这种方法直观、生动、形象地向学生展示了教育事件的发生、发展过程，透过屏幕向学生展示事件的始末，也正因为如此，更加需要叙事方法融入。通过面对面的话语口述，加上画面的丰富，更加增添了高校思想政治教育方法的完整性、系统性，再加上叙事的反思性，更加提升了高校思想政治教育的良性循环效果。叙事方法，让教育双方主体都对自身的思想、行为进行回顾、反省，从中总结经验教训，这一特点丰富了高校思想政治"自我教育"的方法体系。

（二）叙事模式增强了高校思想政治教育的效果

通过讲故事的方式，叙事使教育者和受教育者双方进行知识、思想层面的交流。教育双方主体在讲述和接收的同时也在进行着反思，使思想政治教育的说服力和感染力得到提升，全面提高了教育双方的认知能力、思考能力和明辨能力，这不仅影响了对当下事件的总结和提升，也对今后的教育事件做了基础和铺垫。这些在全面提高教育双方的智慧方面起到了很大的作用。

1. 智慧和思维方面

教育叙事本质上还是以教育为主，是传道授业解惑的统一，教育者只是转变了教育的方式，但是过程和目的依然是传授自己的教育理念，让受教育者接受更多的知识，成为全面发展的人才。

思维智慧方面，叙事不仅仅是在讲故事，教育者在讲故事的过程中更是展现自己如何思维的过程，故事发生的始末、发生的原因、解决的办法，等等，无一不体现着思维过程，这也影响着受教育者发现问题、看待问题、解决问题的思维能力；心理智慧方面，教育叙事重在教育双方的心理和情感的互动和交流，教育者根据受教育者的心理问题，帮助他们提高面对问题的心理承受能力和心理调适能力，引导他们沉着冷静思考和解决问题，培养良好的心理素质和适应环境的能力（见图5-10）。

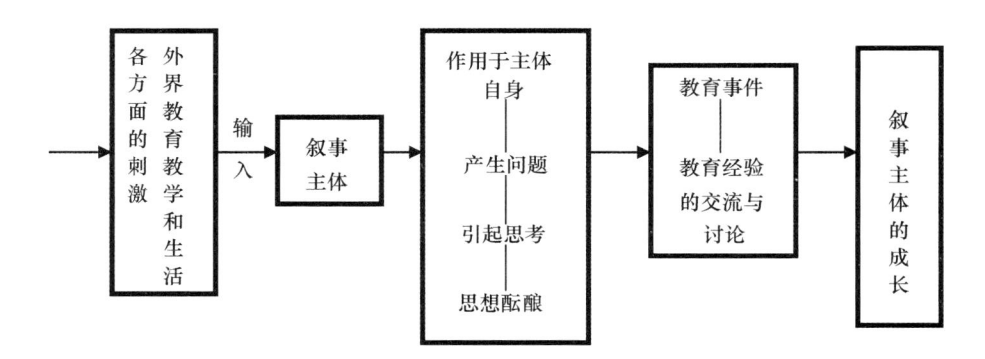

图5-10 叙事主体的成长路径

叙事不仅仅是讲述故事的过程，更是形成独特思维、增进教育理解的过程。基于对事件的生动描述，教育者和教育对象参与到叙事事件的主观意图、情感和立场，进行反思自我、展示自我。叙事是一种情感表达的活动，它不仅表达了叙事话题本身的情感，也表达了教育事件中相关人物的感情，从而深化自我感受，这个过程正是教育主体认识自我、互相认识的过程。一方面，叙述主体按照自己的角度，让对方了解自己的意图和思考问题的角度；另一方面，教育事件中一定蕴含着多个形形色色的角色，叙事主体会站在他人的立场来思考问题，以达到相互理解的目的。

2. 行为方面

知行合一是自古以来教育者提倡的一种教育哲学和教育价值观。高校思想政治教育在很大程度上可以说是一种价值观教育。正是通过对隐藏着深刻价值观的故事进行叙述，使得教育对象获得一些社会性、人文性的价值，进一步引起思想和情感上的共鸣，进而实施道德行为。首先体现在教师身上，教师在思想政治教育活动中不仅承担着讲故事的任务，也是学生在学习和生活中的榜样和标杆，自身的一言一行都感染着受教育者，间接影响受教育者德行的实施，同时也在时刻提醒教育者注意自己的言行举止，为受教育者提供模范榜样；其次体现在叙事事件上，教育叙事过程中所使用的教育事件和经验，是经教育者筛选和提炼的，具有极大教育价值，教育事件中蕴藏着核心价值观念和高尚美德，教育叙事把理性的内容和感性的事件融为一体，易于被人接受，并内化为自身的价值观念来引导道德行为落到实处，发挥叙事的最佳效果。

语言的力量可以为高校思想政治教育实施锦上添花，多年来，高校进行思想政治教育有一个着力点，就是教育者与受教育者对话体系、身份地位的转换，如何善于运用大学生自己的话语、用大学生喜闻乐见的方式，讲清楚思想政治教育的基本理论已经成为一种流行的研究趋势。叙事这一普遍受人喜爱的教育方式，为双方叙事主体的良好和顺利沟通敞开了大门，铺垫好了道路。

叙事回归思想政治教育，对高校思想政治教育这一实践活动产生了非常大的积极影响。一是拓展了教育叙事研究的新领域，把叙事方法从文学、外语等学科扩展到思想政治教育学科，使得思想政治教育工作者和教育对象都受到良好的启发；二是展示了真实的教育生活世界，面对思想政治教育，大学生最大的感受就是假、大、空，抵触心理也由此而来，运用教育叙事，不仅展示了教育世界的真善美，也呈现了生活世界的挫折和坎坷，在一个个鲜活的故事中，真理逐渐透露出真实鲜活的面容；三是提升了高校思想政治教育的水平和效果，摆脱了理论与现实对立的紧张局面，拉近了教育者和教育对象内心最深处的认同和距离，使得广大学生更加容易接受和认同思想政治教育，提高思想政治教育工作者的活动效果。

叙事与高校思想政治教育的完美结合，可以使教育回归到日常现实生活本身。基于此，高校思想政治教育也越来越贴近现实生活，关注个体生活，关爱学生身心健康，在生活中体悟教育的力量，也使思想政治教育的魅力更加耀眼。

第六章 大学生社会主义核心价值观教育叙事

社会主义核心价值观教育是高校思想政治教育的重要内容，如何使社会主义核心价值观深入人心、产生思想和情感认同，真正内化为主体意识并外化为自觉行动是价值观教育的重中之重。然而，长期以来高校十分依赖的灌输式教育方法在独具自身优势的同时，存在对生活实践关注较少、忽视学生的主体性、核心价值观教育针对性不足且缺乏趣味等问题。面对这样的情况，需要转化思路，引入教育叙事，探索核心价值观教育的新路径、提升核心价值观教育的实效性。

一 大学生社会主义核心价值观教育存在的问题

为了解大学生社会主义核心价值观教育现存问题，探索叙事路径的融入，我们设计了调查问卷，并随机面向陕西省八所高校发放问卷，涵盖理工类大学、文科类大学、综合类和专业类大学。本次调查共发放问卷400份，回收387份，回收率96.70%。在所调查的大学生中，大一占15.38%，大二占30.77%，大三占38.46%，大四占15.38%。所学专业中文史类和理科类居多，比例分别为46.15%和42.31%，艺术类为7.69%，其他为3.85%。本书以回收的问卷作为数据来源，得出当前大学生核心价值观教育所存在的问题，探索叙事融入的可行性及其发挥的重要作用。通过叙事的融入，在价值观形成的价值心理阶段进行干预，通过故事的启迪在情感领悟、思想认同的基础上形成稳定价值意志，进而促成知行转换，弥补理论说教的不足。

（一）教育内容与生活实际结合不够紧密，教育感染力不足

价值观不是一种可感、可触的物质，是根植于人的内心、对人的思想和行为产生影响的精神观念。以二十四字为内容的社会主义核心价值观，是当代主流价值观的体现，也是大学生价值观教育的内容引领，但因其高度凝练性的特征，在教育的过程中应将教育内容与学生的生活实际相结合，使教育思想和价值融于现实生活，实现价值观的引导作用。

在具体的教育活动中，教育内容并未很好地与大学生生活实际紧密相连。调查发现，分别有69.00%和9.40%的学生认为价值观教育的内容同自身生活实际联系一般或不紧密，认为联系非常紧密和比较紧密的学生占6.00%和15.60%（见图6-1）。此外，在对社会主义核心价值观内容的看法的调查中，18.50%的学生认为比较合理，能够满足需求；68.75%的学生认为内容宏观、凝练，未能结合生活经验；56.25%的学

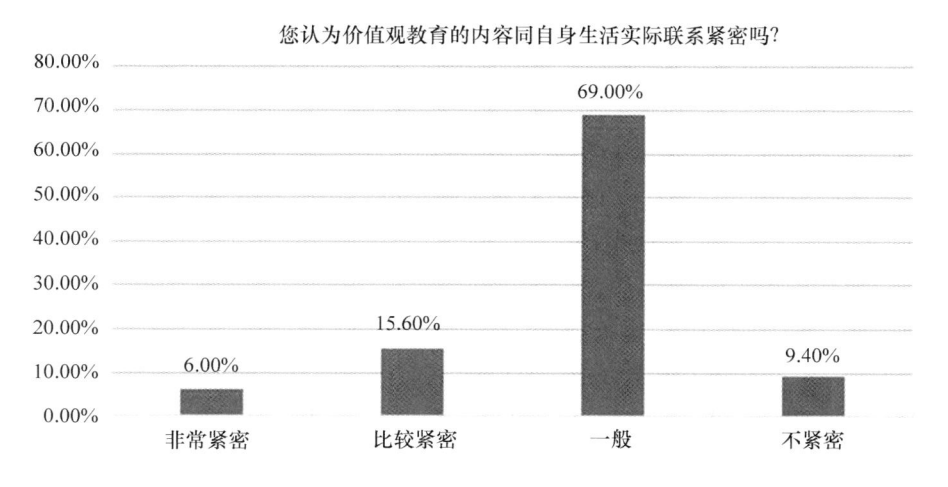

图6-1

生认为教育内容未能重视时代教育需求组织教育内容；37.50%的学生认为教育内容忽视传统文化素养，未能结合传统价值观内容（见图6-2）。

您对社会主义核心价值观的内容有何看法？

- 内容宏观、凝练，未能结合生活经验 18.50%
- 未能重视时代教育需求组织教育内容 68.75%
- 忽视传统文化素养，未能结合传统价值观内容 37.50%
- 比较合理，能够满足学生需求 56.25%

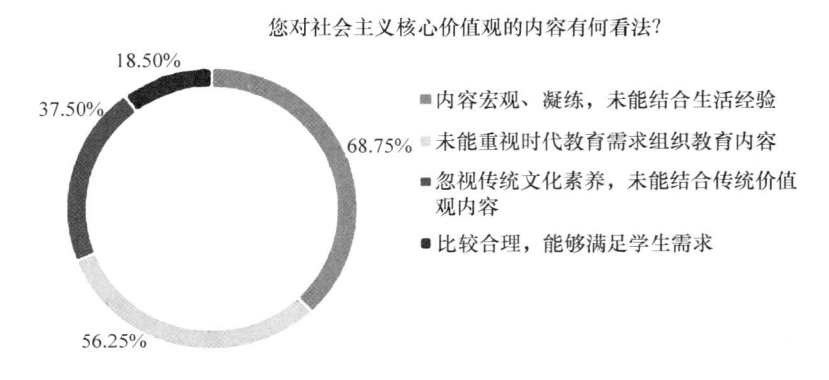

图6-2

通过调研我们发现，教育内容同生活实际结合不够紧密是当前核心价值观教育中存在的重要问题。首先，未能紧密联系现实生活，展现有着冲突、是非、善恶的生活世界，倾向于展示未来美好愿景而忽视现实中思想价值取向上的矛盾，这使得价值观教育与受教育者之间出现裂痕，教育的感染力、影响力没有具体性和针对性，同大学生的生活实际和思想实际结合不紧密，未能使价值观教育的良好作用得以发挥。其次，未能重视时代教育需求组织教育内容，仅是泛泛地阐释价值观，使大学生对核心价值观教育的热情降低、削弱其感染力的同时培育工作事倍功半。最后，忽视传统文化素养，未能结合传统价值观内容，使我国几千年的文明历史孕育出的民族精神和优秀的传统文化和价值观同当下大学生的现实生活之间较难建立密切联系，难以从文化沃土中汲取力量。

（二）教育方法重理论灌输忽视主体需求，教育说服力不足

毛泽东把实现任务的方法比作过河的桥或船，"不解决方法问题，

任务也只是瞎说一顿"①。作为教学基本理念体现的方法，在教育活动中具有重要地位，方法若使用得当，便可事半功倍。价值观教育是否能产生优良效果，有赖于适当的教育方法的选择。因此，在具体教学中，要选择学生喜闻乐见、科学高效的方法，并且对现存价值观教育中效果不佳、不合适的教育方法予以修正。

教育重在"以人为本"。生理心理急剧发展、情感需求丰富的大学生，和教育者一样是有着自主意识、自主思想的人，不应仅仅充当接受者的角色，还需要发挥一定的主体性作用。但在实际的价值观培育中，理论灌输法的运用使学生的主体性需求并未得到重视。调查结果显示，46.15%的学生认为学校经常使用的核心价值观教育方法是理论灌输法。读报纸、做汇报、理论宣讲等常用的灌输方式对学生施加外部教育影响，忽视他们的差异性和能动性，主体性需求得不到满足，教育说服力不强，学生只能被动地接受，在行为体现中往往不能做出应有的选择。因而在问及："您认为理论灌输法在树立社会主义核心价值观中的作用如何？"有6.40%和62.50%的学生表示"无作用，没有任何影响"和"一般，未能重视大学生主体性需求"，只有6.30%和24.80%的学生认为作用很大或较大（见图6-3）。

您认为理论灌输法在树立社会主义核心价值观中的作用如何？

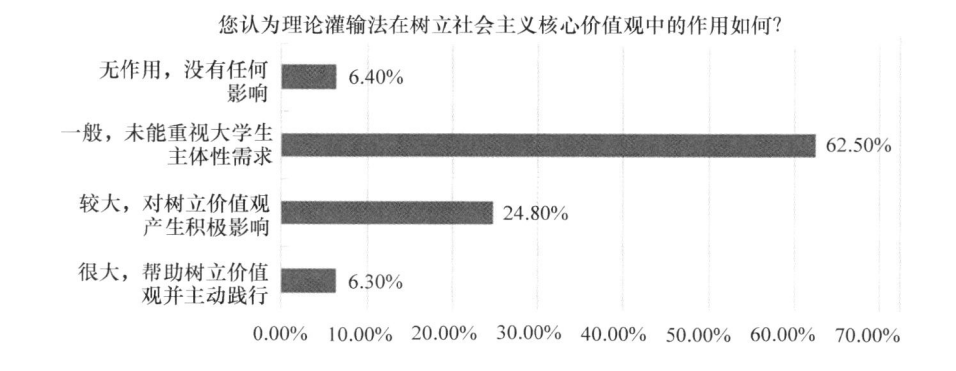

- 无作用，没有任何影响：6.40%
- 一般，未能重视大学生主体性需求：62.50%
- 较大，对树立价值观产生积极影响：24.80%
- 很大，帮助树立价值观并主动践行：6.30%

图6-3

---

① 《毛泽东选集》第1卷，人民出版社1991年版，第139页。

"90 后"大学生感受着科技日新月异带来的变化,生活和学习方式发生了较大的变化,信息接收方式和教育途径随之不断扩展,QQ、微信、微博与大学生日常生活紧密相连并成为他们接收信息较为依赖的途径,网络上教育网站、课后的校园文化、实践活动成为符合大学生需求的教育途径。大学生核心价值观教育应该整合各类教育资源,通过多种途径增强教育实效。但在具体实施中却容易出现简单化倾向,满堂灌的理论学习方式忽视教育对象的心理需求和认同需求,遮蔽了网络社交载体、校园文化和实践活动的育人作用,没有很好地整合教育资源、产生教育合力,教育说服力不强。

(三) 教育引导功能变为理论教条转述,教育引导力不足

教育除具有教训之意外还有"抚育、引导"的意思。所谓教,就是上者施教,下者效仿之义,即"上"对"下"起着示范、指引、引导的作用,教育者做示范,受教者加以仿效。育即养,养子使作善,精神涵养、熏陶使其为善,体现功能性的作用。教育可以理解为以教的方式育人,其中教育者更应注重引导的作用。价值观教育并不在于可以讲出什么样的观念、识记什么样的观点,更重要的是引导教育对象主动投进自身价值思维、评价世界,进而做出判断和选择,指导和规范自身的行为,以突出教育的引导作用。而在当下的价值观教育中,核心价值观内容高度凝练、言简意赅,教育者更应融入其独特的理解和体验发挥其引导作用。

调查发现,46.30% 和 9.40% 的学生认为核心价值观引导功能发挥的效果一般和不好,13.60% 的学生则认为引导功能的发挥效果很好,30.70% 的学生认为引导功能的发挥效果较好 (见图 6-4)。当学生被问及"您认为核心价值观引导功能的发挥存在哪些问题"时,有 43.60% 的学生认为教育引导功能变为理论教条转述,缺乏引导力,30.70% 的学生认为教育者言传身教、启发思考的影响较小,13.60% 和 12.10% 的学生认为缺少价值认知的疏导工作和缺乏榜样的感染和影响

(见图6-5)。可见，实际教学中，教育者无论是言传身教讲述自身经验式的引导，还是思维启迪式的引导作用都不太明显，"价值引导"作用极易变成"理论教条"的转述，缺少关于价值认知方面的疏导，出现教育引导力不足问题。比较难引导大学生主动投进自身价值思维、评价世界，在做出选择和判断的基础上实现行为的践履。

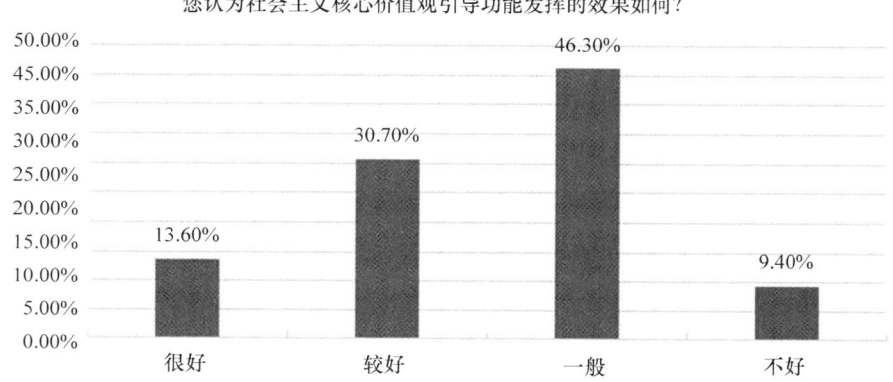

您认为社会主义核心价值观引导功能发挥的效果如何？

- 很好：13.60%
- 较好：30.70%
- 一般：46.30%
- 不好：9.40%

图6-4

您认为社会主义核心价值观引导功能的发挥存在哪些问题？

- 教育引导功能变为理论教条转述，缺乏引导力：43.60%
- 缺少价值认知的疏导工作：30.70%
- 教育者言传身教、启发思考的影响较小：13.60%
- 缺乏榜样的感染和影响：12.10%

图6-5

需要说明的是：本书所述三个价值观教育存在的问题仅仅是同叙事

方法的优势相比较所提出的，随着全社会对高校思想政治教育的日益重视，大学生价值观教育也会随之改进与完善，对其方法的探索还需不断努力，亟待创新。

二 叙事融入价值观教育的必要性

（一）将价值观教育回归生活实际，可以增强教育的感染力

价值观教育的落脚点是现实生活，是要将习得的思想价值观念与经验投入到生活中，是指向生活、重视生活体验的生活型的教育。"故事以生活为模版，依据真实的生活事件来建构的，在建构中仍然可能创造性的筛选、添加、强调和解释这些记忆中的事情。"① 可见，故事是对现实生活的建构。同时"叙事是一种对人类计划偏离轨道、预期发生偏差的叙述，它是一种教化人类错误和意料外事物的途径……叙事化为各种类型——喜剧、悲剧或其他任何可以减少我们意外发生的形式"②。讲述故事能起到教化的作用。在核心价值观教育之中，通过叙事者讲述反映现实生活的故事，或者用发生在叙事者身上的真实经历来现身说法，还可以在讲述后通过反思和重构将累积的经验重铸，生成教育价值更高的教育文本，之后再次运用到具体教学中，彰显叙事的生活气息和生命特质。

此外，叙事者可以围绕教育目标，结合大学生生活和思想实际，精心设计和搜集现实生活中国内外重大事件和热点问题背后的故事，在激发起学习热情的同时掌握时代的新要求、新思想。叙事者还应更多讲述传统文化中的爱国励志、道德礼仪、民俗亲情的故事，体现出什么是正确的价值观，同时阐明良好价值观在生活中的具体作用，使得大学生在

---

① 马一波、钟华：《叙事心理学》，上海教育出版社2006年版，第90页。
② ［美］杰罗姆·布鲁纳：《故事的形成——法律、文学、生活》，孙玫璐译，教育科学出版社2006年版，第24页。

深刻理解生活的基础上进而加深对隐匿在故事身后的社会和文化意义的领会，符合他们传统文化素养的同时提升教育的感染力。使核心价值观同大学生利益需求之间建立起既合情又合理的解释，让他们感觉到既充饥解渴又营养丰富。

（二）通过多样化载体进行多角度渗透，可以提升教育的说服力

授人以鱼不如授人以渔，教育不只是为了实现知识传递，更重要的是鼓励学生自觉主动地去探索、去学习。核心价值观教育也应该鼓励大学生自觉主动地去发现、去学习和体悟，因而对教育提供的平台和环境有了更多的要求。为了激发大学生的学习兴趣和唤醒其主体意识，教育提供的平台应该更加丰富多样，教育环境也要重视其育人的重要作用，这样一来，把课上课后施加的教育影响联系起来并通过多角度的渗透，真正实现教育说服力的提升。叙事作为一种教育方法，以其鲜明的生活情景性、丰富的意义承载性、多维的互动交流性，能够迎合大学生的主体性需求。叙事主体的多元化，使教师、学生及社会大众都可以成为叙事者，满足学生主体性需求并在多方互动中提升教育效果。此外，丰富多样的叙事载体使得价值观教育的途径得以拓展，通过各途径作用的发挥进行多角度渗透，形成教育合力，提升教育的说服力。

调查显示，19.20%和23.00%的大学生在核心价值观教育中喜欢的叙事载体是文学作品叙事和图像叙事，26.90%和15.38%的大学生喜欢影视叙事和实践叙事，11.54%的大学生喜欢网络叙事，另有3.85%的学生喜欢其他类型的叙事载体（见图6-6）。可见，多样化叙事载体的运用更易受到大学生的青睐，并日益受到他们的重视，课内课外多角度渗透，可以提升教育的说服力。

在课内，叙事教育把理论知识和人生经验、丰富情感寓于故事情节之中，使故事不只是有吸引力的情节，更转化为传递抽象理论的感性载体，在故事的叙说和理解中解决思想上的困惑和现实生活中的问题，领悟价值意义并在类似情景中做出正确的抉择和行动。在课外，丰富多样

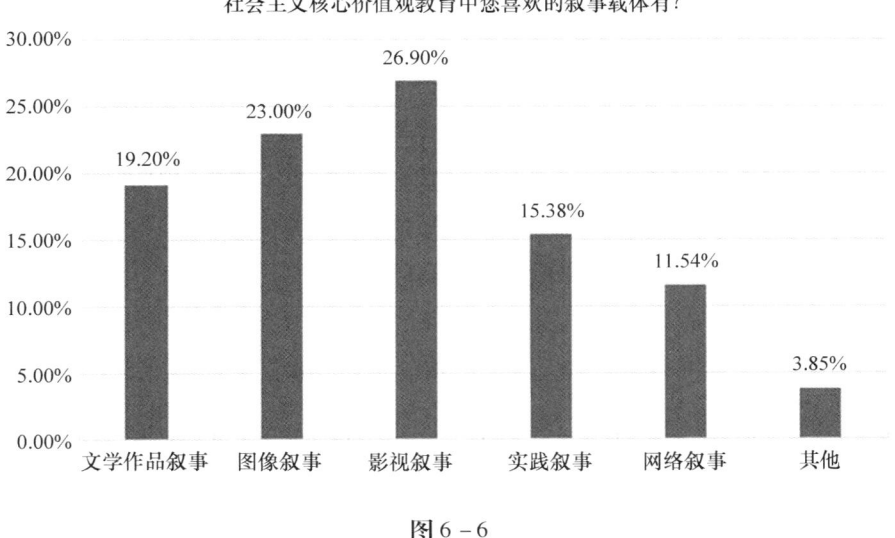

社会主义核心价值观教育中您喜欢的叙事载体有？

叙事载体	比例
文学作品叙事	19.20%
图像叙事	23.00%
影视叙事	26.90%
实践叙事	15.38%
网络叙事	11.54%
其他	3.85%

图 6-6

的叙事载体有利于核心价值观密切融入大学生日常生活。例如：通过书面形式的人物传记、教育小说和成长小说、社会主义核心价值观大学生读本等叙事载体，在课余时间也能进行叙事教育；再如教育影片和教育电影，无论是班级或党团活动有计划地组织观看还是学生自发主动观看，都是通过叙事的方式达成教育的目的；校园里张贴的倡导核心价值观的海报、宣传画以及墙面的手绘作品也是通过图像同观看者的记忆相串联，联想到或形成一个故事片段，使观看者产生注意、理解和接受，潜移默化地进行叙事教育。可见，借助语言文字、图像影像等叙事载体能够充分融入大学生的日常生活，在多角度的渗透中使得发挥教育作用的各教育途径的联系更加紧密，进而提升教育的说服力。

（三）运用叙事思维可以引导主体自觉选择，强化教育的引导力

叙事不仅仅是简单地由叙述者讲述故事的过程，还是叙事者运用并展现其思维的过程。布鲁纳（Jerome Bruner）把在叙事中展现出来的思维称作叙事思维以区别于一般思维。在他的看法中，人们对现实的意义建构主要有两种方式或两种思维模式：传统的"例证认知"模式或者说逻辑—科学模式的思维和通过故事来认识的"叙事思维"[①]。叙事思维将一些特定事件情节化处理使之投在故事整体中，经过叙事思维"可以更好地解释人们的意图和欲望如何转变为行为"[②]。在实现理解的基础上发挥叙事思维的引导作用。价值观教育要"教会选择"，大学生成长于较为开放的环境，他们思维活跃、视野开阔、个性张扬，极富自由、民主和平等意识，具有批判精神，并不乐于像海绵吸水那样收取信息，而是更倾向于独立自主地分析、思考和选择。

在教育过程中，通过教育故事或事件的叙述，叙事思维起着重要的引导作用，引导是一种转化、转移、转向的过程，分为内在引导和外在引导。内在引导表现为对叙事主体的感情、体验的引导，在教育活动中，作为叙事主体的大学生通过讲述发生在自己身上的教育故事或自主阅读叙事教育文本时，随之产生的情感体验引导自己对思维进行调整，以完成或解决某一问题，实现叙事思维的引导。外在引导主要表现为对所叙事件及其过程的交代，教师言传身教讲述亲身经历的价值矛盾和困惑及解决，叙说经验和事件之后，引导学生效仿、指导实践行为。外在引导还可以通过叙事思维的迁移性，使某类具体情境中形成的叙事思维能够运用于与之具有相似性的问题情境之中，形成问题解决的迁移能力，引导教育对象做出决断，付诸行动。

叙事心理学家萨宾指出："人类思考、知觉、想象以及进行道德抉择都是依据叙事的结构""叙事是人们对事件的基本组织原则"[③]。把叙事融入价值观教育，关注并发展学生的叙事思维能力，帮助学生在故事的叙述中依靠叙事思维筛选和理解自身和他人的经验，通过言传身教式的引导和思

[①] Jerome Bruner, *Actual Mind Possible Worlds*, Cambridge, MA: Harvard University Press, 1986, pp. 11–13.
[②] 马一波、钟华：《叙事心理学》，上海教育出版社2006年版，第26页。
[③] 同上书，第15页。

维启迪的引导实现自觉主动的价值的选择，完成价值的认同建构。

三 叙事在大学生价值观形成与发展中发挥的作用

对于大学生价值观的教育要重视价值观形成和发展中的各个环节，从个体角度来说，价值观的形成首先产生价值心理，其次凝聚价值观念，最后实现价值观行为外化。其中"价值心理主要表现为态度，这种态度包括了对有关价值的认知、肯定性情感以及相应的行为意向"[①]。表现为认知、情感、意向的心理是价值观产生和形成的发端、基础和动力，经过选择判断、理解接受并整合，最后迈向实践、在行动中强化并检验、修正价值观，这其实类似于将一定的心理思想转化为外在行动的过程，概括来说是一个内在的知、情、意、行运动和发展的过程（见图 6-7）。

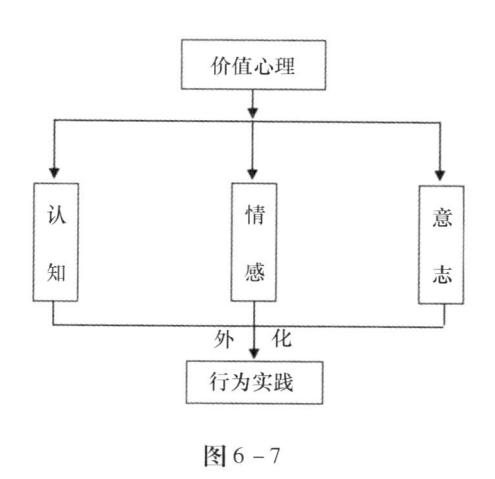

图 6-7

叙事在心理变化中起着看似微小，实则重大的作用。通过叙事阐释，在道理和故事的融合中实现大学生对教育内容的认知深化；进而通过故事带来情感体验，使原有认知与情感结合起来加强认同；之后在故

[①] 邱柏生：《试论价值观的形成是一个过程》，《社会主义核心价值观研究》2015 年第 1 期。

事的隐喻中感悟和理解故事的真实价值，锤炼坚定的意志；在故事带来真实感的同时激发行为动机进而促成行为外化。

（一）知——叙事的阐释性进行认知与说理

叙事的阐释性，首先表现为一种从现有到应有的联结，"叙事就是一种有意义的联结，把人类的事件和活动与多种互相关联的事件相联系，展示相互作用的事件的意义"[①]。其次通过讲述故事在展现人类经验的同时来说明道理、讲清行为的价值意义，是经验活动和意义的联结，也是通过故事对道理的阐释。价值观教育的认知环节既是价值性认知也是知识性认知，对事物的规律、本质、概念和特点等的掌握是知识性的认识，关于回答"要不要""好不好"这类问题，以展现这种意义关系的是否能满足主体需要的认识是价值性认识，价值性认知的形成有赖于对知识的掌握和领悟，因而价值观教育的认知环节中，关于概念和道理等知识性认识是非常重要的。

相较于灌输式的说理，讲故事这样一种教育方式能够起到较好的认知和说理的作用。叙事说理通过讲故事阐发道理，将需要领悟的道理、价值意义投射到故事当中，伴随故事的展开将故事中传达的零散经验信息结合自身加以整合，从而建构起内心对知识道理的个体深刻理解并深化认知。此外，运用故事的形式与题材对大学生开展价值观教育，更易吸引学生的兴趣、符合他们自主探索和选择的需要，富有生活化、经验意义性的教育故事和事件能够使以二十四字为内容的核心价值观丰满起来，理论更加真实、贴近生活从而更易感知和得到深刻认识。

（二）情——叙事的情境性引起情感共鸣与认同

价值观教育要发挥作用除开情感产生的共鸣和带来的体验，核心价

[①] 佴康、付昌义：《大学生核心价值观教育中的叙事问题研究》，《江苏高教》2015年第6期。

值观要深入人心、融于生活同样离不开情感牵引和感染作用的影响。因此，在知识性的认知环节后需要情感的激发来从内心深化认同，情感发挥作用主要是从其带来的情感体验效果上来说的，当产生体验时相关图景进入大脑，经过大脑整合将原有的认知、图景以及情感融合在一起形成一个整体，实现认知的重新整理和再加工，使得认知加以情感后更为深刻持久。叙事正是这样一种能够产生情感体验的教育方法，故事是由人物、情节过程以及其所处的时间、空间等组成的整体，在故事的叙述中自然而然地将聆听者沉浸在真实生动的人物情节中，营造出可观可感的现实情境的同时随之产生愉快、赞同、悲愤、哀婉等情感体验。

在大学生社会主义核心价值观教育中善用故事营造的情境激发学生的情感体验，在娓娓道来的叙述中引导大学生走进故事、深切感知主人公的情绪起伏和转变，积极的情感得以肯定，消极的则对照自身予以修正。例如，在故事中体验到做好事的满足和自豪感或者完成任务取得胜利的兴奋和激动的情感，能够使大学生已形成的知识性认知在情感体验的基础上更加深化；因故事中主人公的一念之差或有意为之造成的不良后果而带来的羞耻、厌恶、悲痛等情感使大学生明了，要杜绝产生该情感体验的不良行为。总之，通过叙事的方法把原来脱节的认知和情感真正联系起来，形成更加深刻而持久的认同。

（三）意——叙事的隐喻来传递信念与价值

在形成了一定价值认知、情感体验以及行为意向和价值倾向的基础上，初步形成的价值心理要在持续稳定中上升为各种零散的价值观念，经过主体自觉选择和认同、接受与整合后逐渐形成较为清晰的价值观。其中选择和认同、接受与整合是在认知判断的基础上对多种价值的取舍、新价值的接受以及新旧价值的磨合过程，是在原有价值观、价值信念与意义的引导下进行的，目的是在整合与凝聚零散价值观念后生成稳定的、清晰明了的价值观，在价值观的指导下迈向未来的生活行动。

叙事的隐喻功能可以完成选择和认同、接受与整合价值观念的任务，并在此基础上传递信念与价值、形成坚毅的价值意志。隐喻常理解为是一种修辞手段，是一种类比的用法，将具体的、熟悉的、简单的已知事物或现象用来理解和形容抽象、不熟悉、复杂的事物或现象。此外，隐喻还是一种理解物质社会以及心理世界的认知工具，同时也符合人类认知规律，完成已知向未知转变、易知向难知转化，由此使得认知更为顺畅和深刻。大学生价值观教育中善用故事的隐喻作用把需要领悟和学习的知识点暗含在故事中，隐喻力量赋予故事超越特定事物的空间，在这个空间内通过认知的由难向易转换、加深对知识的理解并传递价值意义，使得原先零散的认知、情感体验以及行为意向等信息整合起来，在选择和判断的基础上认同接受，形成坚定的意志。

（四）行——叙事的真实感来激发行为动机

从个体角度来看，价值观形成的动态过程离不开内在体验向外在行为转化的环节。在形成价值心理、价值观念和稳定价值观后，价值主体通过行为的外化，能够检验自身形成的价值观是否发挥正确指导作用。在行为实践的过程中考查印证自身形成的正确价值观，而错误的价值观则在行动后显现出来并推动价值主体采取自觉反思措施予以修正。具体而言，行为外化过程包括态度意向的明确以及动机的激发下落实的具体行为，而叙事正是这样一种同人的行为关系密切的教育方法，因为叙事首先是作为对行为主体的叙述和说明性展开，其次叙事本身就是行动，这项行动有着行动主体即叙事者和客体即叙事内容，是由叙事的准备、呈现、反思三个环节构成的教育性活动。

运用叙事的方法来进行大学生价值观教育，其中叙事内容的遴选多选取真实而有教育意义的故事或事件。由于叙事是对行动的叙述和说明性展开，贴近生活经验的真实故事能够直接带给聆听者真实感，还可以间接地通过故事的讲述带来的深刻情感体验和在场营建的情境，使聆听者形成真实感，走进榜样模范故事里营造的生活实验室真切感知和体验。当日常生活里产生类似的情境时，通过叙事转移形成激发大学生采取正确行为的动机、同时故事里主人公采取的行动为现实行为提供了参考,帮助大学生在良好价值观的引导中促成积极行动。

四 叙事应用于大学生社会主义核心价值观教育的现实路径

价值观教育的对象是有丰富思想、鲜明个性的人,为使之形成理想人格、实现思想境界提升,教育时应关注具体的人,走进受教育者内心,使之树立良好思想观念、形成稳定价值思想进而在生活中自觉践履。而学校对大学生价值观的培育较多依靠理论灌输法,课堂上理论灌输的效果容易仅停留在知识的识记层面,走进学生内心、真正形成并发展成价值观念的效果不佳。基于此,学校要拓展价值观教育的新思路,采用叙事的方法,通过叙事的准备、呈现、反思这三个环节,把叙事应用到核心价值观教育的全过程,提升教育的效果(见图6-8)。

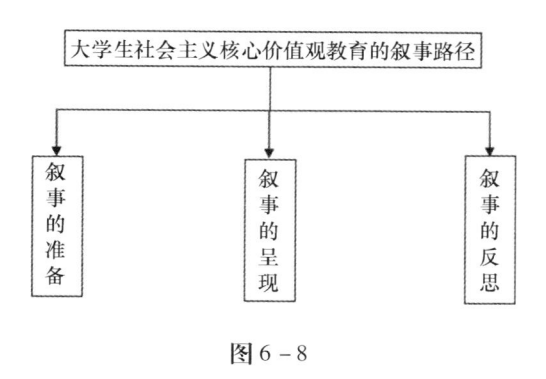

图6-8

(一)遴选与加工——叙事准备

1. 发现与收集故事素材

漫漫历史长河中发生的故事、现实生活中经历和体验过的故事、有教育影响力的传记故事、引起社会大众热议和关注的热点故事,都以各自的特点对听故事的人产生或大或小的影响,叙事应用于社会主义核心价值观教育应充分重视到这些极具影响力的故事，通过叙事者开阔的视野、敏锐的视角发现与收集触动大学生心灵、思想"改造"的故事。

（1）历史故事

首先，故事要讲历史中发生的故事，故事也离不开历史、同历史有着不可切割的密切联系，悠悠五千年中华民族特有的历史和文化是我们选取历史故事的不竭源泉。历史故事取材于真实发生过的、有相关典故和渊源的人和事件，具备特定的历史价值。关于民族繁荣兴盛、国家演变发展的历史；关于面对外来侵犯顽强抵抗的历史，近代中国抵抗列国侵略奋发图强的故事；关于从近代向现代演进、顺应时代发展的历史，赶走封建反动势力、建立新中国的故事；关于走向现代化、面向新时代的历史，民主革命和建设新中国、改革开放的故事。历史是蕴含思想文化的历史，智者贤人与普通大众在各自发挥精神文明创建活动时形成了富有中国特色的传统优秀文化，以儒释道为代表的优秀思想文化故事、反映普通民众生活并实现社会教化的民间故事，都是可以从中汲取深厚文化力量的历史故事。历史故事以其深沉丰厚且内隐的文化力量、历史力量，展现经验历史的同时不断推动整个历史发展，在生动呈现充满活力、辉煌而耀眼的历史人物和事件时，引起大学生对历史的关注和重视，以史为鉴、效仿前人的努力和坚持、增强历史感和使命感并承担起新时期的建设与发展任务。

其次，形成于历史场合中的传记故事，也是具有教育意义的故事素材。教育与传记是一对不谋而合的兄弟。教育是为了提供一种影响、引导、支持和激励，由此使得受教育者朝着目标方向成长、前进；传记则是一种记载了这类成长、前进的具体发生史，能够以故事的形式向阅读者展示这样一种成长史，使读者见贤思齐或心有灵犀。《史记》作为中国传记的源头写出了中国两千多年的历史，史料充足、人物性格特点突出，体现出真实性与艺术性相结合的极高价值。其后，梁启超所提倡的传记是走向"史学"和"世界"的路，创作了《李鸿章传》《罗兰夫

◈ 第六章　大学生社会主义核心价值观教育叙事 ◈

人传》等中外著名人物传记。胡适所提倡的传记则是"文学"和"个人"之路，创作了《李超传》《丁文江的传记》等以史学写法为主、文学笔法为辅的传记。传记故事能够起到一种类似于人格教育的隐性教育作用，对价值观的教育和培养具有重要作用，因为价值观更深层次的教育则是要对受教育者的人格和心灵进行塑造，使其形成真善美统一于一身的品格。传记故事对象虽止一人，目的不在一人，强调古今中外的杰出人物或产生教育影响的人，如孔子、李鸿章、马克思、毛泽东、钱学森等，不是把他们作为神圣的超人，而是体现其"与众不同"以带给读者深深的感召力，实现内心世界的言传身教。

（2）现实故事

首先，现实故事里的身边故事。身边故事，顾名思义，是指在生活中、发生在我们身边的故事，是人人都可能做到的事情。"身边"是对距离的一个形容，首先是一个时间距离，其次是一个空间距离，是在生命里能感知到的故事，既可以是校园里的老师、同窗、思政工作者的故事也可以是周围的普通劳动群众、道德榜样的故事，让身边平凡而有意义的故事发挥真切地感染和熏陶作用。身边故事的焦点从宏大社会角度里挣脱，走进个人故事、身边人的真实人生故事。通过叙说身边人的故事可以感知到其人生故事演绎和所产生的有影响力的结果，聆听者在真实的叙述和近距离的感知中更易启迪心灵、产生效仿行为。例如，教师或辅导员可以通过讲述自己亲身经历的人生观、价值观从模糊到清晰、从动摇到稳定期间的故事，把经历的人生故事展示给学生，并融入真情实感，让学生在借鉴的基础上走得更高、更远。此外，大学生可以充分利用丰富的课外活动和社会实践活动走出课堂、走出校园，去采访和收集当地的真实故事、道德故事，贴近现实才能感知有温度、有力量的身边故事。

其次，发生在现实生活中的热点故事。学生可以通过获得故事来发现生活，现实生活中时时刻刻发生着各种各样的事情，其中不乏一些引起社会热议、公众讨论、媒体争相报道的热点事件，这些热点事件、焦点问题同故事一样有时间、地点、人物、经过和结果,有利于教育者把事件信息组织成热点故事,进行问题教学。大学生关注的社会热点有很多,如高官贪污腐败被纪委带走调查、贫富差距、校园欺凌事件、扶起摔倒老人反被碰瓷;有新闻时政提出的关于医疗、教育改革的政策、方案;有通货膨胀、人民币贬值、汇率下调;还有普遍关注的就业难、买房难、看病难。社会生活的多样性、问题性对大学生的思想有着重要的直接和间接影响,由热点问题信息组成的故事时常撩拨着大学生的思想和神经,常常是教学重点和容易产生疑惑的地方,对热点故事的解读和分析是消除思想困惑和价值疑点、完成教学目标的重要环节。讲好热点故事,更要突出社会正能量,将积极的时事热点融入鲜活的热点故事中传播正能量。例如,当前正如火如荼进行的"一带一路"建设,教育者就可以讲与此相关的故事,把时事热点、社会焦点以故事的形式引入课堂,在评论、讲解和讨论中形成自己解决问题的独立见解,弘扬社会正能量,培养大学生关心时事的时代感和社会责任感,提高学生理论联系实际和解决问题的思维能力。

2. 融入叙事者独特的理解和体验

并非所有的故事都要写出来成为文本,经过故事的发现和搜集阶段,叙事者要对这些故事或事件进行重新理解和体验。在这个环节中,作为叙事主体的老师要进行深层次的理解和体验,挑出听众易沉醉于其中的生动环节、表面认知,将自身理解融入蕴含教育价值的故事,让教育理念、价值观念走进故事中,讲好故事,讲清道理。

"故事是人际交往的流通货币"[1],对于街头艺人来说,讲故事就像微笑一样轻而易举。当同事们聚集在一起,故事的讲述就会自然展开。教师是教育活动的主导者,要事先对教育内容进行整理、消化和吸收,才能在课堂中发挥积极的引导作用。叙事教育活动也是如此,叙事者要

---

[1] [美]罗伯特·麦基:《故事——材质·结构·风格和银幕剧作的原理》,周铁东译,天津人民出版社2014年版,第23页。

第六章 大学生社会主义核心价值观教育叙事

在叙故事的环节之前对教育价值意义生成独特的理解和体验，而后才能以经历者的身份对受述者即大学生进行故事熏陶，使价值呈现。

首先，要走进故事。叙事者要有丰富的想象，将自己置身其境，感受真实的心理活动，体验能否作为价值观教育的故事。教师在阅读故事素材时，既要像一个普通读者一样感受故事带给人的心灵世界，更要超越普通听众，站在更高的节点上进行丰富的道德价值想象；想象自己是剧中的主人公，以主人公的姿态感受其所知、所想，认识理解一定行为在一定情境下可能产生的后果，为之后不断地进入文本和深入文本、展示价值意义空间、故事再创造奠定良好的基础。

其次，要走出故事。走出故事要进行反思，经过进入故事的道德价值想象，反思自身的价值行为选择是否同故事中的主人公一致，如若不一致是什么原因导致的；反思故事里折射出的思想行为是否对大学生而言具有现实可操作性；思考故事里反面例子会产生什么样的行为后果以及教学中怎样分析讨论、适当引导。走出故事还要叙事者把选取的故事同自身结合起来，无论是历史还是现实故事，说到底还是别人的故事，穿透历史、展示现实生活更要结合自身、从新角度阐发。例如，对历史故事的讲述要运用历史分析法，对历史事件和人物的评价和讲解要结合当时的时代背景，墨子的节用节葬提出"衣三领，足以朽肉，棺三寸，足以朽骸，堀穴深不通于泉，流不发泄则止"[①]。是针对当时连年战争、财富不均、"富贵者奢侈，孤寡者冻馁"的社会背景，叙事者要讲清故事或事件发生的时代背景、在特定的历史节点去考量，不能用现在的眼光衡量。对新出现的热点故事的讲述也要结合叙事者自身的现实生活体验，有理有据、深入浅出地实现思想感染、心灵启迪。总之，叙事者要走出故事、善于把故事同自身的生活阅历、对社会的观察结合起来，使故事更加真实、丰满，教育意味更浓。

---

① 《墨子·节葬》。

3. 根据教育需要进行整理与加工

每个故事都是一个社会、一个时代的烙印，多数故事虽然真实、自然但并不可以将其简单地移至课堂，而是要根据教学需要、核心价值观教育的目标、受教育者的思想实际，对故事素材进行遴选和加工，让原初价值高的故事更具感染人的特性、给予平淡无奇的身边故事附加价值，使其成为价值观教育的故事。

首先，故事选择和加工应坚持真实性、变化性、教育性、趣味性的原则。真实性意味着故事的来源是真实客观的、有资料可考的，既可以是从现有文献资料（专著、教育传记、报纸杂志等）里直接摘出来的原初价值高的故事；也可以是通过对社会产生较大影响的个人、模范的亲身访谈所获得的第一手故事素材；还可以是利用网络资源，检索和查询到的热点故事、身边故事。强调故事的真实性不是对故事或事件信息一字不漏地呆板描述，可以通过勾画轮廓、深度描写、价值留白等艺术手法传递价值意义。变化性原则是指已经创作出来的故事是静止的、客观的，但是在听者的理解、互动和再创造中能表现出新的生命力、改变原来静止的状态、不断发展变化。这样的故事可以展现给大学生一个故事变迁的过程，使大学生愿意参与进去，改变原有错误的思想，建构新的人生故事。教育性原则体现为故事应该具备教育针对性、实现问题解决的目标，体现核心价值观教育的故事可以选取包含一定价值冲突且主人公合理恰当解决的生命叙事，如克服挫折，实现成功的正面故事，当遇到判断和选择的困惑时如何拿定主意并做出正确行动的故事，体现核心价值观教育的目标，给大学生创设一个能够体会其意义的氛围和空间。趣味性原则是故事的选取不可缺少灵活生动、引人入胜、有趣的情节，其与学生对课堂的投入程度挂钩，只有提供符合大学生口味的故事，他们才喜欢听、乐意看、自觉效仿。

其次，对故事的加工要契合学生的经验标准，体现社会主义精神气质，涵盖国家、社会、个人三个方面。对故事的加工是为了更好地体现教育价值、感染学生，不是对故事的任意修改，而是要蕴含价值预设、宏大和个人视角相结合,以忠于事件为前提根据教育目标有侧重地突出、调整一些价值内容,在原初价值基础上更好地承载教育信息。具体来说,可以对故事的内容进行细化或扩充,也可以对故事的长度进行整理加工。例如,讲述小岗村的故事来展示祖国的改革和发展,从包产到户发展至再回到"集体"的三十多年的小岗历程,有很强的教育意义但作为三十多年历程的缩影,故事冗长且读起来耗时,这时就可以选取期间的精华故事如"星火燎原""秘密会议""向明星村学习""重回光环"进行细致描述,可以对当时的环境、人物心理等细节进行讲述,感受探索改革的勇气。

(二) 叙述与聆听——叙事呈现

经过了故事的发现与收集、整理与加工的备故事环节,接下来便是叙故事的过程。叙事作为一项行为和过程,由故事和叙述组成,备故事是教学过程的内容准备,叙事的呈现则是讲明对故事的叙述如何展开。

1. 明确叙事主体

一项叙述活动,首先要确定承担故事讲述的主体解决谁来叙的问题,作为主体的叙事者可以是以第一人称来讲"自己"的故事,也可以叙述别人的故事,教师、学生和社会大众都能作为叙事者。

首先,教师作为叙事主体。在校园和课堂中,教师对学生的影响最为直接,教师作为叙事主体可以讲自身的故事,工作和生活中的故事或者是与学生相关的故事。教师讲故事,首先要有跨学科知识的积累,有信手拈来的故事储备,这便要求教师要善于总结、寻找和生成新故事,从自身的人身阅历中提炼故事;通过走访、挂职锻炼等实践活动,在社会大环境里寻找有教育意义的故事;把与价值观教育相关的知识或真实事件组织成故事。其次要具备讲好故事的能力,创新教育理念和教学手段、幽默的语言风格结合一定的体态动作,增加课堂故事呈现的精彩程度,使学生将内隐于故事的价值知识内化于心、外化于行。此外,教师高尚的人格魅力也是一股价值观教育的无形力量,是学生可以现实接触和审视而感知的隐性教育资源，还是一种隐性的故事体现。教师的治学态度、看待问题的角度以及解决方式，会让学生在课堂内外收获良多。

其次，学生作为叙事主体。让学生自己讲故事符合新时代教育活动重视大学生主体性的要求，适应"90后"表现欲强、人人都愿意发表自己意见的需求，也更容易被大学生群体接纳。课上讲述经验分享的故事、阐发思想困惑的故事并进行讨论，以积极主动的姿态参与到教学活动中。课下利用社团活动、班会、微博、微信等社交软件分享和传播社会时政的热点故事、平凡而有意义的身边故事。大学生通过讲故事担任叙述者的角色，一方面锻炼了语言组织和表达能力，另一方面使得故事更易被作为听众的同学认可和接纳，更贴近同辈群体的思想状态和变动趋势，增进叙事教育的感染力，提升教育的影响力和效果。

再次，社会大众作为叙事主体。社会大众既可以是党政干部、社会名流、杰出校友、社会模范，也可以是普通家长、学校门卫、食堂工人等普通民众。他们作为现实社会生活中的经历者和见证者，请他们来讲故事更具感染力，可能会获得意想不到的效果。为此，可以通过专题讲座、主题宣讲的形式，邀请他们走进思政课堂，为学生上一节思政课。

2. 关注叙事空间

把发现和收集的故事素材进行整理和加工，在增加附加价值的基础上形成有教育意味的好故事。好故事之所以能被听众接受并实现教育影响，在于听众的体验和叙事者阐释，这是靠故事、叙事者、受述者共同建构的。承载价值观教育的故事提供一个具有丰富层次、多样角度的结构框架，聆听者借助一定的媒介形式、故事情节、叙事技巧等发挥想象，重构故事意义空间，故事的教育意义才能逐渐表现出来。作为与叙事时间共存的叙事空间缘起于1945年，美国学者弗兰克提出"小说中的空间形式"，由此开始了对叙事空间问题的关注，1978年，查特曼提出并阐释了"故事空间"（story space）和"话语空间"（discourse space）两个概念，他认为故事空间指事件发生的场所或地点，话语空间是叙述行为发生的场所或环境①。故事运用于大学生核心价值观教育中，也应关注故事发生的空间环境以及叙述行为发生的场域和环境。

首先，关注故事发生的空间环境的叙述。故事是在一定时空中发生的故事，时代背景是叙事的大空间、空间场域是叙事的小空间，故事的叙述要将大空间和小空间相结合、共同致力于完整空间的叙述，帮助大学生在有了对故事时代背景和具体环境整体感知的基础上更加清晰地把握故事。

其次，关注叙述行为发生的场域和环境。一项教育活动是在一定的环境里进行的，教育效果离不开叙述环境的氛围烘托，所以要充分关注叙述行为展开的环境。叙故事要关注话语空间的选择，因为无论故事是发生在过去还是现在，叙述都发生在当下，不同的地点环境对同一故事的叙述起着不同的效果。课堂是进行教育活动的主阵地，具体操作则要突破呆板、教条宣讲的上课流程，发挥大学生的积极性、主动性，教师叙、学生叙，共同营造灵活且趣味十足的课堂叙述环境。叙述行为不应囿于课堂，通过"移动课堂"将叙述过程迁移至故事发生地和现实社会中，把故事的讲述带到可视、可触、可感的真实场景中，进行现场叙事。例如，就近去当地的博物馆、爱国主义教育基地、伟人的故乡等现场，借助历史文物、古老建筑，使故事的讲述极富现场影响力、感染力，身临其境中实现思想悄然转化，增强对祖国的热爱之情、对文化的自信之感。除移动课堂之外，借助多媒体、虚拟现实科技等建构虚拟叙事空间，也是增进和优化"话语空间"的有效途径。

3. 精选叙事载体

叙事的呈现要善于运用叙事载体，叙事主体可以借助语言、文字、图像、网络、实践活动等叙述载体将故事呈现给大学生，把蕴含教育意义的故事渗透到他们生活和学习的方方面面，发挥教育故事的说服力、感染力和引导力。

---

① 申丹、王丽亚：《西方叙事学：经典与后现代》，北京大学出版社2010年版，第128页。

第一，以语言为载体的口头叙事。用语言呈现故事是最简单、最直接的方法。从古至今，口口相传的故事感染力更为直接，通过清晰地叙述故事情节的发展变化，既可以从整体上呈现故事主题、风格、跌宕起伏的情节演进，以及故事冲突的发生与处理、高潮与结果；也可以从个体内在角度描绘人物的心理活动和思想变化，完整呈现一个整体的故事。借助语言，聆听者易于把同叙事者想法一致的语句组合为新的富有想象力的经验，增强了现实感，对行为指导意义较强。借助语言的口头叙事对言语艺术有一定的要求，叙述要语调恰当、语速适中、具备带入感，要配合一定的体态语言强化语言效果，还要掌握叙事技巧，旁征博引叙述故事的同时巧妙使用顺序、倒叙、插叙等手法，帮助学生理解故事的同时培养思维逻辑，为大学生思考故事、提出问题提供更多线索。口头的讲述也要伴随情感的流动，通过语调语速的调整变化来展示喜怒哀乐、褒贬爱恨的情感流露，以情感渲染强化故事的影响力。口头叙事的过程较短，伴随着叙事者故事的完结而画上句号，所以留存性较弱，最适合课堂中运用，作为教育的主阵地，课堂上的口头叙事更能发挥故事的教育效果。

第二，以文字为载体的书面叙事。以文字为记录的书本可以克服口头叙事留存性弱的缺点，成为叙事的又一重要载体。以文字为载体的书面叙事可以是口头叙事活动后对故事的整理、分析和加工，融入课堂经验、编撰成新的教育文本；也可以是现有的能够当作价值观教育的文本，如弘扬社会正能量的报纸杂志、学校教育小说和成长小说《巨人传》《爱弥儿》等、教育传记《邓稼先传》《列宁传》等，有些核心价值观教育大学生读本里也有许多生动贴切的例子，如《修身报国：社会主义核心价值观大学生读本》。借助文字表达故事的书面载体，可以让大学生课前课后、随时随地地展开叙事教育，在小说、传记、读本中感悟故事里主人公的行为价值，认同核心价值观并自觉践行。

第三，以图像、影视为载体的图像叙事。当前，现代信息传播技术的快速发展、读图时代的到来，为可视可感的图像、影视作为价值观教育的载体提供了契机。我们生活的空间都有图像充斥着，无论往哪里看都能见到图像和影像视频，静态的报刊、广告、宣传画中的摄影或绘制的图像以及动态的公益广告视频、教育影片、微视频、电影电视剧等影像。图像以及同视听媒介相结合的影像比语言文字更为形象直观，同时也丰富了人们的认知方式。图像、影像直接作用于人们的形象思维，利于图像、影像同人们的思维、要表达的语言文字信息结合起来，形成图像语言和思维进而产生一种形象化的认知方式，有利于人们运用这种思维和认知方式充分感知和把握图像、影像信息。图像、影像同故事的结合使得故事的展现更具现场感、形象性，蕴含在故事中的价值观教育内容在视觉、听觉的刺激下更易产生思考和想象进而接受和掌握。此外，以图像、影像为载体的图像叙事符合价值观形象化认同教育的追求与需要，通过形象化的方式作为知识的媒介，激发认同教育的潜能进而提高叙事教育的实效。

第四，以实践活动为载体的实践叙事。各项实践活动能够承载教育的目标和内容，在具体的活动中感受故事里的价值思想观念并转而内化为自身的价值观念。除了语言文字、图像、网络之外，有教育意义的实践、行为活动也同样具有叙事能力。行为活动更像是语言文字的补充，例如，传统文化中的"诗乐舞"中通过语言文字同行为活动相结合所展现出古代文人墨客的精神追求和情怀。作为实践叙事载体的实践活动，有第二课堂实践活动、志愿服务活动、社团实践活动、节庆仪式活动等。这些实践活动能够使叙事内容"活化"，更易使大学生潜移默化地接受和体悟。例如，通过暑期三下乡志愿服务活动，通过走近故事主人公，学生在访谈和现场聆听其叙说，更能体会书本里写到的"勤劳""无私奉献"的真正含义。以更好地将叙事内容内化于心，外化于行。重大节庆仪式活动是基于一定共同历史记忆和文化认同而形成的可释义的行为活动，以增强人们的历史感和责任感，如清明节黄帝陵的祭祖活动，通过各环节的仪式活动表达对黄帝的缅怀之情。

第五，以网络为载体的网络叙事。网络是集合多种媒体优势的一个传播和互动平台，建立在先进网络科技基础之上的网络叙事，经由网络这一电子信息交换系统向网络终端的民众传播具有教育意义的故事和事件，来帮助人们树立良好的价值思想观念、营造和谐健康的网络环境。借助网络这一兼容性较强的载体，可以集语言文字、图像视频于一体，还具有书面叙事的可留存性特点，使得网络叙事所想表达和传递的信息动静结合、视听共享、图文并茂，从而更具吸引力。此外，网络上信息传播和交流的互动性使得故事内容和阅读者的联系更加密切，通过评论发表见解这一交互阅读的方式来实现更加有效的沟通。伴随着信息科技的飞速发展，成长于"90后""00后"的大学生更青睐于利用网络进行学习和生活，通过网络学习部分选修课、完成课后作业等，这样的方式能充分调动学生课后的学习兴趣。移动网络更是带来信息分享和学习的便利，各类微课APP和社交软件，如较为热门的微信、微博等，都能够随时随地地结合课程和教育目标的需要开展教育活动、分享教育内容和信息。承载核心价值观教育目的的故事和事件同这些网络载体有着天然的密切联系，故事的可读性和吸引力较强、真实的教育事件容易引起热议和传播，这同网络媒介需要传播的内容特性不谋而合，使得故事依托网络融入大学生生活的方方面面，在触手可及、全面环绕中深刻领悟故事中的价值思想观念，潜移默化地形成良好价值观。

4. 突出叙事要点

叙事不只是对故事或事件的客观记录和叙说，更需要突出一些重要内容，使之能够为聆听者提供一种想象、评论、思考的空间，引起聆听者兴趣的同时提供意义诠释，叙事要点就是承接以上任务，使故事或事件成为有意义、有价值的重要环节。作为寻求意义诠释的叙事要点，须在深度描述的基础上实现深度诠释、使大学生从故事中受益从而实现价值观教育的目标。

叙事要点要进行深度描述，要对诠释意义的行为和过程进行描述，深入浅出、全方位地刻画，才能引起聆听者的思考和感悟。首先，对故事的叙述不仅是行为过程的记录还需要讲清背后的意图和情景，只有详尽地描述才能建构完整且具备意义诠释的故事，才能具有价值观教育意义，也才能在引起思考的同时深刻认同故事暗含的价值观念。其次，对故事的叙述要重视细节，一则故事或教育事件要真正实现入耳、入心还需发挥细节的烘托和渲染作用。故事中对细节的描写与刻画对发挥暗含于其中的教育作用具有重要意义，往往是在宏观上大线条的叙事之后，通过情感、动作、心理活动等细节的描绘，使得故事延伸至大学生的内心、准确传递叙事要点。当然，细节的刻画应紧贴大学生思想行为、具有教育影响力的价值，发挥细节的烘托作用使叙事更加丰满、更具吸引力。

叙事要点要实现深度诠释，通过诠释能够建立一个理解和分析系统，激发大学生深度思考相关理论和行为动机，在深度叙述的基础上通过悬念的设置和冲突的处理，循序渐进地引导大学生将故事带入心里，进行价值思考和抉择。这样，经过大学生的自主选择和取舍，记忆会更加深刻、感悟良多，有助于良好价值观的建立和践履。

（三）引领与行动——叙事反思

通过讲故事的方式对大学生进行核心价值观教育，能够把凝练、简洁的二十四字转换为生活中可以感知、时常经历的故事与事件，在聆听和感悟故事的基础上铭记价值要求、反思深化，在未来生活的行动中获得对类似价值情景的处理与应对策略。

1. 实现情与理的融合

价值观是人的内心中深层次的无形却有力的精神制约力量，是社会主义先进文化的核心体现，更是处理生活中各项事务的基本遵循。核心价值观更是一股凝聚国民意识的向心力，是国家、社会、个人的共识，是符合全民族整体利益、引领全中国发展进步的积极的规范性倡导。因而对核心价值观的教育不可避免地需要传达一定的"规则"即"是什么"，要体现科学认识层面的"理"。

大学生经过了中小学时期的道德认知和价值教育，对强调"规则"

的他律性教育内容有一定较为深刻的认知，同时自律能力也得到较好的发展和培养。所以针对大学生核心价值观教育理应随着生理、心理的需求进行调整和改进，使之更符合处于自律阶段的道德价值心理水平和基础需要。自律阶段的大学生在进行价值判断和推理、选择时不会像他律阶段那样呆板、生硬地看待"规则"，更愿意灵活地思考和对待，做出的判断和选择不会像他律时期一般是结果论的，更可能是出于义务论的，但落实到具体的行动还需情感的驱动力量。做出价值判断和选择离不开情感的影响，使单独发挥作用的"理"脱离孤立的状态，寓情于理、以情说理、实现"情"与"理"的融合。

通过讲故事对大学生的核心价值观进行教育，既是一种重视情感体验的教育方法，同时还是一种符合理性认知规律的教育方法。通过叙述具有教育意义的故事来使大学生不仅仅获得故事本身，更多的则是受到一种情感的熏陶。因为一个故事的展开就是一个情感体验的过程，故事很容易被理解，而且还能引起大学生的高昂兴致，极具真实感的故事在聆听中带来想象并激起情绪体验。此外，叙事是一种符合理性认知规律的教育方式，在具备感性美的同时拥有理性美的特征。通过讲故事进行教育的活动，能够统一并平衡知、情、意、行这四个品德发展环节，基础的认知经过情感的选择再加之内心世界里意志的锤炼，最后落实到具体行动，都通过故事的讲述和带来的思考使之成为可能，并且协调各环节之间的矛盾，鼓励聆听者自主开展思想斗争并使各要素在发展方向上达成一致和平衡，形成积极健康的价值观并在生活中能够自觉践履。

经过了故事的准备和呈现环节，理解故事的意义尤为重要，将故事里有教育意义的部分组成单元并把各个有意义的故事单元串联起来形成意义群，然后，赋予真实的情感于故事或事件中，伴随着故事的讲述渐渐展开，从受教育者的内心深处建构教育价值与意义，真正实现以情感人、以理服人的统一并实现教育的目标。具体来说，叙事的反思要在叙故事之后注重情理相容的要求，如果忽视这一环节易出现理想与现实的断裂，例如，发挥先进模范人物故事的教育影响作用时，在叙故事同时施展情感的穿针引线作用之后没有进行理性的认识、分析和评价,便会停留在"接受、反应"阶段,容易消解掉先进模范人物的真实性,会使教育指向行动的影响力和育人效果不佳。因而需要叙事者在叙述行为之后进行解故事的过程,实现情理相融的目标,增强培育实效。例如,在讲述洪战辉的故事时,语言的描述加上影像资料的画面呈现,极具现场感的同时完成深刻的情感体验,叙事者应在完成叙述环节之后,着重凸显颁奖词的画龙点睛般点明故事价值、呈现人物价值品质和可贵之处、帮助聆听者生成完整评价的作用。在情感体验后进行理性点拨和评价,寓理于情、情理相融并且真正实现把临时的情感触动经由理性的分析和认可转化为认知深化基础上的行为落实,让原来有距离感的伟人、模范从现实僵化状态中脱离出来,真正实现叙事的育人效果。

2. 指向未来生活行动

核心价值观教育活动只有使教育对象深刻认知并建树内心坚定的信仰、实践中身体力行,贯穿到生活中的方方面面以实现知行合一。行为的落实是认知和信仰的实践转化结果,大学生在课堂内外的教育活动中养成的核心价值观自知和自信必然要落实到行为实践中去,行为的落实和选择也是教育效果的呈现。"为者长成,行者常至",广大青年作为未来整体社会价值取向的引领者和代表者,要把核心价值观纳入自身的行为准则中,使之成为无须思考和衡量便可做出行为反应的行为习惯,并真正使其融入日常生活,在行动中感知与领悟、实践与坚守。青年群体中的大学生更应发挥其辐射影响作用,通过现实生活中的点滴行为使价值观的真善美得以展现,让周围更多的人相信和认同,最后产生更大的力量去在生活中践行。

核心价值观教育落实到行动仅靠二十四字的识记是较为浅层次的,从认知向行动转换的过程需要贴近受教育者的生活经验,既描绘过去又创设未来,使其在产生情感认可的基础上将价值观纳入自身的思想系统,在思想的引领下真正融入日常生活、指导生活中行为的落实。叙事在核心价值观教育中的应用恰好能使教育经验的呈现与让渡成为可能,传递价值意义的同时消解理论话语的抽象性，展现主人公精神成长的始末，使鲜活的个人经验叙说着生命成长中的真实感觉、丰富味道；叙述技巧的使用为故事或事件展示教育意义增添了意趣，情感的感染加之细节的烘托使得润饰性的叙事过程对聆听者原有价值视域进行干预，春风化雨、润物无声般地实现对意义的领悟与品味，更在叙事性思维具有的迁移性的影响下为行为的落实做好准备。

在叙故事的过程中做好传播和认知工作，达到情理融合之后，要做到指向未来生活行动。对行动的指引可以看作是在行动中重构故事的过程，这种过程有两类做法：重写故事和续写故事。行动中重写故事即在理解故事、产生价值思考后，在实际生活中重新演绎故事、加深认识，例如，对大学生讲述价值观的养成离不开勤学这一道理时，选用古今中外的勤学之人如毛泽东刻苦读书、学思结合的故事，大学生在故事中领悟了深刻意义，在自己的行动中效仿和改进，在行动感悟中实现自身勤学故事的建构。行动中续写故事可以是课堂上的问题讨论或价值留白引导大学生思考如果是自己又会如何做；也可以是课后的叙事性写作，在故事续写中接续的是别人，而写下的是自己的思想行为和感悟，如弘扬雷锋精神，在雷锋无私奉献故事叙述后，进行雷锋日记续写或者以创新的方式，发朋友圈日志、编排小品、拍摄微电影、开展故事演讲等活动，在续写中回答"在行动中如何践行雷锋精神"。

通过叙述具有教育意义的故事或事件，对聆听者的价值观产生积极明显的抑或潜移默化的关怀性干预，在叙述经验、传递思想、实现认知深化过程中指向未来生活中的实际行动才是叙事教育的旨归。

3. 感悟后的反思提升

在叙事之后经过情理融合、行动落实环节，使得大学生在思想和行动的感悟中潜移默化地实现由接受者向创造者的转变，做到行为践履的同时实现思想提升，而思想的提升是基于感悟之后的反思。对所学知识进行反思是非常重要的环节，正如《学记》里所说的："学然后知不足，教然后知困。知不足，然后能自反也；知困，然后能自强也。"反思是以一种批判的眼光对自身思维、认知结构的再审视,从发现问题进而加以观察和分析,寻找新的想法、策略,试图建构新的意义和能力。再回到相关认知情景下进行验证,伴随新问题的产生进行下一个反思。通过一次次反思使得学习者站在更高的角度建构新意义、促进主体的学习向前迈进。在思想和行动的感悟后深受激励和鼓舞、自觉模仿良好的行为并抵制不良行为、对自己的行为更加注意。在经过螺旋上升、反复多次的循环过程后才能使思想和行为的优化更加持久。这些都离不开反思的作用,通过反思进行思想再确认、使得故事中的教育经验理论化,真正实现理性提升。

通过故事的叙述,将经验用故事的方式呈现出来、领悟经验意义之后在行动中体验感悟,发生在行动后的自觉反思使受教育者知晓原有经验存在的不足之处或理想与现实的矛盾,同时也让经验实现完善、优化,自觉反思同自由参与和选择相比,思想上更进一步,认知更加深化、理性。解故事中的反思是对思想和行动中不足之处的反思,体现出存在的一些问题,因而解故事过程中的反思是带着问题去反思、在问题解决中重新建构经验意义,使得整个叙事教育活动经过反思之后衔接性更强、效果更好。具体来说,解故事中的反思是通过行为结果后的反思和交流对话中的反思来实施。

行为结果后的反思是一种自主的反思,大学生在实际生活中可能会产生知行不一的行为结果,这时应该联想到课内课外叙事经验呈现的价值意义,反思导致不良行为背后的原因,再次分析和思考后在下次行为践履中实现进步和思想提升。交流对话中的反思是在教学活动后的反思,教学活动后要对作为受述者的大学生是否从中获得了经验意义和感悟并在行动中体现进行反思审视。课堂上根据叙事主题展开讨论、分析,在互动交流中实现对价值教育主题的深度反思,例如,围绕友善互助这一价值观教育主旨进行叙事教育活动课堂中,在叙述故事"扶不扶"之后提出问题,教师可以带领大学生充分讨论,深度思考:"因为各信息渠道报道的摔倒碰瓷事件,我就可以理直气壮地忽视摔倒在地的路人吗?""正义面前有所迟疑或者选择忽视躲避以求明哲保身是对的吗?"在交流讨论中对照自身存在的问题进行反思审视,在互动交流和经验的分享中促进思想的进步和今后行为的良好转变。

将叙事融入大学生社会主义核心价值观教育,能够弥补理论说教的不足、增强教育的实效。一是有助于密切价值观教育与现实生活的联系。故事是对生活的复刻,极富现实意味和教育意义的故事可以搭建教育知识与个体之间的联系,在此基础上深化认知并增进理解,在实际生活中落实行动。二是能够丰富价值观教育的方法,增强教育实效。通过故事的内源性魅力使良好价值观内容深入大学生内心,与理论灌输法相互补充,同时运用丰富多样的叙事载体,拓宽教育渠道,课上、课下都能发挥教育作用,切实增强教育的实效性。

第七章　高校辅导员思想政治工作叙事疗法

　　大学生作为国家宝贵的人才资源，为经济的发展注入新的活力，但是，受多元文化和社会思潮的影响，大学生在人际交往、自我认同、职业规划等方面极易产生困扰，进而诱发心理问题。面对这种情况，辅导员作为大学生成长的领路人，理应及时关注大学生的心理问题，并运用有效的方法解决其内心苦恼，引导其健康成才。叙事疗法的引入为辅导员开展思想政治教育提供了方法论指导。教育者通过运用语言的独特技巧，帮助当事人找出故事叙说中的遗漏环节，进而不断引导其改变内心消极的想法，使其重塑对生活的信心。叙事疗法以其独特的优势符合大学生心理发展的阶段性特征，因此，将其运用到工作中，可以帮助大学生解决现实困惑，有助于优化辅导员的教育方法。本书正是在这样的意义下提出将叙事疗法和辅导员教育工作结合起来，并探讨叙事疗法运用到辅导员思想政治教育中的实现路径。

一　叙事疗法及其主要内容

（一）叙事疗法及其发展

　　叙事疗法是一种新颖的心理辅导方法，它是随着后现代主义思潮而产生的一种新型的心理疗法，它通过汲取各家之长，为自身理论发展开辟道路。叙事疗法就是教育者在倾听他人故事的过程中，巧妙运用语言的多样化形式，并采用问题外化和重构新故事等方法，挖掘当事人故事中的片段，逐步唤起其内心的积极力量，进而引导当事人重新建构生活的意义。

叙事疗法受社会建构理念的影响颇深，人总是生活在一定文化、风俗、环境下的，人的思想认识受到文化潜移默化的感染。社会建构理念的主要观点有：第一，人在社会中受各种文化背景的影响，现实是通过建构所形成的。第二，真相可以通过语言来彰显，当事人的个人体验、感受和思想都可通过语言显示出来。第三，叙事中的各个情节以及隐藏的细节都不可被忽略。叙事的哲学不再仅仅关注主线故事，而且重视极易被遗忘的支线故事。社会建构理论认为事实或经验的"真实性"不再是在故事中被发现的，而恰恰是被"建构"或"创造"出来的。传统的心理咨询将问题当作治疗的中心，给人贴上"有问题"的标签，过分追求科学的治愈方法而将人当作机器式的存在。但后现代主义则提倡多元化和差异性，认为问题通常是由于社会生活中语言的建构作用所产生的，并且认为每个人都是独特的个体，有自己的成长背景和人生阅历，因此将所有个体都套用同一种治疗方法显然是不合适的。叙事治疗重视个人的生活故事，并认为他们"在故事中建构的人生主题以及为这些主题所赋予的意义，都是建构主义思想观念的产物"[①]。

叙事疗法的产生要追溯到叙事心理学，叙事心理学最早是由心理学家萨宾（Sarbin）提出的，1979年在美国心理学会的年会上，他阐述了叙事的建构作用。1986年他主编了《叙事心理学：人类行为的故事性》，书中阐释了他的主要观点，即：故事是行动的向导。此后，叙事心理学发展成为一个新的领域。叙事疗法就是叙事理论与心理学相结合的产物。叙事疗法的主要创始人是迈克尔·怀特（Michael White）和戴维·艾普斯顿（David Epston）。

---

① 马一波、钟华：《叙事心理学》，上海教育出版社2006年版，第152页。

第七章 高校辅导员思想政治工作叙事疗法

叙事疗法的代表人物是澳大利亚临床心理学家迈克尔·怀特（Michael White）和新西兰的戴维·艾普斯顿（David Epston）。他们合作出版了《故事、知识、权力——叙事治疗的力量》（*Narrative Means to Therapeutic Ends*）一书，这被看成是叙事疗法诞生的标志。叙事疗法的理论基础是艾普斯顿的《叙事心理治疗实际的做法——希望的考古学》（*Narrative Therapy in practice: the archaeology of Hope*），他认为我们生活中的问题故事都是由于社会文化背景的影响，而每个人又赋予这些故事新的意义。此外，心理学家 Robert. A. Neimeyer（1993）和 Alphons. J. Richert（2003）分别从建构主义心理治疗方法以及叙事疗法中来访者与治疗师的关系方面作了介绍。

随着叙事疗法的广泛推广，叙事疗法从欧美地区进入世界视角，并率先应用于心理健康咨询实践中，成为较盛行的咨询方法。后来，由于社会对公平、权利等的关注，逐渐将其用于心理治疗，随后又用到社会工作和教育领域。20世纪90年代末，对叙事疗法的研究开始在我国台湾和香港地区出现，后来逐步传播到大陆，大陆早期主要是通过一些文章和专著介绍叙事疗法，此后对其研究逐步倾向于本土化应用，如探索将叙事疗法与中国文化相结合，研究其在高校中的应用。从2009年开始，相继有一些学者探讨叙事疗法的局限性，从而丰富了叙事疗法的研究。

事实上，正如迈克尔·怀特所提出的，叙事疗法不仅是一种世界观，更重要的是，它是一种认识世界的方法，是一种生活哲学，也是一种伦理认知。叙事疗法涵盖的独特的人文关怀和对生命意义的关注，让来访者有机会成为自己心灵的捕手，更为心理辅导打开一扇新的窗户。

（二）叙事疗法的技术和方法

1. 故事叙说

人的行为往往具有故事性，从人类历史来看，故事活动是人类天性的体现，故事活动伴随着语言的产生而生成，并且通常在讲述故事的过程中体现出自己的世界观和人生观。面对着日常生活和工作中所遇到的困境，冲破烦恼和抑郁心理的禁锢，用另一种视角来诠释现状，使其构建积极的人生故事，这样的故事能够帮助当事人缓解心理的困惑和压抑，并且透过令人神往和心情愉悦的故事，使当事人能够找到一种使自身更加积极上进和充满信心的精神动力。比如，教育者通常用"这一路走来好辛苦，你是怎么学会照顾自己的""你的力量来自哪里"这些积极的叙说来引导当事人。总之，叙事疗法正是通过"故事叙事"这一方法，使得当事人产生积极开放的心理效应，从而战胜过去生活中的困扰，形成良好的心理状态，最终更好地去生活。叙事疗法的意义在于不断探求当事人生活经历中的积极片段，并对其进行整理，"重新建构一个新的、摆脱了问题消极影响的人生故事"[1]。

2. 问题外化

问题外化也是叙事疗法的主要方法，它将人与问题剥离开来，强调人是人，问题是问题，并认为人们生活中的问题其实是与人完全分开的，人才是自己生活的主人。在日常生活中，咨询者自身总是不断地与问题纠缠使其内心深处产生自责和苦恼，从而产生心理问题，而叙事可以使咨询者在叙说的同时聆听自己的内心世界，并在咨询者的引导中发现自身的积极方面，认为所谓的"问题"根本不是问题，不能因此影响到自己正常的心态。问题外化的特点之一是通过对话使当事人摆脱困扰，对问题进行客观审视。例如，若当事人出现人际关系、求职受挫、考研落榜等问题时，不是运用心理分析的方法去追问这些问题对人格的影响，而是通过营造良好的对话环境使当事人意识到问题与自身之间的关系。问题外化的特点之二是将问题拟人化，它把问题看成具有生命特性的事物，并会自觉进入人的心理，这种拟人化的特征为当事人安心反思问题对自己的影响奠定了基础。叙事疗法专家认为问题正是由于个体受到社会背景的影响逐步产生的，但是个体本身并不能将这些问题外

---

[1] 马一波、钟华：《叙事心理学》，上海教育出版社2006年版，第154页。

化，必须通过教育者的适当引导，使问题与当事人不断剥离开来，从而使个体拓宽思路，探求生活的积极意义。

3. 寻找例外

寻找例外这种技术主要是指在当事人叙述故事的过程中，留意主流故事之外问题没有起作用的例外情况，从而破除原有故事的支配地位，用正面的、积极的情节使当事人找回自信，并创造新故事的空间。一般来讲，我们每个人的生活中总会有自己所喜欢和向往的经历，即使在烦恼的状态下，也能找到没有症状问题发生的几次例外情况，这就是与占支配地位故事不同的新故事。这些新故事往往没有被赋予重要意义，没有被组织成为故事情节，叙事疗法所关注的正是这些没有被注意的独特经历，这要求教育者一定要非常谨慎和耐心，才能挖掘到这些细节。正如《学校里的叙事治疗》中所提到的，"坚持的问话和仔细地倾听能使我们发现原本被漠视或看来微不足道的细节"[1]。新的故事情节被发掘后，教育者就会引导当事人不断丰富这些新的情节，于是它们会出现滚雪球一样的效果，逐渐变得丰厚，这样，原来占据全部生活的问题故事似乎不再那么重要，甚至会被淡忘，而新的情节在不断形成和发展，并最终占据支配地位。叙事疗法正是通过寻找主流经验中的非必然性情节，并在合理引导中使问题逐渐远离当事人，从而重新树立起对生活的信心。

4. 解构重建

"解构"是一种后现代主义的思维方式，它认为现实的故事是由社会建构而形成的，世界万物因不同的文化背景而存在差异性和多样化。由于人在社会中生存，因此人的某种知觉受现实社会文化的影响，是各种制度、信念不断交织和互动的产物。正因为如此，叙事治疗非常重视被赋予多元化的意义，对于治疗中的故事，教育者要了解对于当事人有

---

[1] ［英］温斯雷德：《学校里的叙事治疗》，曾立芳译，中国轻工业出版社2014年版，第22页。

意义的问题、感受和历史，并探索这些问题如何影响当事人的生活方式。从实践层面来讲，"解构"可以理解为："倾听那些没有被说出的声音。"倾听在叙事治疗中至关重要。庄子说过："勿听之以耳，听之以心；勿听之以心，听之以气。"这要求教育者在外化的基础上拓展当事人叙事的空间，使新的生活故事在这个空间中凸显出来，以达到重建故事的目的。因此，在现实治疗过程中，要时刻保持对当事人的关注，对于叙说过程中的重要片段，要仔细思考其背后隐藏的积极意义，并且可以通过探索了解对当事人有重要意义的主流文化背景和当事人面临的问题之间的关系，以使当事人了解文化是如何影响它的观念和问题的，以重建新的有特殊意义的故事。

（三）叙事疗法遵循的基本原则

1. 隐喻原则

叙说是人的天性，每个人在现实生活中都会发生一些故事，并且总有特定的故事情节凸显出来，成为支配我们生活的主流故事，而一些不被注意的故事情节却被隐藏起来。叙事隐喻的现实意义就是在实践中将故事进行挖掘，最终使教育者与当事人共同建构一个具有积极意义的新故事。教育者要在充分理解当事人的基础上，主动融入叙事情境中，适当运用语言技巧，在叙说中不断解决问题。叙事疗法所需要的不是直接去揭露问题本身，而是了解非主流故事背后隐藏的意义，进而引导当事人重新编织和丰富新故事。隐喻原则是叙事疗法遵循的首要原则，正是因为人的生活故事背后往往隐藏着意义，而这些意义其实能为我们的人生指明方向。由此可以看出，隐喻原则为叙事疗法的应用奠定了基础，它一方面能够引导教育者去挖掘当事人问题故事背后的积极片段，为其开展工作提供契机；另一方面可以帮助当事人将积极片段不断丰厚，从而为其找回对生活的信心。

2. 干预原则

叙事疗法的主体不是教育者，而是当事人本身，教育者只需要在倾听当事人故事的同时，察觉故事中隐含的积极意义，并进行适时的交流与互动，教育者需要特别留意叙事中被忽略的细节，引导当事人寻找故事中遗漏的情节并不断丰富。当事人描述自己经历时，教育者运用问话的方式进行干预，干预其实就是引导当事人开启一个叙事的新空间，让当事人在讲述自己生活故事的过程中把自己从具有支配地位的经验中解脱出来，干预的重要作用就是引导当事人由关注主流故事转到开始关注新的故事情节，并使新故事不断丰富和完善，这就为叙事疗法的实现提供了一个充满积极意义的创造性空间。在这个叙事空间中，教育者的干预作用还表现在要尽可能地去营造一个有利于叙事的氛围，这样的氛围使当事人更愿意表达自己内心的真实想法，从而避免咨询过程中出现自说自话局面。在互动交流中，要做到尊重当事人所面临的两难处境的经历，鼓励他们努力改变自己现在的心理状态，激发他们对那些被忽略故事片段的想象力。可见，叙事疗法就是一个把日常生活经验故事化的过程，并在相互沟通和交流的过程中，使当事人不断组织、呈现故事的方式。

3. 反思原则

叙事疗法认为，每个个体的人生经历都是由故事组成的，这些故事能够给人带来启发，帮助人们找到一种积极乐观的人生态度，从而达到自我帮助的目的。在叙事治疗中，当事人在叙述故事的时候，教育者必须做到仔细聆听并探求其中隐藏的意义，而当事人也要进行自我反思，二者的双向反思，才是叙事疗法的关键所在。双方反思的前提是坚信生活中不仅有困难和问题，而且还有希望、梦想、成就和幸福，丰富这些"有力量感"的表达，能够使我们更清晰地理解生活的意义。"叙事让人重新找回生命的感觉"[1]。

反思自己的生活，勾勒出美好的人生图景，找回积极的自我。作为教育者，首先要相信丰富当事人的支线故事可以给他们提供更多可能性

---

[1] 刘小枫：《沉重的肉身：现代性价值的叙事维语》，华夏出版社2004年版，第5页。

的改变，在聆听当事人叙说生活故事时，要反思如何使那些困扰、不满、烦恼和自责外化，并竭力去寻找那些有积极意义的细节，要经常反思哪些对问题有消极影响、哪些对当事人的转变有帮助，当事人在叙说时，也应该反思生活中那些感人至深的亲情和真诚的友情，这种反思会帮助当事人克服心理问题的各种消极影响，从而为其转变带来新的希望。叙事疗法可以看作是对现实的观察、调查、反思和转变的过程，它能够将心理过程与现实生活相结合，为其成功实践提供更广阔的空间。

4. 重构原则

反思原则是叙事疗法的必经之路，而重构原则是叙事疗法的最终目的，重构原则引导当事人挖掘真实的自我，进而实现自我的转变。在例外事件被发现之后，往往是破碎的片段，不能直接作为替代性故事，但却是重构新故事的重要资源。教育者就是通过对这些片段不断丰富，使当事人的新故事更加充实。并且让当事人详细叙述例外情况发生时自己的想法和行动，这些细节更有利于充实新故事。在丰富和重构新故事时，需要注意辨认哪个片段故事对于当事人来说才是有积极意义的情节，因此，教育者必须经过反复尝试，找到那些真正能够唤起当事人内心世界的故事，并加以整合、重构，让当事人在叙事中改写自我的人生故事，叙事疗法认为这种转变的发生不是当事人或教育者单个人的力量，而是二者共同交流的结果。整个咨询实际上是当事人的自我再生和重构自我故事的过程，即自我的转变过程。叙事疗法正是在通过对片段进行整合的基础上重构有意义的故事，以实现对当事人积极引导的目标。

二 叙事疗法在辅导员思想政治教育中应用的必要性

辅导员是高校思想政治教育的重要力量，也是开展学生工作的组织者和实施者。由于时代的发展和多元文化的影响，大学生的思想日益复杂，这就要求辅导员拓宽思路，不断探索新的工作方法。叙事疗法是一种心理辅导方法，基于其技术和方法的独特优势，它和辅导员工作具有互通性。它契合了大学生的心理特点，因此，将其引入辅导员日常思想政治教育中，不仅有利于解决大学生面临的困扰，而且有助于帮助辅导员优化工作策略，从而使思想政治教育工作顺利开展。

在研究叙事疗法的过程中，本书采用问卷调查法和访谈法的形式在武汉大学、西安交通大学、中国政法大学、陕西师范大学、西北大学、山西财经大学、重庆邮电大学、运城学院、天津艺术职业学院和山西警官职业学院展开了叙事疗法在高校辅导员思想政治教育中应用的可行性问卷调查。本次调研共发放问卷 300 份，收回 293 份，回收率 97.70%，调查范围涵盖了"985"和"211"重点大学、普通本科，同时还有高职、高专学校，既有理工院校，也有文科院校和综合院校。调查对象辅导员的性别比例和年龄结构合理，男女大约各占一半，而且其中 35 岁以下的人员占到 6.00% 以上，调查对象的学历层次清晰，专科及以下的占 7.23%、本科的占 35.48%、硕士的占 51.61%、博士及以上的占 5.68%。调查对象的专业结构合理，其中管理学占 5.00%、思想政治占 15.00%、理工类占 15.00%、心理学占 7.50%、哲学占 10.00%、历史占 15.00%、中文占 10.00%、高等教育研究占 5.00%、艺术占 5.00%、其他占 12.50%，调查对象专业结构合理，具有代表性。因此，能够较为全面而准确地分析叙事疗法在高校中运用的可行性。

（一）可以弥补辅导员思想政治教育的不足

辅导员作为大学生成长的引路人，担负着引导大学生形成健全人格的责任，并在培养学生养成良好道德品质方面发挥了重要的作用，特别是在学生心理辅导和道德教育领域。但在实践中，也存在一些不足之处：

1. 着重开展政治教育，忽视进行心理疏导

辅导员在现实生活中通常与学生接触最多，所从事的工作任务比较繁重，大部分的时间都用于班级管理，除党团组织建设、奖学金评定工作外，更重要的是还要及时传达国家的大政方针和国内外热点问题，使

学生形成正确的政治觉悟和坚定的理想信念,从而有利于学生选择积极的人生道路。这导致辅导员无暇顾及学生日常行为动态和心理状况,如果一些消极的想法没有得到及时的纠正,就会影响学生的心理状况,进而引发其现实困惑,这不利于其顺利成才。

调查结果显示,在思想政治教育的过程中,辅导员确实存在一些问题,认为"主要开展政治教育,忽视心理疏导"的占到80.00%,认为"工作方法传统单一,难以发挥应有的作用"的占到82.50%(见图7-1)。可以看出,辅导员需要更加注重学生的心理状况,并探索新的工作方法。随着社会的发展,时代变迁对大学生人格的形成产生重要的影响,使得其面临着日益严峻的挑战,生活压力明显加剧,而大学是学生人格形成的关键时期,这一时期学生的身心发展不平衡,极易受到其他文化思潮的侵蚀,这使得大学生往往产生思想矛盾和心理冲突交织在一起的情况。因此,单纯的政治教育已无法解决学生的现实问题,辅导员在教育工作中,必须将思想教育和心理疏导结合起来,时刻关注大学生的心理问题。

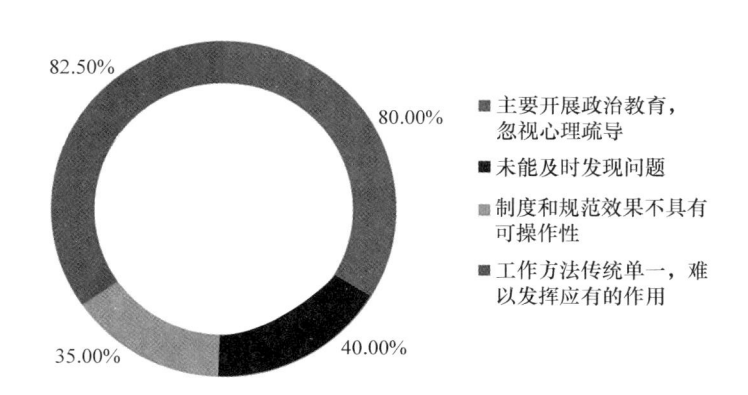

图7-1 您觉得在学生思想政治教育中所面临的问题

2. 主要采用理性言说,忽视进行故事治愈

辅导员进行思想政治教育中,总要运用一定的方法,才能收到良好的教育效果,通常情况下,当学生遇到一些问题时,辅导员一般采取说

理的方法，但是随着社会的发展，大学生的思想观念受到外界各种价值观的影响，他们对于讲道理这种说教方法常常产生逆反心理，并且只是被动地接受教育，实际上并不认可辅导员的思想观点，这就难以调动学生的积极性，更不利于大学生主观能动作用的发挥。

在问卷调查中，当问及"如果学生遇到现实问题，您采取的主要方法是？"时，辅导员中占90.00%的回答他主要采取"说理教育"，而对于"故事启发"这种方法，只有30.00%的曾用到这种方法，15.00%的回答采取"批评指正"，占5.00%的辅导员指出还有其他的方法（见图7-2）。可见，辅导员在工作中存在着过分偏重理性说教的方法，忽视运用故事的力量来解决学生面临的问题，随着时代的发展，这种说理的方法越来越不适合大学生的心理需求，更起不到应有的作用，因此，叙事疗法的引入，使得辅导员能够充分运用故事的启发和影响力，帮助大学生从现实困惑中走出来，从而弥补辅导员在工作中的不足，拓宽辅导员教育的渠道和方式，为其有效地开展工作打开了一扇新的窗户。

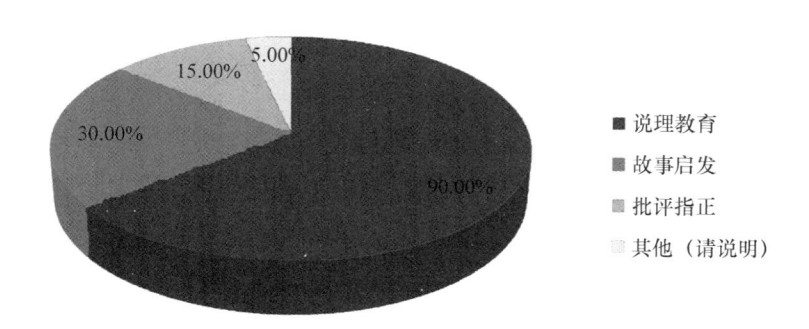

图7-2 如果学生遇到现实问题，您采取的主要方法是？

3. 偏重传统方法运用，忽略创新工作策略

受社会多元文化的影响，大学生的思想日益复杂，这使得辅导员原有的教育方法已经不能彻底解决学生面临的困扰，从而为其工作带来了挑战，因此，要提高工作的效率和教育的实效性，辅导员必须在原有工作技能的基础上不断学习新的方法。

在调查中，当被问到"您对从事学生工作的整体感受是？"时，有90.00%的辅导员表示"工作方式有待创新"，有75.00%的表示"工作压力大，处理的问题复杂"，分别只有45.00%和35.00%的认为"辅导员工作有助于提升自我能力"和"从学生工作中得到成就感"。并且在被问及"您觉得在学生工作中所面临的问题"时，认为"工作方法传统单一，难以发挥应有的作用"的占到82.50%（见图7-3）。可见，辅导员在工作中所用到的传统的方法已经很难发挥其应有的作用，榜样示范法中的典型人物和先进事件很难引起学生的自我认同，面对不同文化的冲击，学生认同的人物已不再是主流社会意识形态所倡导的模范人物，榜样的力量已经日渐衰微，难以发挥其应有的示范和引导作用。为帮助学生形成正确的价值理念，辅导员通常采用主题教育的方法，主要围绕国家的大政方针开展教育工作，但是随着网络时代的全面发展，这些教育活动已经难以内化为学生的个人品格，也不能满足学生多样化的思想需求，针对这样的现状，辅导员应该思考如何创新策略和方式来提高工作效率，叙事疗法的引入能够契合学生的思想特点，为辅导员工作开辟新的道路，也能为思想政治教育注入新鲜的血液。

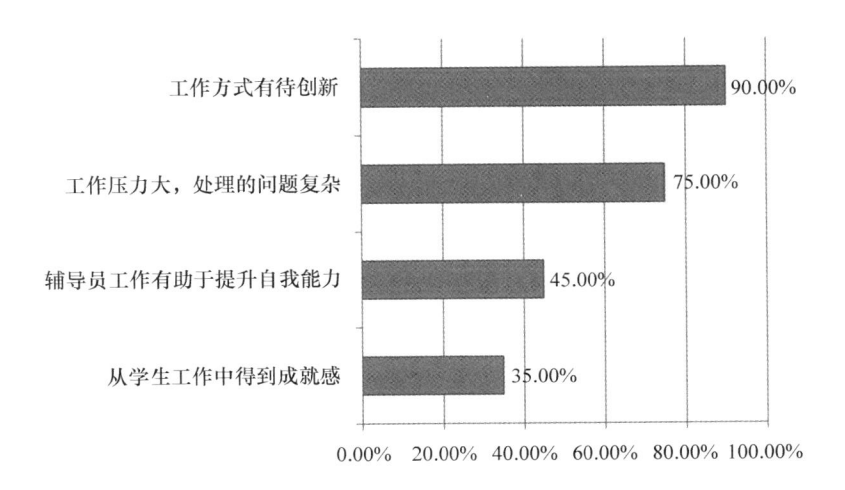

图7-3 您对从事学生工作的整体感受是？

（二）符合辅导员思想政治教育的角色定位

高校辅导员承担着管理育人、服务育人及教书育人的重任，他们往往工作在第一线，与学生联系最为密切，既是大学生为人处世的楷模，又是其生活上的关怀者；既是学生人生道路的指引者，又是其真诚的朋友和倾诉者。这就决定了辅导员能够运用自身角色的优势，帮助大学生形成健全的人格。

在问卷调查中，当被问到"您觉得您在学生中扮演的角色应该是？"时，有17.50%的辅导员认为自己是管理者的角色，45.00%的回答为"引路人"，62.50%的回答是倾诉者，87.50%认为自己应该成为学生"真心的朋友"（见图7-4），可见，大多数辅导员已经淡化了管理者的角色，将自己当作学生真诚的朋友。只有这样，辅导员才能深入了解学生的学习和生活状况，倾听学生的快乐、烦恼甚至痛苦的生活经历，增强与学生的情感沟通和交流，为学生创造一个宣泄压力的机会。当被问到"您与学生交流时，能否耐心倾听并从细节中发现问题？"

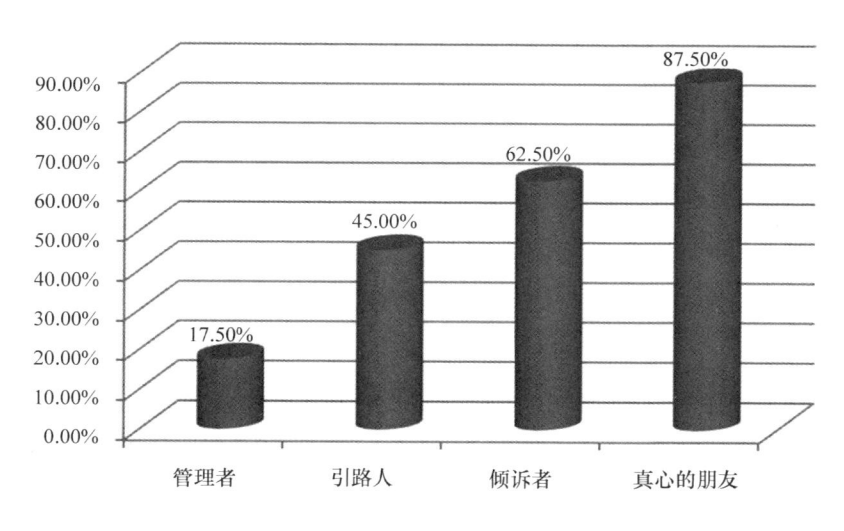

图7-4 您觉得您在学生中扮演的角色应该是？

时，有 50.00% 的辅导员回答"完全能做到"，42.50% 的回答"基本能做到"，只有 7.50% 的回答"不能做到"（见图 7-5），因此，辅导员作为学生的人生导师和朋友，应该深刻了解大学生心理特点，及时关注其现实需求，并掌握教育学和心理学相关知识，提高自身工作能力。在日常生活中，辅导员要及时发现学生的思想动态，帮助其解决现实问题，成为其真正的人生导师。叙事疗法作为一种新型的心理辅导方法，就是在辅导员充分了解学生心理状况的基础上，运用特有的技术和方法，帮助学生化解内心的苦难，解决学生的现实困惑。因此，辅导员的角色定位决定了叙事疗法在其工作中可以广泛运用。

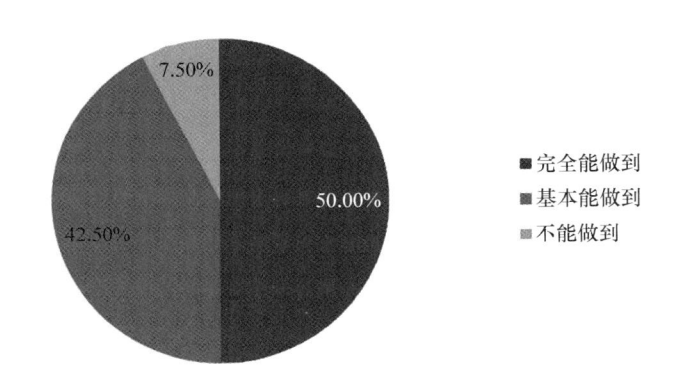

图 7-5　您与学生交流时，能否耐心倾听并从细节中发现问题？

（三）适应大学生的心理特点

大学生正处于青春期，人格还正处于不断发展时期，也是自我意识较强的阶段，他们是成年初期的青年，但是身心发展不平衡，容易受外界环境的影响，内在冲突和矛盾加剧，情绪和情感尚不稳定，这些特定的心理特点决定了辅导员必须采取适当且行之有效的教育方法，引导其健康成才。

在被问到"您在教育工作中发现学生出现的问题主要有？"时，对于大一学生来说，心理问题占 90.00%，安全问题占 90.00%，人际交

第七章　高校辅导员思想政治工作叙事疗法

往问题占 82.50%，学习问题占 80.00%，就业问题占 5.00%；大二学生中，学习问题占 80.00%，心理问题占 75.00%，人际交往问题占 70.00%，安全问题占 25.00%，就业问题占 3.00%；大三学生中，心理问题占 65.00%，人际交往问题和就业问题各占 35.00%，学习问题占 22.50%，安全问题占 12.50%；大四学生中，就业问题占 95.00%，心理问题占 75.00%，安全问题占 12.50%，人际交往问题占 10.00%，学习问题占 2.50%（见图 7-6）。从以上数据可以得出，大一、大二、大三和大四学生虽然面临着不同程度的问题，但是各年级学生都会出现心理问题。

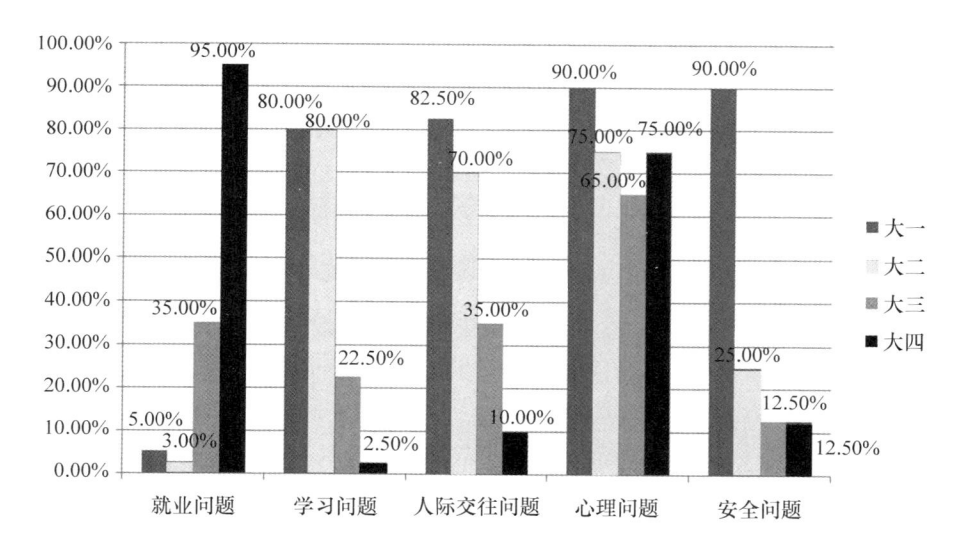

图 7-6　您在教育工作中发现学生出现的问题主要有？

总体来说，大学生的心理特点相对积极向上，但也有消极的方面，当被问及"您觉得消极方面主要表现为？"时，回答"自尊心强，比较敏感和脆弱"和"容易产生自卑和烦躁等不良情绪"分别占到 90.00%（见图 7-7）。叙事疗法要求双方在相互尊重、相互信任的基础上解决问题，恰好与大学生自尊心强的特点相符合。大学生处在认知的不完善阶段，在人际交往、社会实践的过程中容易产生自卑、急躁、郁闷等一些负面情绪，而叙事疗法中放大积极的自我认同和抵制消极自我否定的理念能够解决这些负面情绪带来的影响。此外，大学生在对待长期困扰自己的问题时常常采取逃避的不良应对方式，而叙事疗法坚持运用积极的态度看待自我，重建对自我的信心。因此，比起说服教育、灌输等一些传统方法，叙事疗法更加适应大学生的心理特点和内心需求，能够有效地解决大学生面临的现实问题和消除负面影响，这就为其在高校辅导员思想政治教育中的广泛运用提供了重要的土壤。

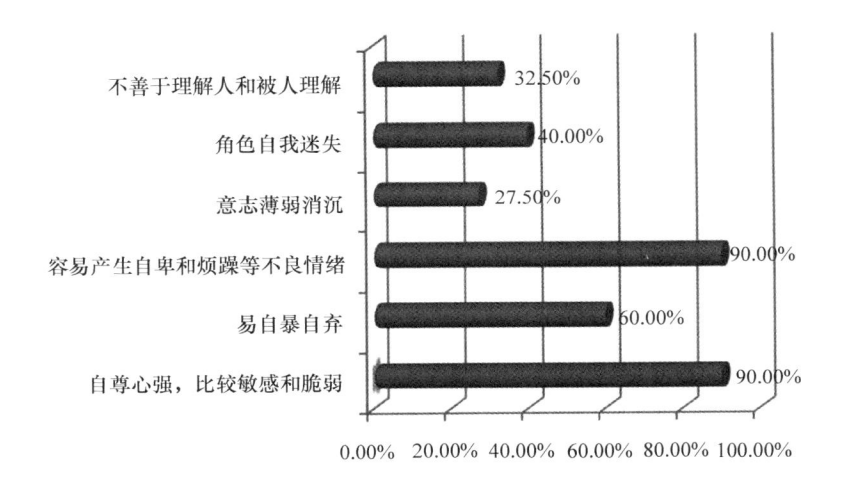

心理特点消极方面	比例
不善于理解人和被人理解	32.50%
角色自我迷失	40.00%
意志薄弱消沉	27.50%
容易产生自卑和烦躁等不良情绪	90.00%
易自暴自弃	60.00%
自尊心强，比较敏感和脆弱	90.00%

图 7-7 大学生的心理特点的消极方面主要表现为？

三 叙事疗法与高校辅导员思想政治教育的互通性和重要性

（一）互通性

1. 教育对象指向的统一性

叙事疗法和辅导员思想政治教育两者之间密切联系，他们的对象和

第七章 高校辅导员思想政治工作叙事疗法

内容都是在行为、情绪、心理方面出现问题的学生,叙事疗法主要是对学生开展心理辅导,以使其更好地调适心理压力,从而适应社会。辅导员的思想政治教育主要是引导大学生形成健全的人格和良好的思想品德,叙事疗法属于心理学范畴,但是心理辅导不能脱离思想问题,二者教育对象具有统一性,都包括大学生人格塑造、心理健康、人生目标等方面。叙事疗法与辅导员思想政治教育分别属于认识的不同阶段,叙事疗法属于认识的感性阶段,主要是引导大学生形成健康的心理品质,辅导员思想政治教育属于理性认识阶段,主要是规范个人的思想行为。叙事疗法的引入可以保证辅导员教育工作顺利进行,能够弥补思想政治教育的不足,解决辅导员单纯通过说教的方法开展工作的现状,为其提供新的教育视角。不论是辅导员思想政治还是叙事疗法,他们的对象都是指向人的精神世界,以人的意识为切入点,二者都是为解决学生的现实问题,叙事疗法从个体需要着手,而思想政治教育则从社会需要入手。从广义来看,思想与心理存在从属关系,思想本身就包含心理,思想问题和心理问题二者相互交织,叙事疗法的运用有利于辅导员提高工作效率,而其有效地开展工作是学生形成健全人格的保证。因此,作为研究人的思想和心理的工作,二者的教育对象具有同一性。

2. 教育载体运用的共同性

正如哲学家萨特(Satter)所讲,人的一生中充满故事,也是一个说故事者,人们总是通过自己和别人的故事来寻找自己生活的意义。透过这些故事,人们会发现隐藏在故事背后的价值观,从而找到生活的平衡点。叙事疗法的运用主要是在故事中进行交流,辅导员思想政治教育也是在交流中完成,通过沟通,学生可以将自己的经历通过语言表达出来,同时也能将这些片段组成相对完整的故事,这有助于学生理解过去并构想未来。在进行交谈的过程中,使用一些交流技巧可以使大学生发生内在转变,辅导员应该坚信,大学生有能力解决问题并不断完善自身,两者在教育载体上有着共同性,都有灵活性和时效性的特征,在一定程度上,叙事理论这种独特的方法用在辅导员的工作中,有利于实现思想政治教育的目的。当然，二者在具体运用中存在着相关性，在交流中不仅注意语言技巧的运用，还要时刻注意倾听和鼓励，用发展的眼光来看待学生的思想和行为，在进行思想政治教育时，可以采用叙事治疗的一些方法，两种工作方法具有一定的渗透性。

3. 功能作用导向的相似性

叙事疗法与辅导员思想政治教育在功能和作用方面非常相似，叙事疗法运用的目的是解决大学生面临的现实困惑，从而形成健康的心理状态。辅导员的教育目的也是提高大学生思想道德水平，使其形成健全的人格。二者均针对学生思想和心理现状，最终都是为把大学生培养成为身心健康的全面型人才，以服务于现代化建设。二者都"坚持一切从人出发，尊重人，理解人，关心人"[①]，"尊重人，理解人"是二者发挥教育作用的根本保证，有助于提高学生的思想道德修养。叙事疗法运用语言的技巧，引导学生重建生活的信心，这为思想政治教育目标的实现创造了条件。而辅导员在日常生活中通过对大学生思想的不断熏陶，能够为学生心理状况的改善发挥积极的作用。事实上，心理问题的产生往往是由思想问题所引发的，思想状况的改变也是由心理变化导致的，二者相互交织，共同影响。心理疏导是辅导员教育工作的必经之路，因此，辅导员可以借鉴心理学的相关原理，尝试运用叙事疗法，将其运用到工作中，使学生不断进行自我反思，找到生活的意义。这有利于二者共同促进、共同发展，从而实现教育人、引导人、培养人的目的。总而言之，将叙事疗法运用在辅导员思想政治教育中，能够通过二者的相互作用，使学生拥有健康的心理状态和良好的个人品质，从而使二者的最终目标得以实现。

（二）重要性

作为一种心理辅导方法，叙事疗法的引入是高校辅导员工作理论和

---

① 王惠岩：《政治学原理》，高等教育出版社1999年版，第240页。

第七章 高校辅导员思想政治工作叙事疗法

方法的重大创新，它为思想政治教育工作提供了新的思路，同时能够解决学生面临的问题。此外，叙事疗法的运用也使辅导员对自己工作角色的定位和反思起重要的作用，有利于辅导员的自我成长。

1. 叙事疗法的引入能够提高思想政治教育实效性

辅导员是高校学生工作的骨干力量，承担着对大学生思想引领的重要任务，因此，其工作的效果直接影响学生的发展。但是随着网络时代的到来，大学生的价值观日益多样而复杂，这对他们的行为方式产生一定的影响。面对这样一个纷繁复杂和多元文化汇聚的现代社会，辅导员在思想政治教育中往往会出现一些新的情况和新的问题，这为其工作提供了挑战。针对这种情况，辅导员必须在原有工作模式的基础上，不断改进方法和技巧，努力学习多样化的工作策略，以提高自己的工作能力，不断提高思想政治教育的实效性。因此，辅导员不仅要掌握大学生现阶段的状态，及时发现其面临的困惑，而且要了解其过去的心理以及未来潜在的状况，既要了解大学生外在的表现，又要深入其内心，坚持潜在与现实统一，外在与内在统一。叙事疗法作为一种全新的工作方法和新颖的教育方式，它是在大学生讲述自己生命故事的基础上，解构和重构自我，从而引导大学生重新审视和感悟人生，叙事疗法的引入，能够满足高校思想政治教育的实际情况，有利于提高教育的实际效果。

2. 叙事疗法的理念有利于解决大学生面临的问题

随着网络时代的到来，人们处在激烈的竞争环境中，面临的压力和挑战也空前加剧，大学生作为重要的群体，也会在学习、就业和人际交往等方面产生一定的压力。学习的压力主要体现在高校大学生的学习仅限于上课听讲，没有花更多的时间去研究，这就使得他们在考试中陷入烦恼，因此，辅导员需要针对不同年纪的学生进行及时而有效的引导，帮助其顺利通过考试。就业压力主要是因为社会就业形势日益严峻，使得大学生难以实现自身的价值，学习的知识不能运用到实际工作中，这难免会使学生产生自卑心理，同时，激烈的竞争使得学生在就业中屡遭失败，从而产生自暴自弃的心理，而这种状况也会对低年级的同学造成一定的影响，使他们对未来生活充满迷茫。人际交往困惑主要是由于大学期间学生的活动领域相对扩大，交往的人群相对多样，而大学生群体缺乏社会经验，极易受到多元价值的影响，并且对于社会变化和社会生活的某些方面难以理解、难以适应，从而形成以自我为中心的个人主义价值观，有些学生自主意识和自尊心极强，不愿表达自己的内心世界，很难建立起良好的人际关系。叙事疗法是辅导员运用适当的方法，在学生叙说自己的人生经历时，不断将问题外化，找出没有发生问题的例外情况，并采用特殊的技巧，将这个例外的片段不断丰厚和完善，最终引导学生形成积极的人生态度。叙事疗法中辅导员和学生相互尊重、相互信任，在交谈中使学生寻找自我认同，挖掘故事背后的积极意义，这有助于大学生将面临的现实困扰外化，以乐观的心态看待自己的生活，并对未来的生活充满憧憬和希望。

3. 叙事疗法的应用有利于辅导员自我成长

高校辅导员与大学生联系最为密切，与学生沟通的机会较多，他们的言行对学生产生直接的影响。因此，辅导员要与时俱进，不断丰富工作策略和方法，努力提升专业水平，拓宽工作思路，为学生的发展保驾护航。叙事疗法的运用能够更好地拓展辅导员的实践能力，也是响应国家关于辅导员政策的必然要求。首先，有利于辅导员提高工作效率。面对大学生思想状况日益复杂的现状，辅导员那种说教的方法已经不能起到应有的作用，难以解决大学生的心理困扰，这样就需要根据学生的认知特点和身心发展规律，及时了解和把握学生的内心世界。叙事疗法这种注重叙事隐喻的方法，很好地契合了学生的心理特点，从而能够提高思想政治教育的效果。其次，有利于辅导员提高教育能力。在叙事治疗的过程中，辅导员在倾听学生叙说故事时，努力挖掘故事背后所隐藏的片段，并且要引导学生将这些片段不断丰富，变成有积极意义的新故事。这就需要辅导员在叙说中进行合理引导，逻辑地发现主流故事中的支线。因此，叙事疗法的运用不仅能够提高辅导员的探究能力和沟通能力，而且在日积月累的工作中能够形成丰富的教育资源，有利于辅导员专业化水平的提高。总之，叙事疗法不仅有助于学生的心理健康发展，而且还可以使辅导员对自我角色进行不断反思，有利于辅导员自我成长。

四 叙事疗法在高校辅导员思想政治教育中的应用

受社会多元文化思潮的影响，大学生的思想特征越来越复杂，辅导员传统的方法已难以发挥应有的作用，基于此，辅导员必须与时俱进，拓展工作思路。叙事疗法受后建构主义思潮的影响，尊重多元化和个体差异性，辅导员在开展思想政治教育时，运用叙事疗法的目的在于从另一个角度重新看待问题，丰富叙事中的积极意义，在追求自我价值的过程中解决问题。因此，探析叙事疗法在高校辅导员工作中的实现路径具有重要的意义。

（一）应用模式

辅导员在运用叙事疗法时，通常不是以授课形式开展，而是以谈话方式进行，谈话中语言的技巧决定了其是否会收到积极的效果，叙事疗法作为一种新型的辅导方法，是辅导员与学生在交流中即可使用的一种好方法，因此，在运用叙事疗法时，按照一定的模式（见图7-8）开展工作有利于解决学生心理问题。

1. 学生叙说：以感性叙事启迪个人智慧

面对社会矛盾错综复杂的现状，大学生的生活方式、价值取向和心理状态会遭到巨大的冲击，从而面临不同的压力和困惑，这些问题如得不到及时缓解，就会导致其心理失去平衡，因此，辅导员应时刻关注学生的思想和行为变化，并做他们的倾听者和真心朋友，使他们愿意倾诉自己的思想和情感，这是叙事疗法有效开展的前提。心理学研究表明，个体在其人生经历中总会有对自己有重大影响的经历，而每个人都有将其表达或者倾诉的愿望，并且在事情发生后，总会对该事情进行解释、

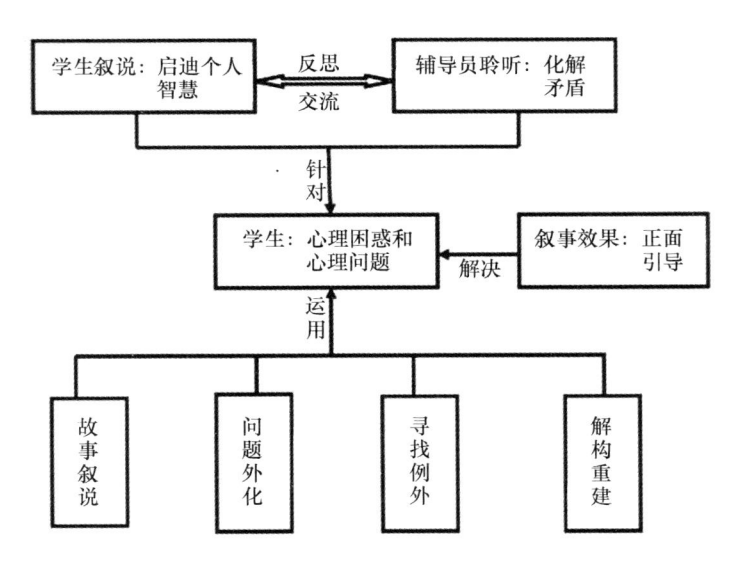

```
┌─────────────────┐  反思   ┌─────────────────┐
│ 学生叙说：启迪个人│ ←交流→ │辅导员聆听：化解  │
│ 智慧            │        │矛盾             │
└────────┬────────┘        └────────┬────────┘
         │                          │
         └──────────┬───────────────┘
                    │针对
                    ↓
         ┌─────────────────┐  解决  ┌─────────────────┐
         │学生：心理困惑和  │ ←──── │叙事效果：正面   │
         │心理问题         │        │引导             │
         └────────┬────────┘        └─────────────────┘
                  │运用
    ┌─────────┬───┴────┬─────────┐
    ↓         ↓        ↓         ↓
┌──────┐ ┌──────┐ ┌──────┐ ┌──────┐
│故事  │ │问题  │ │寻找  │ │解构  │
│叙说  │ │外化  │ │例外  │ │重建  │
└──────┘ └──────┘ └──────┘ └──────┘
```

图 7-8 叙事疗法在高校辅导员思想政治教育中的应用模式

反思。学生在表达自我故事的时候，往往会将自己的体验融入故事中，而叙事疗法的运用就是使学生在感性叙事的同时引导学生重构和编排自己的生活故事，这样，学生才能够重新认识自己的生活，从而在叙事中发挥自己的主观能动性，通过个体经验的展开和故事化，他会不断改变自己的看法。其实，学生的叙事过程就是向辅导员表达自己对人生经历的看法，呈现自己的价值诉求和情感需求的过程。叙事的意义不在于对原事件进行恰当的评价，重要的是领悟故事背后的意义，使学生从自我认知的偏差中剥离出来，从而逐渐找到积极的自我认同。叙事疗法价值的实现正是从学生讲述自我故事开始，完成学生对故事意义重新构建的过程。

2. 辅导员聆听：以反思交流化解心理矛盾

倾听是辅导员有效运用叙事疗法的前提，它事实上是辅导员发现解决问题突破口的必经之路。对于大学生来讲，他们经历的苦痛和烦恼往往不愿向家长倾诉，如果长期的压抑得不到缓解，就会造成心理偏激，

第七章 高校辅导员思想政治工作叙事疗法

因此,辅导员要与学生结成朋友关系,使其放心倾吐自己的心声,这一点极为重要。当辅导员在听学生讲故事时,要将自己放在故事之中,切身去感受学生的内心世界,达到共情理解的境地。同时不再和他们保持距离,而是作为一个真心的朋友,参与到他们的故事当中去,去理解学生的世界和生活,并且辅导员相信学生的故事都是社会建构的,他们关注的往往不是宏大的叙事,而看重宏大叙事之外的特例,并将这些特例编排成新的故事,聆听学生对生活经历的叙说,知晓他们对自己经历的理解,从而找到问题的关节点和突破口,引导其在叙说中重构故事,进而逐步化解矛盾。叙事疗法作为一种后现代主义的技术,它符合大学生的思想特点,通过特有的语言技术和情境设置,丰富个体积极的生命故事和自我认同,以情感教育和理性引导相结合的方式,促进大学生健康成才,达到长效育人的目的。此外,在倾听过程中,辅导员应该让学生感受到自己尊重和耐心的态度,并且对问题的改善持乐观态度,这有利于化解学生的内在矛盾。因此,"为了增强叙事治疗的效能,辅导员应将学生视为拥有丰富知识,却从未受到外界鼓励去发掘自己解决问题的能力的个体,如果我们能带着这样的视角,就能够召唤出人们丰富的生命资源,并透过关系去传达对他的尊重"[①]。

3. 叙事效果:以正面引导升华精神诉求

叙事疗法的观点使我们相信故事是部分或暂时的真理,而非固定不变的实相,故事是可以被编辑、修正和重新诠释的。通过叙事疗法,辅导员可以引导学生在叙说中建构新故事,并理解他们积极的人生追求。学生在叙说时,往往把自己生活经验的片段组织成一个充满问题的故事,同时,辅导员在倾听过程中,为了帮助学生改写故事,也会以生活中的一些片段组成一个故事,这时两个故事就在谈话中相遇,随着叙事空间的拓展,学生的自我故事就会发生改变。辅导员的这种关切和好

---

① [英]温斯雷德:《学校里的叙事治疗》,曾立芳译,中国轻工业出版社2014年版,第49页。

奇，可以让学生进入自己的故事，从而在解构中不断丰富新故事，组成鼓舞人心、色彩丰富、引人入胜的故事。辅导员在解构性的问话中扮演主动积极的角色，使得那些作为支线故事的理解、信念、意图开始浮现出来。因此，叙事治疗的过程就是在叙说与交流的过程中，使带有积极意义的新故事逐渐取代原来的问题事件。正面引导的具体途径和方法是由辅导员的引导走向师生平等对话，由针对主要问题转向关注细节情境，由抽象普遍个体逐步变为有具体故事意义的个体。这一过程中学生充分发挥了自己的主观能动作用，使积极的人生态度充满自己的内心。如此，正面引导的作用就是使学生形成正确的思想观念，培养良好的道德情操，能够合情合理地看待自己，在面对各种压力和挑战时，能够冷静地审视自己，把握与调节自己的情绪，能够做到适时的自我安慰，从而使自己健康成长，并使自己的精神诉求得到升华。

(二) 应用原则

1. 坚持以人为本，关注学生成长

高校是培养人才的摇篮，其育人环境直接影响大学生的成才，管理者的育人理念是大学生成才的重要保障。辅导员作为高校学生工作者，必须树立以人为本的理念，时刻关注他们的思想动态，了解其现实需求，切实帮助学生解决问题。首先，要关心和爱护学生，尊重学生的人格。辅导员要想成功地运用叙事疗法，前提是双方平等地对话与沟通，而只有关心学生才是打开他们心灵窗户的钥匙。马卡连柯曾说过，教师应该对每个学生都充满爱，即使对于品德败坏的学生也要帮助其摆脱现状。面对那些存在心灵创伤的大学生，辅导员要用自己的真诚打动他们，使得他们愿意吐露心声，而不能用讽刺或挖苦的言语去打击他们。叙事疗法就是在尊重学生、理解学生的基础上，通过倾听学生的叙述找到主题故事中被遗忘的积极片段来削弱问题故事，而在新故事的基础上不断丰厚。其次，要宽容和信任学生。面对因心理困惑而做出错误行为的大学生，辅导员的宽容就是给予他们重新认识自我的机会，这会让学

生感受到抚慰和关爱。同时，采取信任的态度使他们畅所欲言，能够得到更多有价值的信息，更有助于帮助其自我转变。宽容和信任可以使双方充分交流，平等对话，营造良好的氛围，缓解紧张的情绪，有利于教育达到理想的效果。最后，要树立服务学生的意识。叙事疗法运用的目的就是要从学生的思想实际出发，解决学生面临的现实问题，从而有利于大学生健康成才，树立服务学生的意识，就是以学生为主体，为学生的成长和发展创造良好的外部条件，将学生的精神需求和目标取向相结合，从而增强教育的实效性。

2. 营造和谐环境，开展情感交流

马克思认为："人创造环境，同样，环境也创造人。"环境对人正确思想的形成有很大的作用，因此，辅导员在运用叙事疗法时，注意营造和谐的环境是促使他们与学生有效交流的前提条件。首先，改善校园自然环境，使学生保持愉快的心情。努力改善教室环境，教室是学生学习的主要场所，改善教室的空间布局，使学生置身于祥和的小天地里学习，这样的环境为学生进行叙事交流奠定了基础。同时，还应该改善宿舍和餐厅环境，为学生提供和谐的生活环境，让其感到"家"的温馨，这能够缓解学生日常生活中的压力，使其保持乐观的心态，有利于实现双方充分交流。因此，利用自然的优势条件，构建良好的育人环境，使大学生身处其中，能够陶冶情趣，寓内在"真"和"善"于外在"美"中，给人带来美的感受。其次，建立和谐的人际关系，使学生享受生活的乐趣。著名心理学家于瓒先生曾强调，人类最重要的适应就是在人际关系方面的适应。大学生在成长的过程中，由于各方面的压力，常会产生孤独、烦恼和焦虑的情感，辅导员可以适时开展班级座谈会和班级联欢会等，为师生间与同学间交流创造条件，长此以往，师生间形成朋友式的友好关系，同学间互帮互助、融洽相处，从而营造一个友爱和谐的班级氛围。这更有利于辅导员了解学生的思想动态，一旦发现心理困惑，能够及时运用叙事疗法的技巧解决学生的现实问题。最后，注重校园文化建设，形成良好的氛围。

校园文化是大学精神风貌的重要标志，这能为辅导员运用叙事疗法提供有效途径。良好的校园文化可以调节学生的心理状态，提升其人文素养，丰富其情感体验，使其心胸逐渐开阔，从而缓解不良情绪带来的影响。因此，营造和谐的环境为叙事疗法的成功运用提供了契机。

3. 注重故事隐喻，做到情理融合

叙说是人的本性，人的经历是由许多故事组成的。叙说是人们交流的工具，人类喜欢用故事来表达自己的人生经验。叙事利用人类行为本身的故事性，在故事中读出人们的价值观。叙事疗法运用"叙事"的隐喻原则，把人们的生活经历编织成故事，并在不断解构中发现隐藏的意义。辅导员在思想政治教育中，面对的是一个有知识、有理想的大学生群体，既要针对学生存在理性因素的特点进行说服教育，又要注意学生心理敏感的特点积极开展情感交流，达到情理融合的目的。情理交融要求辅导员在进行教育时，不仅要从理性层面加以引导，而且要切实关爱学生，了解其思想状况和心理需求，经常与其交流和沟通，及时发现问题。在思想政治教育中，辅导员要在倾听学生叙说故事的基础上，注意从新的角度，用新的态度，挖掘特殊事件背后隐藏的积极意义。辅导员要相信学生强大的内在力量，不仅要在生活中关怀学生，在学习中帮助学生，从而赢得学生的信任，还要做到以理服人，更要注意以情感人，将二者结合，以达到良好的教育效果。正如恩格斯所说的："在社会历史领域内进行活动的，是具有意识的。"[①] 因此，所有的事情均无法离开意图而发生，都有预期的目的。辅导员在运用叙事疗法时，要做到情理融合就是由于人类的思想是理性和非理性的统一体。辅导员要贴近学生，并进行由浅入深、由表及里的深入分析，激发学生的理性思维能力，并将情感因素贯穿教育的全过程，达到情感共鸣和心灵相通。总之，注重故事隐喻，并坚持理性启迪与情感交流相促进，用叙事疗法独特的技术和方法，使学生信服并欣然接受叙事理念。

---

① 《马克思恩格斯选集》第 4 卷，人民出版社 2012 年版，第 253 页。

4. 努力外化问题，挖掘优势潜能

通常，任何事物的发生都是有原因的，学生之所以会出现心理困惑主要是由他所经历的事件导致的。叙事疗法专家认为，个体产生问题主要是由于他过分看重某些事实，在自己的思想中不断放大，不断重现，使问题故事成为生活的主宰，从而无法去接受美好的事物。事实上，人和问题不具有直接同一性，问题只是暂时地隐藏在人的思想中，人们可以通过改变自我意识，将问题剥离出来，使人免受问题的影响。因此，辅导员在运用叙事疗法时，不是要求学生挑明事情的"真相"，而是通过引导学生重新叙说，从而改变自己故事的意义，最终使片段故事取代主流故事。首先，从新的角度构建好的故事。好的故事不仅可以使人精神焕发，产生洞察力，使得那些本来模糊的生命力彰显出来，而且可以使人寻找自信和认同，激发内心强大的动力。其次，运用拟人化语言不断反思和探索。必须将学生的问题看成是有生命的东西，并赋予它情感和想法，认为它会浸入学生的生活中对学生产生影响，拟人化的语言使学生在轻松的对话中不断思考问题的本质。最后，相信学生自我改变的力量。叙事疗法中重构的新故事不是结果，而是一种途径，凭借它来解决问题。通过将学生的问题故事外化，引导学生重新构建并转换问题的解决方法。尊重学生的自我价值观，强调学生自我改变、自我发展的能力，在辅导员的帮助下，引导学生将已有的生活经验转化为有助于问题解决的新故事，进而在丰富新故事积极意义的基础上促进问题的解决。努力外化问题是叙事疗法在辅导员思想政治教育工作中运用的关键，只有问题被外化以后，辅导员才能在新故事的基础上，挖掘学生的潜能，从而使学生形成积极有力的自我认同，能更有信心地去解决问题。

5. 利用网络平台，进行合理引导

网络时代的到来丰富了大学生的业务生活，为其广泛交流提供了新的载体。高校辅导员要紧跟时代步伐，运用网络这一学生乐于接受的方式进行教育。通过创建班级 QQ 群、微信群，利用网络沟通的优势，无须面对面即可交流，这使得大学生更易于倾诉自己的想法，并表达真实的情感诉求。还可通过关注学生个人空间和微博等了解学生，网络平台为辅导员开展工作提供了有利的条件，而且这样的方式也能让学生感觉到平等的交流，有利于增进双方的相互理解和相互信任。因此，叙事疗法的运用需要借助网络平台的优势，以提高教育的效果。首先，合理利用网络实现现实世界与虚拟世界的融合，叙事疗法运用的核心就是将学生面临的现实问题背后所隐藏的积极意义不断丰厚和完善，这与网络的特点相符合。因此，辅导员可以利用网络达到正面引导和积极建构相统一的目的，以此来达到更好的教育效果。其次，利用网络资源扩充知识覆盖面，能使辅导员在与学生的交流中更加得心应手，了解大学生的心理特点，掌握大学生关注的问题，更容易找到与学生更多的共同语言，以便于进行情感交流，使学生说出自己的所思所想。最后，通过专门的网络教育平台，与学生共同分享相关实例成果。大学生是利用网络的重要群体，辅导员可以针对学生的特点，提供多种心理疏导方法和实例研究，为学生解决自己由于成长的烦恼、理想的困惑以及择业的焦灼所带来的问题提供借鉴。因此，充分利用网络的指引作用，发挥网络媒介的影响力，有利于引导大学生正确处理各种网络问题，不断提高其判断能力，并深化自我认识，为叙事疗法的运用创造条件。

（三）具体路径

1. 听——在叙说中解悟个体

听主要是针对学生而言的，如果学生在叙说时，听众越多他就会变得越害怕，这说明学生还没有敞开心扉，用开放的心态去诠释自我，面对这种情况，辅导员要给予学生继续叙说的信心，并且把学生的"故事"录制下来，让学生去倾听自己的故事，从而逐渐放松下来，摆正自己的心态，去接纳朋友，并且愿意真诚地与辅导员进行交流，辅导员也可以复述学生的故事让学生倾听，使学生从新的角度发现自身的闪光点，并在辅导员的引导中解悟自我。学生在叙事时，随着故事高潮的展开，辅导员可适当增加一些听众，这样能够提高叙事的效果。在叙说中解悟个体就是在个体对外界环境与自我适应间形成的一种惬意恬适的状态，在日常思想政治教育中，辅导员可尝试运用倾听叙事的方法，并且耐心地发现外化的关节点，不断将问题与自身剥离开来，并且在解构故事中引导学生发现问题，最终解决问题。学生从中可以挖掘自身潜在能力，进而达到解悟个体能量的目的，并在其中掌握剖析问题、解悟个体的能力。

2. 读——在叙事中体悟情境

默读叙事是辅导员在思想政治教育中运用相对广泛的一种方法，由于学生不需要出声叙事，也不需要提供专门的叙事场所，因此，更易于被学生接受。默读叙事事实上是一种心灵阅读、心灵沟通，只需要静静地阅读图书、信件或生活日记。默读叙事重在"叙事"，它是一种重视学生心理变化的治疗过程，关键是学生在对所阅读故事的反思与重构中感悟自身，将信件提供给学生默读对学生的自我反思很有帮助，会使有负面情绪的学生从中找到生活的希望。由于信件具有可以长期保存的优势，这就为学生不断反思和探究提供了条件，并且当其再次遇到问题时，信件也能够帮助学生理智地面对当前的困境。默读叙事中特别重视场所的布置，通常需要提供一个安静的、舒适的、优美的环境来让学生进行默读，这种静逸的环境不仅有利于学生放松心情，而且可以让学生体会到生活的美好。同时，默读叙事还要注意阅读的内容，阅读的内容应将学生生活片段的记录和励志的成功故事相结合，让学生成为自己心灵的捕手，帮助学生走出"问题"带来的阴影，从而找到自己的人生价值和意义。因此，默读叙事的主要目的在于强化叙事治疗当中学生对于自我内在的改变和信心的重塑，最终帮助大学生叙事者找回迷失的自我，构建生命的新意义。

3. 写——在记叙中洞悟人生

写作本身具有表达内心、宣泄情感的作用，被认为是对心理有益的事情，写作叙事是学生自我的情感表达性和反思性的写作，是用外在的动作将内在思想内容诠释出来。写作，是在已有的思维框架中编写自己的人生。在写作过程中，学生坦诚地表达自己真实的想法，讲述自己的生命体验，它不只是一种宣泄的工具，更重要的是，在此过程中，学生会不断反思自己的言行。写作本是事后的重新审视，能够使人对事物有新的阐释，有助于叙事疗法的开展和大学生心理困惑的解决。写作叙事将一段时期学生意识中的片段组织起来，组成一个完整的故事，由此将事件清晰地呈现出来，为学生的自我审视奠定了基础。总之，写作叙事基于学生日常的情感体验，用内心感受编织一个故事，并从故事中解构出学生对待人生的态度。叙事疗法鼓励学生从不同的视角重写自己的生活故事，这需要辅导员引导学生找出现实和内在之间的矛盾，并且重写支线故事，最终得出积极的人生意义。写作叙事通常需要辅导员为学生布置一个有利于创作的情境，让学生在写作中构建生命的主导故事，使思想中某些令人苦恼的经历转变为充满希望的人生故事，使积极的因素囊括进重构的故事中，从而帮助学生洞悟人生。

倾听叙事、默读叙事、写作叙事通常适用于那些自我反思能力较高的学生，他们通常在"听""读""写"中表达自己内心的想法和感受，并通过对过去事件的不断评估和反思，尝试从新的角度解释故事，从而不断构建出积极的自我认同。在叙事疗法过程中，辅导员的正确引导和鼓励，会为学生重构新故事开启道路。

叙事疗法是一种新型的教育方法，如何将其与辅导员的思想政治教育很好地结合并加以运用，还需要一个不断探索、不断尝试的过程，这就要求辅导员在学习叙事疗法知识的同时，时刻关注大学生心理的变化，运用叙事疗法的技术和一些针对性的方法，具体问题具体分析，来解决大学生面临的现实问题，关注大学生的身心健康，完善与升华大学生的人格，让叙事疗法的光芒日益绽放。

第八章 高校思想政治教育叙事的实现路径

2015年1月19日,中共中央办公厅、国务院办公厅印发了《关于进一步加强和改进新形势下高校宣传思想工作的意见》(以下简称《意见》)。《意见》强调指出,高校作为意识形态工作前沿阵地,肩负着学习和研究宣传马克思主义等重要任务,做好高校宣传思想工作,加强高校意识形态阵地建设,是一项战略工程、固本工程。这个纲领性文件,对大学生思想政治教育叙事起到了重要的指导意义,新形势下,探究教育叙事方法如何很好地运用于大学生思想政治教育已经迫在眉睫。

一 高校思想政治教育叙事应遵循的原则

在进行思想政治教育叙事的过程中,有一些不可逾越的鸿沟和坚守的原则,掌握好这些原则,才能更好地发挥思想政治教育叙事这一教学方法的效果。

(一)坚持人本性,关注学生的现实需求

思想政治教育叙事本质上处理的是人与人之间的关系,不论是思想政治教育还是教育叙事,做的都是人的工作,对象都是人,在整个过程

中都重视发挥人的主体作用。必须把人本性贯彻到思想政治教育叙事过程始终，从内容、方法到目标，都要体现人的价值和重要性，这样才能让教育者感受到人的存在和尊严，切身了解学生的需要，解决学生的合理需求。思想政治教育叙事的价值追求是以人的发展为目的，站在注重以人为本的时代前沿，充分认识思想政治教育的人文属性。

"我们发现以前的教育往往是经院式的、学理式的，表现为从概念到概念、从原理到原理的推演和说教，这样就必然拘囿于'理论世界'与'现实世界'相脱离，就会显得幽静孤寂、曲高和寡。"[①] 一般而言，宏伟的叙事方式体现的是对人们高尚境界和高大价值的追求，平凡叙事追求的则是人具体的、生动的、现实的生活世界和精神世界。诚然，思想政治教育叙事离不开二者，但是就目前看来，更加侧重的是宏大叙事，要实现向平凡叙事的转变，必须关注人的具体需求，关注身边的"微事件"，着眼教育对象的真善美，聚焦教育对象的生存环境，实现宏大叙事与平凡叙事的完美结合。

（二）坚持多元化，发挥学生的主体作用

思想政治教育叙事的多元化原则是指不能仅仅把教育者当作单一主体，教育对象也是主体之一，二者地位和作用同等重要。

高校思想政治教育叙事取得良好效果是学生积极发挥主观能动性的结果。学生主动表达各自的内心世界、思想观点、看法，这样，教师不仅倾听了学生的心声，得到了学生的认可，也拉近了与学生的距离，更能以此为根据调整教育叙事的内容和方式，保证思想政治教育叙事活动顺利进行。教师作为叙述主体，不能只站在个人立场表达自己的观点，更要了解学生的兴趣和需求，创造平等交流的对话和学习氛围，以此激发学生内心深处的学习激情和表达热情。

---

① 王强：《试论"原理课"教学的叙事场域》，《教育评论》2012年第6期。

（三）坚持生活性，聚焦教育的生活世界

面对传统思想政治教育日渐脱离日常生活的现象，思想政治教育叙事急需面向生活世界。"由于传统的思想政治教育政治维度的功能过度放大，抽空了思想政治教育的生活内涵，呈现出简单的工具主义倾向，使之逐渐远离日常生活，远离个体生命。"[1] 再加之当今中国应试教育体制的现状并未得到根本缓解，依据教材来考试，用分数来量化考核学生，使得思想政治教育的效果大打折扣，并且也越来越不得人心。

生活世界是一个与我们息息相关，有着千丝万缕联系的真实世界，思想政治教育不能脱离真实的现实生活世界而独立存在并发挥作用，现实生活世界是学生接受思想政治教育的起点，也是学习思想政治教育的终点和目的。大学生思想政治教育应将目光聚焦于生活世界，紧跟大学生的生活步伐，不能将脱离了生活世界的空洞理论知识强行灌输给大学生，防止教条主义和工具主义盛行，防止只注重教育价值的实现而忽视个体的需求和发展，防止粗暴化、简单化理解和利用思想政治教育。

关注生活世界就意味着：其一，思想政治教育首先是育人的活动，那么就不仅要从政治需要出发进行思想政治教育活动，保证主流意识形态的主导权、话语权，更要从具体的个人的生活实际出发，关注个人的生活需求、精神需求、发展需求及生命需求，关注与现代人有关的生活、生存、尊严等社会理念；其二，除尊重个体生活需求以外，更要注重生活世界的复杂性、多样性，要善于从纷繁复杂、丰富多彩的多样生活世界中提炼出能够真正引导人性、提升境界的因素；其三，强调思想政治教育回归生活世界，并不意味着对生活世界的简单反射和复写，而是通过反思日常生活世界的教育事件，合理地、有计划地重构以及超越现实生存世界，带着慎重而又理性的态度，有条理地穿梭在生活世界。

---

[1] 潘晴雯：《思想政治教育回归日常生活的立场逻辑》，《南京工业大学学报》（人文社会科学版）2012 年第 4 期。

(四) 坚持规律性，尊重叙事的循序渐进

虽然说教育叙事是叙事主体对教育事件叙述、反思的能动过程，但这一过程并不是对教育事件的简单描述，它是一个纷繁复杂的过程。在教育叙事行为实施以后，教育叙事的效应也要经过很长一段时间才能显现，要耐心积累、引导，不能一蹴而就。

从整个教育叙事活动实施过程来看，要按步骤进行。对于教育者来说，要先选择教育事件，这是教育叙事的起始环节。同时，这个教育事件不是随意选择的，而是经过教育者几经筛选、建构而成的，在这一步一步的实践中满怀真意地饱含了教育者的美好愿景和高尚的价值取向。选择好教育事件以后，接下来就是具体实施教育叙事行为，教育者不仅可以利用课堂、讨论、写作的方式进行，还可以通过让学生亲自参与社会实践来亲身感受教育事件，以此作用于教育对象。

从实施效果来看，教育叙事活动的实施最重要的是要教育教育对象即学生，这一过程的效果显现更是隐晦、含蓄。学生作为一个个活生生、有个性的主体，由于理解能力、接受能力等的差异，效果不可能同时显现。毫无疑问，教师在教学中穿插运用教育叙事方法，引人入胜，学生更容易在课堂中主动获得更多的知识，接下来在日积月累中才会形成一定的不论积极抑或消极的情感，之后才会内化于自己的头脑形成自身独有的、稳定的意识、信念，最终指导自己的行动。

任何事物都是不断变化发展的，思想政治教育叙事也不例外，思想政治教育叙事这一实践过程应该是在开放性和时代性思想的指导下循序渐进完善并完成的。首先，作为教育叙事主体之一的教师应该跟紧时代的步伐，不断升级自己的教育理念，转换自己的教育方式，创新自己的教育体系，为大学生思想政治教育叙事注入新的内容和方法。同时，作为独立完整学科的思想政治教育叙事，自身更需要坚持开放性与时代性，吸收其他学科可借鉴的有益理论和方法，跟随时代的特点，及时更新内容体系，保持其创新动力，保证思想政治教育的话语权和主导权。

二 高校思想政治教育叙事的实现路径

把教育叙事运用到高校思想政治教育过程，充分发挥并完美结合教育叙事与思想政治教育各自的优点，充分发挥二者的长处，去粗取精，为顺利开展高校思想政治教育奠定基础，创造良好的教育叙事效果。针对高校思想政治教育叙事的五要素以及要素自身的特点和作用模式，我们认为高校思想政治教育叙事的具体实现路径有五个阶段，并且这五个阶段呈现的是环环相扣的循环提升模式（见图8-1）。

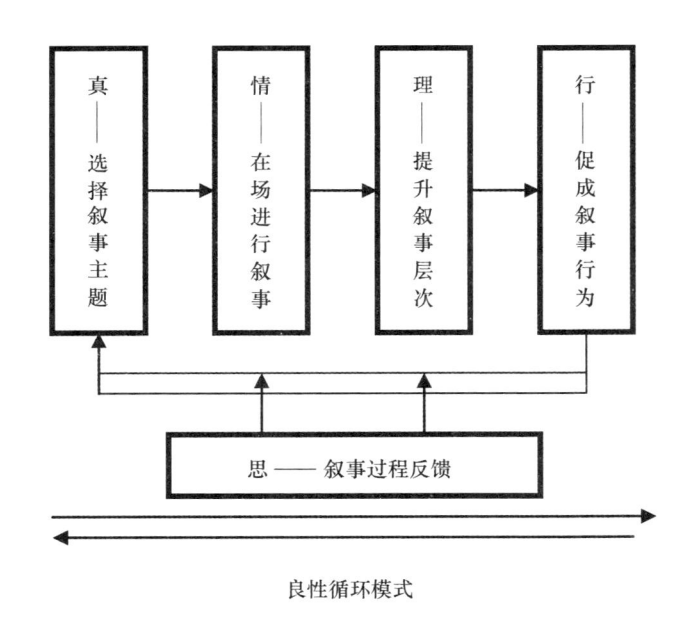

图8-1 高校思想政治教育叙事的良性循环模式

（一）真——选择叙事主题

真：体现的是叙事故事的真实性。我们选择的叙事故事必须是真实的，那么相应的主题也是真实的。教师身边每天都会发生很多故事，并不是每一个故事都需要记录并保存下来，教育事件错综复杂，它涵盖的信息量极其庞大,所以教师要合理地进行选择、有根据地选择和建构教育叙事事件的内容和主题。

首先,搜集具有深刻意义和价值的教育事件。事件来源于对生活的积累和观察,要善于运用发现的眼睛,仔细收集和记录生活中的教育事件和故事,并对其进行完善和改进,运用生活中的教育事件,贴近生活,让教育对象体会到思想政治教育的真切性,以此来产生强大的认同感,从而削弱教育对象的逆反心理。

其次,要有根据地构建教育事件。要结合国家、社会、高校和教育者的综合教育需求,把搜集到的教育故事进行重新整合,构建富有更大教育价值的故事,让教育对象从构建的教育事件中获得心灵上的洗礼和升华。一是根据教育者要达到的教育目标来选择教育事件,高校教师进行思想政治教育叙事最主要的目的是让学生形成高尚的人格和道德模范,形成健康积极向上的心理品质,树立强烈的社会主义责任意识和工作实践能力,引导学生在形成最基本的道德底线的前提下,提升更高、更有价值的道德规范。基于此,教育者在选择教育事件时,要尽量多选取一些内容积极向上、人物形象正面乐观的故事,尽可能采用"正激励"来向学生叙述教育事件,当然也不排除利用一些"负激励"的故事来刺激教育对象,但是这种类型的故事要运用有"度",把握好讲述的基调和方向,要把学生引领到相反的道路上来。二是根据学生的兴趣和爱好来选择教育事件、确定叙事主题。高校思想政治教育叙事最大众、最广泛的倾听者和接收者就是学生,如果选择学生不喜欢、不在意的话题进行叙事,那么高校思想政治教育叙事毫无意义可言。学生是叙述主体之一,选择一些跟学生切身利益相关的话题,才能吸引和感染学生的激情和热情,实现教育者和教育对象的真实互动。

最后,确定叙事主题。主题是"讲故事"的前提和根据,确定了叙事主题,就确立了故事的中心内容和思想,这样才能保证在思想政治教育叙事过程中不偏离方向,突出故事的亮点,吸引教育对象的注意力,寓教于乐,营造活跃的思想政治教育叙事的气氛。突出教育事件的

第八章　高校思想政治教育叙事的实现路径

主题，抓住叙事事件的亮点，言简意赅地、果敢地向学生展示事件所要传达的中心思想，让学生能更准确地把握叙事事件的主线。

教育事件的效果不仅依赖于叙述者的技巧和方法，还依赖于受述者的领悟和体会。以学生为本的思想为指导，以贴近时代、贴近学生、贴近生活为原则，符合学生心声，关注教育对象的现实需求和内心呼喊，让叙事在表达过程中不造作，并合理可信。

（二）情——在场进行叙事

在确定了教育叙事的主题以后，接下来就是正式开展教育叙事这一活动过程了，即展开叙事内容，教育者"讲故事"正式开始。高校思想政治教育叙事也是情感互动的过程，教育者要用真情打动学生，要用丰富生动真实的故事，让学生相信事件中蕴含的思想是正确的，是可以实现的，用幽默风趣的口吻讲述，引人入胜，将情感注入思想政治教育叙事的全过程。

世界上不存在没有情感的纯粹理性活动，在任何教育活动中，教师都必须运用情感的力量，学生才有兴趣听。要用真情打动学生——以情动人。教育者要用真诚、热情的态度来讲述故事，只有自身对事件本身具有一种热爱的心态，才能向受述者传达事件中所蕴含的意义。一般情况下，教育者都是"在场"对受教育者进行一对多的叙述模式，这种面对面的讲述模式就更加要求"真"。

首先，在情感的表达方面。前提条件是叙述者要保证对教育事件的深度理解和认同，只有教育者首先对要叙述传达的思想和理论保持一致，才能够有信心、有热情地将学生带入故事的情境中去，同时要做好万全准备，应付在思想政治教育叙事的过程中可能出现的突发情况，有时候选取的教育事件会使某些个别学生产生强烈的共鸣或者反感，这时候学生表达情感的方式就会比较激烈，需要教育者耐心、平心对倾听者进行深层次的内心抚慰。

其次，在情感表达的环境方面。一个良好的环境可以让教师更加精力充沛地表达情感、进行教学活动，也可以让学生更集中精力去倾听、去感受，这样的教育叙事效果会更好；注意开展教育叙事的技巧，在措辞方面，大学生是极其注重个性、敏感的群体，教师在措辞用语上要相对平和，并且尽可能使用"时代用语"、网络用语，拉近与学生的距离；其次使用丰富的新媒体教学，现今多媒体技术已进入课堂，但是教师运用多集中于 PPT、音频、视频，除此之外，还应该使用大学生接触多的微博、微信、贴吧、论坛、朋友圈等，使用一些诙谐幽默的语言来激发学生的兴趣和对教育者、外部环境的喜爱。

叙事者要根据叙事的目的和方式，结合多种叙事方式来展开教育叙事活动，把教育叙事方法融入大学课堂，充分发挥课堂教学的主渠道作用。

（三）理——提升叙事层次

"理"所重视的是叙事与说理的结合，高校思想政治教育叙事本质上是一个循环的过程，传统思想政治教育多数采用说理的教育方法，当叙事方法回归到思想政治教育过程之后，还需要进行更深层的说理。当然这个说理不同于一开始的说理，这个"理"是经过"否定之否定"的发展过程后升级的理，它基本已经被教育对象接受，并内化于教育对象的思想中。不应该仅仅把思想政治教育叙事停留在故事的层面，更要提升到说理的层次。

高校大学生不同于中小学生，他们的理解能力、辨别能力都逐渐走向成熟，如果一味地"讲故事"，只会让学生觉得拉低了他们的水准。基于此，必须提升叙事层次，即让叙事回归到说理层面，让教育主体双方反思。在教育叙事的过程中，教育者并不是一味地扮演讲故事的角色，同时教育对象也不是一味地扮演倾听故事的角色，教育者讲故事的目的是让教育对象更好地学习和理解教育知识，促进形成核心主流价值观念，以达到思想政治教育的目的。

教育者要采用多种方法和手段来引导教育对象反思叙事事件，进一步促成其行为的发生,深度挖掘教育事件的深层含义。因此,教育者要快速、敏感地捕捉到教育事件中最有意义、最有价值的教育细节,通过深入浅出的讲述,刻画出精彩动人的生活场景,向学生展示出故事中主人公是如何理解并处理发生在其身上的情节的,使受教育者可以设身处地地体会教育者所阐释的事件与故事。更重要的是揭示事件背后隐藏的意义,反思自己日常生活的行为和习惯,及时总结和改正,提升教育对象自身的价值观念。

同时要认识到,叙事双方主体都有其自身特点,在进行思想政治教育叙事的过程中要因人而异,根据不同对象采取不同的叙事方式,不能一概而论。

首先,在教育叙事方法的展示上,追求个性化。教育叙事的内容和形式呈现出教学活动的丰富多彩,也体现了教师和学生现实生活和内心生活的多样体验。在教育者展开叙事的平台中,大学生思想政治教育这个大的实践过程是非常重要的展示途径,每位教师由于自身经验和感受不同,会选择不同的话题,在课堂上表达自己对生活、社会、内心的不同理解和看法,再加上专业领域的不同涉及,教师个体性格和表达差异,导致叙事方式也不尽相同。

其次,对待教育对象也要因人而异,注重差异性。当今的大学生群体以"90后"为主,是一个特殊的群体,他们的思想、行为特立独行,尤其以标榜独立、个性为荣,思想行为也更加开放,没有特定的思想行为模式作为框架。所以在进行教育叙事的过程中,故事的偏向也要因学生而异,他们不主张顺从,在教育事件的选择上一定要避免进入学生的"雷区",触及他们的"痛处"。

(四) 行——促成叙事行为

在上述一系列过程之后,教育叙事的目标就是要促成教育叙事行为的实施,即知行合一。本书中将"教育叙事行为"定义为教育者通过运用教育叙事的方法,使教育对象理解和接受教育事件背后的意义来提升和实施自身日常生活的行为和习惯。

行为的完整实施，不论是好的坏的，都能证明叙事过程的暂时完结。经过上述的真、情、理的叙述过程以后，受述者大多已经在内心形成对教育目的、教育思想的认同，但高校思想政治教育在实践过程当中过于重视学生内心世界的"勘探与挖掘"，忽视了学生外在表现的"塑造"。教育的目的，最终都是要促成良好行为的实施，一般都要经过知、情、意、信、行的过程。教育对象行为的实施，实质上也是对叙事事件中接受的情感、思想、观点的一种检验，检验叙事事件内涵的合理性、实用性。

很多情况下，教育对象非常认同并接受教育事件所传达的思想观念，但是在现实和利益面前，大多数人选择的是明哲保身，课堂上接受的理论高度与内心的价值取向无法实现同步；在实际高校思想政治教育的过程中，普遍现象是追求知识的积累量而忽视"课下课外"行为的实施，这也是目前高校思想政治教育时效性低下的体现。

教育方式与理念有助于社会道德规范体系的构建，这种作用不仅体现在思想观念必须通过一定的行为来体现，更是表现在思想观念的形成必须以叙事行为为基础。叙述主体的情感是在叙事行为中陶冶的，叙述主体的意志和精神是在叙事行为中检验和加深的，叙述主体的行为习惯也是在叙事行为中培养的。由此可见，思想观念上的认同为外在的叙事行为提供了可靠的精神动力和指导，而外在的叙事行为也同样刺激了叙事主体意识形态的认同，离开了叙事行为的实施，叙事主体很难实现真正意义上的内心体验和认同。只有实现对教育事件内涵的内在思想观念上的认同和叙事主体外在行为的真正统一，思想政治教育叙事的完整过程才算真真正正实现了它的价值和功用。

（五）思——叙事过程反馈

高校思想政治教育叙事的落脚点和归宿就是要对叙事进行反馈、反思（见图8-2），反思上述环节是否起到真正的作用。思想政治教育叙

第八章 高校思想政治教育叙事的实现路径

事的本质目的是通过对教育事件、教育经验的叙述,使教育者和教育对象互相讨论、共同进行反思,以实现自我提高。诚然,在整个高校思想政治教育叙事过程中,也存在着很多失败的叙事案例,这些失败的案例尤其需要我们对整个叙事过程进行深刻反思。

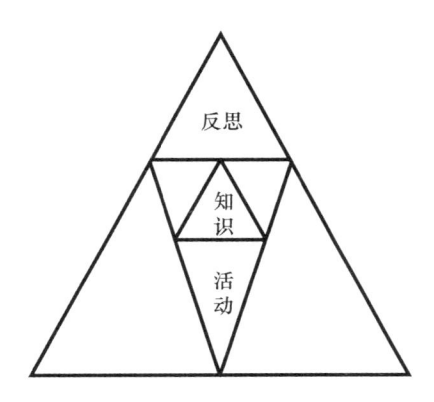

图 8-2 反思在高校思想政治教育叙事过程中所占的比重和地位

教育叙事的教育功能一般具有隐蔽性,它不直接规定教育的内容和目的,也不直接告诉教育对象应该怎么做,反过来,它用一种隐晦、潜移默化的"讲故事"方式,通过对教育事件生动形象的描述,将实事与教育意义联系在一起,间接地传递教育理念,更重要的是要让叙述者和受述者在此过程中达到自我提升、自我完善、自我教育的效果。

一方面,教师叙事的主要目的就是通过对教育事件的叙述来反思教育问题、教育哲学的教学实践活动,并且通过教育反思进一步改进自己的教学活动,以此提高教学质量,达到教育目的。在这一过程中,教师对自己生活中的教育事实进行重现,叙述中渗透着自己的反思和总结,然后对自身的教学经历进行剖析、反思、总结,也是对教师专业素养的一种提升。教师将自己或发生在身边的教育事实叙述出来,不仅仅是要引起学生的共鸣,更是要通过反思自己的教育活动来改进教育实践,提高专业素养,实现教学目的。

教育者方面，要反思自己的真、情、理运用得是否合情合理、是否到位。如果没有达到预期的效果，教育者就需要在这几个反方面进行反思，反思选择的教育事件是否真实、反思叙述过程中是否饱含真情、反思在提升环节中是否正确运用"理"。

另一方面，教师不仅在进行着反思，学生也一样。思想政治教育叙事实践活动是个双向互动的过程，教师在一端传递着教育信息，学生在另一端接受着教育信息，通过对话的方式，进行着双向交流。同样，学生并不是被动地接受教育信息，他们有自己的价值观念、辨别能力、筛选能力，他们能动地选择并接受信息。通过反思对照自己过去的思想和行为，驱除错误、落后的思想行为，融入积极正确的价值观念，从而来指导今后的行为活动。

上述高校思想政治教育叙事的五个实现路径，也是具体环节，呈现的是一种积极的良性循环模式，是一种螺旋式上升的道路。经过真、情、理、行、思这五个步骤，高校思想政治教育叙事一直处于发展壮大的趋势，并且不断为叙事注入新鲜、充满活力的血液，同样也使叙事这一方法在高校思想政治教育的运用过程中不断深化、不断发展。

第九章　高校思想政治教育叙事艺术

作为一项实践活动，中国共产党的思想政治教育已经走过了将近百年历程。发挥好这一"真正优势"[1]，就必须增强思想政治教育的艺术性，不断提高"做人的工作"[2]的实效性。高校思想政治理论教育叙事需要遵循一些原则和规范，需要按照一定的程序来推动；同时高校思想政治理论教育叙事也是一门艺术，不同的叙事者对同一件教育事件通过叙述所达到的效果是不一样的。

一　高校思想政治教育叙事艺术的理论界定

（一）高校思想政治教育叙事艺术的内涵

思想政治教育艺术，不是基于功利主义和实用主义，而是围绕教育的根本任务，创造性地运用"教育技能和技巧的总和"[3]，以实现思想政治教育目的的最佳效果。功利主义和实用主义将教育的手段目的化，与运用艺术的初衷背道而驰，同教育任务和目标大相径庭。因此，做好思想政治教育工作是可以而且应当运用艺术。

---

[1]《邓小平文选》第3卷，人民出版社1993年版，第144页。
[2]《习近平谈治国理政》第2卷，外文出版社2017年版，第377页。
[3] 陈万柏、张耀灿：《思想政治教育学原理》第2版，高等教育出版社2007年版，第231页。

叙事自"有了人类历史本身"[①]就一直存在，从古希腊以来人们都在对之进行探讨。对叙事的看法见仁见智，有"故事说、叙述说、意义说、信息说、象征说、层次说"[②]等多重理解。由此可以看出，叙事包括叙述者、叙述内容、受述者、叙事的目的与意义等要素。可以说叙事是通过多样化的载体叙说故事，叙说是形式，故事是内容，叙事实现了形式与内容的统一。在这里需要注意两点：一是叙事本身不是艺术，作为艺术本质的技巧、技能不是叙事的内在规定性。二是叙事本身也不是方法，作为方法本质的手段、方式不是艺术的内在规定性。基于此，在思想政治教育实践活动中，叙事可以而且应当成为一门艺术，即思想政治教育的叙事艺术。

高校思想政治教育叙事艺术指在新的时代背景下，通过语言文字、图像音像、视频动画等载体叙说故事，最大限度地实现思想政治教育目标的具有感染力的技能和技巧的总和。运用好思想政治教育叙事艺术，需要教育者对理论知识、教育规律、教育方法、教育手段等有高度领会、深刻把握和创新创造，它体现了教育者的综合素质和职业能力。理解高校思想政治教育叙事艺术需要从以下几个方面来把握：

第一，高校思想政治教育叙事艺术是在新的时代背景下做好思想政治工作应该掌握的一门本领。改革开放以来，我国实现了由"站起来"到"富起来"的伟大飞跃，迎来了实现"强起来"的美好前景。但制约实现"强起来"的因素越来越突出，有历史因素、现实因素，也有内部因素、外部因素，还有客观因素、主观因素等。如何调动一切积极因素，消解消极因素，扩大积极因素，就需要发挥人的能动性与创造性，而其中的关键就是邓小平同志所强调的"解放思想，开动脑筋"[③]，这也是思想政治教育工作者做好工作的关键所在。改革已经进入攻坚阶

[①] ［法］罗兰·巴特：《叙事作品结构分析导论》，载张寅德《叙述学研究》，中国社会科学出版社1989年版，第2页。
[②] 林德全：《论教育叙事》，华东师范大学2005年版。
[③] 《邓小平文选》第2卷，人民出版社1994年版，第357页。

段，面对的环境异常复杂、困难重重。通过运用艺术性的方法，才能将复杂的工作处理得游刃有余、活灵活现。

第二，高校思想政治教育叙事艺术主要形式是叙说故事，其载体是语言文字、图像音像、视频动画等要素。高校思想政治教育叙事艺术既可以"润物无声"，也可以"有模有样"。教育者叙说故事，就是以故事的形式将思想政治教育的内容形象地向被教育者叙说出来，根据内容的不同特点，分别用不同的载体或者几种载体的组合呈现出来。同时，还要根据受教育者的不同特点，充分考虑到年龄、知识水平、职业等差异，使用不同的载体。作为帮助人、引导人的一项实践活动，必须加强教育者和受教育者之间的互动交流，使教育者能够及时把握受教育者的接受程度和接受能力，从而根据实际情况运用好各种叙说载体，更好地运用叙事艺术。

第三，高校思想政治教育叙事艺术的根本目的是提升思想政治教育的实效性。自人类社会产生起，就存在着"社会发展要求同人们实际的思想品德水准之间的矛盾"[1]，这也是思想政治教育存在的根本原因。我国古代的道德教育、国外的公民教育等都毫不例外地直击这一矛盾，从而使其社会成员"形成符合一定社会、一定阶级所需要的思想品德"[2]。现阶段，为实现两个百年目标，我们必须建设发达的物质文明和丰富的精神文明，改造落后的思想品德实际，这既包括人们的文化水平，还包括人们的精神风貌与价值追求。面对复杂多变的国内外形势，通过运用艺术性的方法，不断提升思想政治教育工作的实效性。

（二）高校思想政治教育叙事艺术的原则

运用好高校思想政治教育叙事艺术，必须在尊重思想政治教育规律的基础上，遵循一定的行为准则，这也是高校思想政治教育叙事艺术的

---

[1] 陈万柏、张耀灿：《思想政治教育学原理》第2版，高等教育出版社2007年版，第6页。
[2] 同上书，第4页。

原则。坚持思想政治教育叙事艺术原则，并不是空穴来风，也不是画蛇添足，而是基于思想政治教育的特殊性和实效性提出来的。

一方面，思想政治教育的特殊地位和作用。在我国，思想政治教育作为一项实践活动，具有鲜明的阶级导向和实践导向。先进的政治觉悟和思想观念不可能由人们自发产生，必须而且也"只能从外面灌输进去"[1]，而灌输的本质就是思想政治教育。革命年代、建设和改革年代，我们党紧紧依靠人民、帮助人民自己解放自己，用先进的理论武装人，取得了一个又一个胜利，并不断走向新的胜利，这也不断彰显了思想政治教育工作的重要性，印证了"经济工作和其他一切工作的生命线"[2]这一重大论断。这要求思想政治教育工作者在运用艺术时必须巩固这一特殊地位和作用，而不是削弱和消解。

另一方面，思想政治教育的实效性。由于思想政治教育工作的特殊地位和作用，也要求思想政治教育工作必须将实效性放在突出位置。思想政治教育工作的效果怎么样，关乎到人们的思想意识凝聚程度强不强，关乎到党和国家方针政策落实程度好不好，关乎到党和人民意志贯彻程度实不实。泱泱大国，如果没有统一意志，怎么能够实现民族复兴宏伟蓝图。涣散成沙，思想政治教育工作就是要"聚沙成塔"。运用思想政治教育叙事艺术，必须围绕教育目的和任务，不可将叙事艺术目的化，为追求艺术而使用艺术。

高校思想政治教育叙事艺术的主要原则具体包括方向性、时代性、渐进性、主体性和适度性这几方面。

第一，方向性。这一原则是指思想政治教育叙事艺术的使用必须与思想政治教育目标相一致，与社会发展要求相适应，始终坚持社会主义方向。贯彻党的教育方针是思想政治教育的鲜明指向，高校思想政治教育叙事艺术的运用，必须把这一鲜明指向擦亮守正。叙事艺术只是手

---

[1] 《列宁选集》第1卷，人民出版社2012年版，第317页。
[2] 《江泽民文选》第3卷，人民出版社2006年版，第74页。

◈ 第九章　高校思想政治教育叙事艺术 ◈

段,是为了实现思想政治教育目标而采取的方式,它是合目的性的。党的思想政治教育工作可借鉴其他一切文明成果的,但必须为我所用,坚守中国底色,最重要的是要从马克思主义的历史与现实中吸取力量。马克思主义是科学的世界观和方法论,是中国共产党的指导思想,也是党和国家一切工作的行动指南。邓小平曾说过:"我坚信,世界上赞成马克思主义的人会多起来的,因为马克思主义是科学。"[1] 在纪念马克思诞辰200周年大会上,习近平总书记说:"马克思是顶天立地的伟人,也是有血有肉的常人。他热爱生活,真诚朴实,重情重义。"[2] 马克思的一生是胸怀崇高理想、为人类解放不懈奋斗的一生;是不畏艰难险阻、为追求真理而勇攀思想高峰的一生;是为推翻旧世界、建立新世界而不息战斗的一生。在追求梦想的过程中,马克思、恩格斯筚路蓝缕、历经艰辛,马克思主义理论也在与各种错误思潮不断斗争中得到丰富和发展,科学性、人民性、实践性、开放性不断凸显。在他们身上,追求真理和人类解放的精神品质永远熠熠生辉,这些都是运用叙事艺术、讲好马克思主义故事的重要材料。在马克思主义的发展过程中产生的列宁主义以及中国化的马克思主义,各民族、各时代的马克思主义者领导的社会主义运动以及个人的经典故事,这些也是其应有之义。

第二,时代性。这一原则是指思想政治教育叙事艺术的运用应随着时代变化发展与时俱进,实现"因人因时因事因势而变"[3],不断提升思想政治教育实效性。当今世界形势多变、科技发展日新月异、思想观念更新提速,若思想政治教育叙事艺术不能紧跟时代,实现守正创新,就难以取得实效性。迅速发展的新媒体改变了人们的生活方式,也对思想政治教育带来了挑战。以前思想政治教育的话语权主要由党和政府的

---

[1] 《邓小平文选》第3卷,人民出版社1993年版,第382页。
[2] 习近平:《在纪念马克思诞辰200周年大会上的讲话》,《人民日报》2018年5月5日第2版。
[3] 陈万柏、张耀灿:《思想政治教育学原理》第2版,高等教育出版社2007年版,第232页。

相关机构、学校及传统媒体等掌握。互联网的兴起与迅猛发展，特别是微信等新媒体的广泛应用，这个话语权就不再是不可撼动的了。在网络空间里，每个人都是信息的发布员，每个人也是信息的接收终端，传统思想政治教育的主体与客体不再是固定不变，而是相互交融、相互转化的。"互联网背景下，谁的传播手段先进、传播能力强大，谁的思想理念和价值理念就能广为流传，谁就能在掌握话语权上占据主动。"[①] 怎样才能让思想政治教育适应时代的发展，怎样才能占据思想政治教育的网络阵地，就需要将思想政治教育与网络相结合，发挥新媒体的传播优势，将科学的思想理论用网络"包装"起来，做到有情有义、有滋有味，使人们心情愉悦地享受精神产品。

第三，渐进性。这一原则是指高校思想政治教育叙事艺术必须遵循思想政治教育规律，循序渐进地对受教育者进行思想政治教育，并根据受教育者的接受能力施加不同的教育内容，既不可一蹴而就，也不可止步不前。人们对新鲜事物的接受能力是有差异的，思想观念的转变也与个人年龄、经历、学识等息息相关。针对不同的个体，教育者必须对叙事艺术灵活运用。改革开放以来，我国发生的变化可谓天翻地覆，受教育者的差异性更加突出，多样性更加显著，这就对教育者有了较高的要求：一是教育者要加强对受教育者的研究，分门别类运用思想政治教育叙事艺术。要将受教育者的差异性放在具体的时代背景及其自身的生活环境中进行研究，切不可"一刀切"。二是教育者还需要及时调整教育的阶段目标，使阶段目标适当高于受教育者的思想实际，但同时又不能无限超过这一实际，使受教育者能够通过努力达到这一阶段要求，以此提高思想政治教育工作的质量。三是教育者要善于渗透，"好的思想政治工作应该像盐，但不能光吃盐，最好的方式是将盐溶解到各种食物中

[①] 《党的十九大报告辅导读本》，人民出版社2017年版，第317页。

第九章 高校思想政治教育叙事艺术

自然而然地吸收"①，要将思想政治教育的元素溶解到灵动的故事之中，做到有虚有实、有棱有角，这样受众就可以在潜移默化中不知不觉地受到教育，达到润物细无声的思想政治教育效果。渐进性原则是遵循对人们进行思想政治教育规律的生动体现和内在要求，也是思想政治教育基本矛盾运动的结果。

第四，主体性。这一原则是指高校思想政治教育叙事艺术的运用应该以发挥和有利于维护受教育者的主体地位为出发点，通过调动受教者的主观能动性达到思想政治教育目的。作为一项实践活动，思想政治教育是教育者和受教育者之间交互的活动，是教学相长的特殊活动。针对思想政治教育过程中主客体的非对象化，教育者运用叙事艺术时需要注意以下几点：一是要掌握思想政治教育的主动权。叙事艺术的运用是绝不可以以牺牲教育者的主动权为代价，教育者有党赋予的教育任务，肩负着思想政治教育的重大使命。如果任由受教育者随意发挥，会导致受教育者的思想观念偏离正确方向。二是要加强自身的学习，提高履职能力。"扎实学识"② 是好老师的一个重要表现，思想政治教育者必须要有扎实的知识功底，对所掌握的知识能够运筹帷幄、灵活运用、创造使用，这就达到了叙事艺术的高度。三是充分发挥受教育者的主观能动性。思想政治教育者在帮助人们树立正确价值观念的同时，也要帮助人们获取科学有效的学习方法，提高人们自我教育的能力。尊重受教育者的主体地位，就必须使受教育者有自我教育、自我提高的能力，通过教育者的循循善诱，逐步引导其步入正轨。

第五，适度性。这一原则是指高校思想政治教育叙事艺术的运用，需要把握住事物发展的度，即所谓的分寸，这也是"任何真正的艺

---

① 人民日报评论员：《沿用好办法 改进老办法 探索新办法——三论学习贯彻习近平总书记高校思想政治工作会议讲话》，《人民日报》2016 年 12 月 11 日第 1 版。
② 习近平：《做党和人民满意的好老师》，《人民日报》2014 年 9 月 10 日第 2 版。

术"① 的本质所在。艺术就是因为其巧妙地达到了主体目的而被称为艺术，掌握教育的"火候"，教育的效果就相得益彰、活灵活现。思想政治教育作为一项实践活动，其目的是要使受教育者的思想品德符合社会发展的要求，而这一要求就是思想政治教育的内容。教育者并不是一次性全盘将教育内容传授给受教育者，而是渐进的。那么哪些要求适合哪些人群，对适应人群怎么进行教育，这就需要思想政治教育者发挥自己所长，善于运用叙事艺术。这个过程需要注意以下几点：一是教育者要对受教育者进行综合研究，对其施加适度教育影响，切不可对其要求太高，超过其接受能力，也不可对其要求过低，达不到帮助其提高思想品德的效果。二是教育者对科学理论要学懂弄通，没有对理论深刻地洞悉和见解，自己是无法彻底掌握理论，更无法帮助人们改造自己的思想。理论只有富有解释力才有生命力，只有理论上清醒才能实现知行合一。三是教育者要随时关注受教育者的反馈，施加了教育影响，是否达到了相应的教育目的，取得了相应的教育效果。如果未能取得或效果不佳，一定要及时调整，不可再按照原来的教育强度进行。掌握叙事艺术的度，是对叙事艺术运用的重要体现。

（三）高校思想政治教育叙事艺术的地位

思想政治教育在党和国家的各项工作中居于十分重要的地位，在新民主主义革命年代，毛泽东就曾指出，"党内政治水平"② 关乎到红军能否负担重大斗争任务，并作出了"掌握思想教育，是团结全党进行伟大政治斗争的中心环节"③ 的重大论断。在社会主义革命和建设时期，政治工作上升为"一切经济工作的生命线"④，"正确的政治观

---

① ［苏］马尔库沙：《家庭教育的艺术》，王秉钦等译，天津人民出版社1982年版，第15页。
② 《毛泽东文集》第1卷，人民出版社1993年版，第94页。
③ 《毛泽东选集》第3卷，人民出版社1991年版，第1094页。
④ 《毛泽东文集》第6卷，人民出版社1999年版，第449页。

点"① 成为了人的灵魂。改革开放以来,做好党的思想政治工作,成为"巩固安定团结的政治局面的一项极端重要的任务"②。可见,思想政治教育工作的地位十分重要。

思想政治教育的重要性决定了思想政治教育艺术的重要性。高校思想政治教育叙事艺术的运用,是为了追求更好的思想政治教育效果,在思想政治教育过程中有着重要的地位。

第一,叙事艺术是一门基本的思想政治教育艺术。做思想政治教育工作最简单、最直接的就是运用语言,这几乎也是所有教育都必须使用的一门工具。无论哪种教育方法、教学手段,都毫不例外地与语言息息相关。叙事艺术最基本的工具也是语言。古往今来,对人们产生深远影响的不是科学理论的平铺直叙,而是生动鲜活的真实情景,以情感人,用发生在身边的真人真事感化人,触动人的内心。在革命年代,中国共产党人在马克思主义理论的指导下,通过多种方式做好工人、农民的思想工作,巩固工农联盟,不断夯实党的革命基础。将受"三座大山"压迫的事实用翔实的数据再现出来,邀请翻身农民在农民运动讲习所作报告,增强人民反帝反封建的热情和主动性。在建设和改革年代,中国共产党则宣传好人民生活翻天覆地的新变化、各个领域建设的新成就,让主旋律更加强劲。人们不断昂扬的精神面貌、持续提升的价值追求等成为银屏上亮丽的风景线,正能量也更加响亮。提高人们的思想品德要求,并不能只用理论强调理论,更要用故事包装理论,讲好人们火热的精神生活和物质生活。这就是叙事艺术运用的鲜明体现,也是做好思想政治工作基本的一门艺术。

第二,叙事艺术是理论教育环节的创造性表达。在全国宣传思想工作会议上,习近平总书记发出了"讲好中国故事,传播好中国声音"

---

① 《毛泽东文集》第 7 卷,人民出版社 1999 年版,第 226 页。
② 《邓小平文选》第 2 卷,人民出版社 1994 年版,第 365 页。

的号召。同时，他也提出了具体路径，即四个"讲清楚"①。就思想政治工作而言，就需要讲好马克思主义故事，讲好中国故事。马克思主义是党和国家的指导思想，是思想政治教育的主要内容，也是理论教育的主体部分。如果不加区分地将枯燥的理论让大家学习，那么就会导致人们无法理解理论，大量时间耗费影响了人们的正常工作，进而威胁国家的经济安全和政治安全。人们认可一门理论，是因为这门理论可以带给他们利益。历史和人民选择了马克思主义，是因为在马克思主义指导下，我国取得了革命、建设和改革的成功。但是，新时期我们仍需要坚持马克思主义、学习马克思主义，因为贯穿其中的立场、观点和方法还没有过时，能够指导我国顺利实现两个百年奋斗目标。然而，学习马克思主义的方式随着时代的变化也需要改变，科学理论的"灌输"没有过时，但"灌输"的方式需要改变，而叙事就是很好的方式。现阶段，我们就应该讲好马克思主义故事，讲好中国传统故事、中国革命故事和中国建设改革故事，用理论教育的这一创造性表达，使人们潜移默化地学习马克思主义理论，实现思想政治教育目标。

第三，叙事艺术是做好高校思想政治教育工作的一大法宝。能够对思想政治工作产生非凡效果的事物才能称得上"法宝"，叙事艺术就可以称得上思想政治教育的"法宝"。一是运用叙事艺术的出发点和落脚点是思想政治教育的目的，它具有合目的性的特质。运用艺术，并不是单纯地为了将艺术融入工作中，更是为了实现思想政治教育目的的最大化、最优化，艺术是为思想政治教育服务的，艺术是形式，思想政治教育是内容。叙事艺术的目的就是通过叙说故事的艺术，将枯燥的理论等用通俗的故事表达出来，特别是要讲好马克思主义故事，讲好中国故事，故事从文本中来，道理从故事中来，信仰从道理中来，最终坚定人们的马克思主义信仰。二是运用叙事艺术是尊重思想政治教育规律的创造性表现形式，它具有合规律性的特质。思想政治教育规律是做好思想

---

① 《习近平谈治国理政》第 1 卷，外文出版社 2018 年版，第 156 页。

政治工作最基本的条件，违背了规律，思想政治工作就不能取得良好效果，甚至会适得其反。艺术，是在遵循这一基本规律的前提下，创造性地运用技能、技巧，从而提高思想政治教育的实效性。思想政治工作只有"有针对性、细致深入和为群众所乐于接受"①，才能够有实效性，而这就需要运用艺术。在讲好马克思主义故事、讲好中国故事的过程中，运用叙事艺术，就是遵循思想政治教育规律的过程。在运用叙事艺术的过程中，必须坚持渐进性原则，也就是要根据受教育者的不同特点，施加不同的教育影响，而这就是遵循教育规律的表现之一。由浅入深、由形象到抽象、由多种表达形式到少数表达形式，这既反映了人的思想品德成长，体现了思想政治教育的深入推进，也是遵循思想政治教育规律的表现形式。通过运用叙事艺术，使人们不断提高思想觉悟，形成正确的价值观念。综上，叙事艺术实现了思想政治教育合目的性和合规律性的有机统一，是做好思想政治工作的一大法宝。

（四）高校思想政治教育叙事艺术的作用

思想政治教育艺术的运用旨在提高思想政治工作的实效性，它是同思想政治教育艺术的地位相适应的。叙事艺术是一门基本的思想政治教育艺术，是理论教育环节的创造性表达，也是做好高校思想政治教育工作的一大法宝，这为叙事艺术发挥作用奠定了基础，体现了高校思想政治教育叙事艺术的"名副其实"。

第一，提高思想政治教育对象的马克思主义理论水平。思想政治教育其中一项重要的内容就是"抓好马克思主义理论教育"②。马克思主义作为党和国家的指导思想，是历史和人民的选择，是"指导我们思想的理论基础"③，必须用此武装全党教育人民。对于我们这样一个大

---

① 《邓小平文选》第2卷，人民出版社1994年版，第342页。
② 《习近平在北京大学考察时强调：抓住培养社会主义建设者和接班人根本任务 努力建设中国特色世界一流大学》，《人民日报》2018年5月3日第1版。
③ 《毛泽东文集》第6卷，人民出版社1990年版，第350页。

国，如果没有统一意志是不可能凝聚起来的，没有先进理论指导是不可能实现伟大梦想的，马克思主义就是我们团结奋斗的思想基础。学习马克思主义就是要从这一理论中"汲取科学智慧和理论力量"[①]，学习其鲜明立场、科学观点和辩证方法。高校思想政治教育叙事艺术的一个重要目标就是提高受教育者的马克思主义理论水平。理论水平的高低不是体现在掌握多少名词术语，而是对理论的把握程度和实践运用中。叙事艺术的运用，就是将科学理论用人民喜闻乐见的形式表现出来，增进人民对理论的理解和运用。在这个过程中，人们通过鲜活的案例和事实，学到了马克思主义，树立了正确的价值观念，并能够用马克思主义指导自己的工作生活实践。

第二，提高思想政治教育对象的思维方式和思维能力。思维方式和思维能力是人们在处理各种事务时表现出来的态度、方式以及处理效果。叙事艺术，就是要用事实讲出道理，用道理指导人们的实践。对同一种现象，角度不同，人们的态度就不同。在处理一些复杂事务的过程中，就是思想政治工作者发挥作用的时候。处理得当，就会事半功倍，否则就会事倍功半。叙事艺术的运用，就是要起到"指点迷津""画龙点睛"的作用。现实中有些人思想执拗，对政策、现状掌握不够具体，信手拈来只言片语就固执己见，被称为思想上的"钉子户"，运用叙事艺术就是要善于解答人们的"思想疑惑"，使人们转变思维方式，从多角度看待问题，既看到事物的有利方面，也要看到事物的不利方面，用马克思主义的方法解决现实问题，从而提高受教育者的思维能力。

第三，有利于思想政治教育目标的实现。时代的发展变化，思想政治教育目标也在变化，这与社会发展水平和人们的思想实际相关，它是一个动态变化的过程。革命年代思想政治教育目标就是团结全国人民取得革命的最终胜利，建设和改革年代思想政治教育目标就是团结全国人

[①] 《习近平在纪念马克思诞辰200周年大会上的讲话》，《人民日报》2018年5月5日第2版。

民最终实现祖国的现代化。其中的共性就是凝集人心、统一意志，可以说，思想政治教育目标伴随着社会发展时刻在变化。运用叙事艺术的题材就是来源于这不断变化的社会发展实际，故事从实践中来，用革命的光明前途感染人们跟党干革命，这是讲述革命年代故事的题材；用国强民富的美好未来激励人们跟党搞建设，这是讲述建设和改革年代故事的题材。叙事艺术的运用，就是将这些鲜活的题材，我国人民昂扬向上的精神风貌讲出来，感染、激励一代又一代人为着共同理想而奋斗。党的十九大开启了全面建设社会主义现代化国家的新征程，叙事艺术就是要将有利于团结全国人民实现这一目标的故事挖掘好、宣传好、运用好，使之成为人们的精神动力和力量源泉。

二 高校思想政治教育叙事艺术的理论基础与历史借鉴

（一）理论根源：马克思主义理论

坚持马克思主义的指导是高校思想政治教育叙事艺术的根本。马克思主义不仅是思想政治教育内容，而且是思想政治教育的理论基础，这是开展党的思想政治工作必须明确的根本指向。作为叙事艺术的理论根源，马克思主义的鲜明立场、科学观点和辩证方法对叙事艺术的运用至关重要。在马克思主义的科学体系中，实践与认识的理论、内容和形式的理论、抽象和具体的理论、事物发展的渐进性与过程性的理论、事物的度的理论等都是与高校思想政治教育叙事艺术运用最密切相关的。

第一，实践与认识的理论。实践是认识的基础，要树立实践的观点；认识对实践具有反作用，要发挥正确认识对实践的指导作用。这是马克思主义关于实践与认识的世界观和方法论，要求思想政治教育工作者要处理好实践与认识的关系，并将这一科学观点运用到实际工作中。教育者在做思想政治工作时，会遇到各种问题，其中就包括实践与认识的问题。比如"以身试法"现象。法律对触犯刑法的会处以刑罚，但"以身试法者"心存侥幸，认为自己可以打好擦边球，钻过制度漏洞，他们不相信自己会受到法律的制裁。教育者运用叙事艺术对人们进行思想政治工作时，就应该用"以身试法者"等反面案例进行警示教育。这不是让人们通过直接实践获得"违法犯罪会受到法律制裁"这一认识，而是通过间接实践。除了间接实践外，还有直接实践。教育者可以在运用叙事艺术时，通过正面引导号召受教育者亲身实践，这主要是弘扬正能量时而采取的一种方式，号召大家向先进学习。在实际中，还必须发挥正确认识对实践的指导作用。教育者在运用叙事艺术时，要通过具有感染力的故事向人们传递正确的价值观，使人们树立求真求善求美的价值观念，从而实现社会的和谐稳定。

第二，内容和形式的理论。内容决定形式，形式反映内容，既追求充实的内容，也强调必要的形式，这是马克思主义关于内容和形式的科学世界观和方法论。如果将思想政治教育内容称为哲学意义上的内容，那么思想政治教育内容的表现方式则为形式。叙事艺术，可以称得上这里的"形式"，旨在完整系统地将思想政治教育内容传授给受教育者，是为了实现思想政治教育目标。马克思主义关于内容和形式的理论是做好思想政治工作、运用思想政治教育叙事艺术的内在要求。因为，叙事艺术要叙说故事，故事的内涵必须以思想政治教育内容为根本，脱离了这一内容，故事就会变得空洞、干瘪，没有叙说价值和意义，这就要求思想政治教育者要研究新情况，不断获取丰富的教育材料，使这些教育材料能够反映社会发展实际要求，能够被人们乐意接受，能够起到教育人、感化人的目的。叙事艺术要叙说故事，也需要强调故事的表现形式，真正吸引人的是内容，但初次吸引人的并不一定是内容，更多是外表，即所谓的形式。离开了形式，内容就没有了物质承担载体，形式吸引人，人们就愿意接触、深入了解，这就要求思想政治教育者要重视形式，使之能够适应内容、更好地表达内容，这就需要"包装"，用吸引人的形式包装故事，用故事包装理论，达到"始于颜值、陷于才华"，这也是叙事艺术运用的最高境界。

第三，抽象和具体的理论。从感性具体到抽象规定，再到思维具体

第九章 高校思想政治教育叙事艺术

这是马克思主义关于从抽象上升到具体的科学世界观和方法论。科学理论本身就具有抽象性,这也是人们对科学理论不愿学习、难以理解、难以运用的一个重要原因,这也是叙事艺术可以有用武之地的现实条件。科学理论之所以是抽象的,是因为它具有一般规定性,具有普遍适用性,它反映了事物的本质。具体则是科学理论在具体情境下的再现,融入了人们的解释、加工,它是事物的外在表现。教育者在运用叙事艺术时,必须正确处理好抽象和具体的关系,既给人以具体事实,又将抽象道理具体化、生活化。作为思想政治教育的重要内容,马克思主义就具有抽象性,但我们又必须用马克思主义武装人们的头脑。怎么才能有效地使人们对马克思主义理论理解、认同和掌握,这就是思想政治教育工作者的重要任务。基于此,叙事艺术也可大有作为。高校思想政治教育叙事艺术就是通过叙说具体、丰富、直观的故事向人们讲清大道理,在这里就称为"讲好马克思主义故事,讲清马克思主义道理",这就把抽象的理论故事化,用故事的形式讲清抽象的理论。需要注意的是,教育者不是为讲故事而讲故事,故事必须富含道理,否则故事就没有价值、没有生命力,抽象的理论必须用故事包装起来,否则它就没有吸引力和传播力,也就失去了其革命性。

第四,事物发展的渐进性与过程性的理论。事物发展是一个渐进的过程,要用发展的眼光和历史的眼光看待问题,这是马克思主义关于事物发展的渐进性和过程性的科学世界观和方法论。由小到大、由弱到强是事物发展的必然规律,由小到大、由弱到强也必须经历一定过程才能实现,思想政治工作必须掌握这个要求,才能将工作做得游刃有余、富有成效。叙事艺术的运用,需要掌握这个要领,一是进行正面引导时,并不是将成就直接摆在受教育者面前,而是要让受教育者了解取得成就的艰辛与不易,弄懂取得成就的根本原因。比如叙说新民主主义革命时,要将"国家走什么路,朝向何方"的几种历史选择过程讲出来,使受教育者更加坚信是历史和人民选择了中国共产党。在取得革命胜利后,党制定了更高的奋斗目标,这都是最高纲领的阶段性目标,这些都是需要给大家讲清楚的，就是要让受教育者明白美好生活只有脚踏实地才能实现，更美好的生活只有在完成较低目标的基础上才能实现。二是叙事艺术的运用也是渐进的和有过程的，教育者在运用叙事艺术时，要根据受教育者的知识、年龄、经历等特点，叙说不同层次的故事，并根据他们的接受程度，及时制定较高目标，叙说更高层次的故事，让他们的思想品德修养不断提高，这也是思想政治教育目标的客观要求。教育者切不可一蹴而就，幻想一步到位，否则就会事倍功半，影响教育目标的实现。

　　第五，事物的度的理论。掌握"适度"原则，防止"过"与"不及"是马克思主义关于度的科学世界观和方法论。度是事物之间区别的数量界限，超过这个数量界限，就会使事物的性质发生变化。思想政治工作必须坚持一定的度，才能够发挥积极作用。这包括两个方面：一是思想政治工作和其他工作的关系。思想政治工作固然重要，但现阶段它也是为经济建设服务的，做好思想政治工作，就是要使最广大人民团结起来，找出最大公约数、画好做大同心圆，为建设现代化强国而奋斗。如果将思想政治工作超越当前的中心工作（即经济建设），那么就会导致红而不专，国家没有了雄厚的经济实力，思想政治工作的目的也未能达到，就失去了思想政治教育的意义。所以，思想政治工作也得掌握好度，必须服务于中心工作。二是叙事艺术运用的度。叙事艺术运用的初衷是为了更好地实现思想政治教育目标，也就是要将思想政治教育内容传授给受教育者，但如果特别强调叙事艺术，也会导致有"事"无"理"。一方面，艺术的运用不能过度，"单纯的感官娱乐不等于精神快乐"[1]，我们既追求感官娱乐，又追求精神快乐；另一方面，理论的引用不能过度。在叙事中，如果枯燥理论唱了独角戏，形式就成了内容，也就谈不上是叙事艺术，这已经脱离了叙事艺术，变成了教条主义、本本主义，不利于思想政治教育目标的实现。

---

[1] 习近平：《在文艺工作座谈会上的讲话》，《人民日报》2015年10月15日第2版。

◈ 第九章　高校思想政治教育叙事艺术 ◈

（二）学科支撑：思想政治教育学原理

思想政治教育学原理是做好思想政治工作应该遵循的一般原理，也是高校思想政治教育叙事艺术存在的学科支撑。离开了这一支撑，高校思想政治教育叙事艺术就会成为无源之水、无本之木。思想政治教育学原理，是以思想政治教育为研究对象的具有普遍意义、本质规定的一般理论，包括思想政治教育的理论基础、地位和功能、目的和任务、环境、过程及规律、主体和客体、内容和原则、方法和艺术、载体等众多内容。其中，思想政治教育的规律、思想政治教育方法和艺术是高校思想政治教育叙事艺术的直接来源。

第一，思想政治教育的规律，是运用高校思想政治教育叙事艺术必须遵循的客观规律。一是人的思想品德形成发展规律，即"人的思想品德是在社会实践的基础上，在客观外界条件的影响与主观内部因素的相互作用、相互协调和主体内在的思想矛盾运动转化的过程中产生、发展和变化的"[1]。叙事艺术的运用，必须以遵循这一客观规律为前提。思想政治教育作为一门做人的思想工作的实践活动，就需要对人的思想品德形成发展进行深入研究与分析，以提高工作的针对性。运用叙事艺术，必须善于运用这一规律，针对不同的人群运用不同的手段，叙说不同的故事，利用外界条件的积极因素，克服消极因素，使受教育者能够将社会要求的思想品德转化为自己的实际行动。同时，要根据受教育者的特征变化，适时调整思想政治教育目标，让其思想行为符合更高水平的社会发展要求，在循环往复的思想矛盾运动中提升自己的思想品德。二是对人们进行思想政治教育规律，即"适应超越律、双向互动律、内化外化律、协调控制律"[2]。这一规律是运用叙事艺术，做好思想政

---

[1] 陈万柏、张耀灿：《思想政治教育学原理》第2版，高等教育出版社2007年版，第123页。

[2] 邱伟光、张耀灿：《思想政治教育学原理》，高等教育出版社1999年版，第114—120页。

治工作的依据。对人们进行思想政治教育，这是党的一项重要的工作，是关乎党的阶段目标和最高目标实现的力量之源，能否团结最广大的人民，并将大家凝聚起来向着共同目标前进，这就是思想政治工作的作用。对人们进行思想政治教育规律的运用能力如何，也关乎思想政治工作效果的好坏。运用叙事艺术，就需要科学掌握这一规律的内涵，教育者要根据社会发展要求，提出超出受教育者的思想品德实际的目标要求，这也是思想政治教育的本质要求。同时，在实际工作中，还需要加强教育者和受教育者的交互作用，使两者实现教学相长，受教育者既要提升自己的思想品德观念，做到内化于心，也要将思想观念转化为实际行动，做到外化于行。教育者要发挥自己的主导作用，能够使自己对受教育者施加的教育影响协调化，又能善于控制受社会环境影响的自发因素，使思想政治教育目标能够较好地实现。

第二，思想政治教育的方法和艺术，这是运用高校思想政治教育叙事艺术的直接来源，对思想政治教育目标的实现起着重要作用。思想政治教育方法是指"教育者对受教育者实施教育影响的基本手段"[1]，其中最根本的就是唯物辩证法，此外还有理论教育等具体方法。思想政治教育方法，本质就是教育者对思想政治教育规律的准确理解、科学把握和运用。思想政治教育目标的实现，必须遵循其规律，但也需要有科学方法作为桥梁，使教育者能够有效地将思想政治教育内容传授给受教育者，并使受教育者形成符合社会发展要求的思想品德。没有运用方法或者方法运用不当，会导致受教育者对教育内容无法入脑入心，更不能转化为实际行动。方法的运用需要结合受教育者的思想实际和群体特点，不同的人群适用不同的方法，不同的教育内容适用不同的方法，方法的运用需要因人因事而变。思想政治教育方法作为一种实际操作方法，解决的是共性问题。而对方法熟练运用，也就达到了艺术的境界。思想政

---

[1] 陈万柏、张耀灿：《思想政治教育学原理》第2版，高等教育出版社2007年版，第220页。

治教育艺术是指"创造性运用的具有感染力的教育技能和技巧的总和"[1]，它具有创造性、灵活性、情感性等特点。思想政治教育艺术是对方法的灵活运用，是方法的升华，它解决的是个性、不确定性问题，没有统一的模式、步骤，也因此能够使受教育者接受，从而实现思想政治教育目标。作为思想政治教育艺术的一种，叙事艺术的运用也是基于思想政治教育目标的实现，它实现了科学性和创造性的统一。运用高校思想政治教育叙事艺术，首先必须坚持马克思主义的指导，并将马克思主义理论作为叙事的主要题材向受教育者进行传授，在此基础上，通过运用叙事艺术，更好地实现思想政治教育目标。

（三）历史借鉴：中国优秀传统道德教育

自人类社会进入阶级社会以来，思想政治教育作为一项实践活动始终存在。中华优秀传统美德教育是我国古代德育教育的典型，也是现阶段运用叙事艺术，开展好思想政治工作，应该寻找的历史养分。中国传统道德教育在维护我国古代社会基本稳定、中华文化一脉相承上起到了重要作用，这也是所有中国人深刻的文化基因与民族情感的积淀。运用高校思想政治教育叙事艺术，应该对中国传统道德教育批判继承，做到古为今用，从而实现思想政治教育目标。

第一，坚持德育至上。[2] 中国古代一向很重视德育，将道德教育与政治统治结合起来。在绵延数千年的历史长河中，形成了"自强不息、敬业乐群、扶危济困、见义勇为、孝老爱亲"[3] 的传统美德思想，这也成为了中国人民的精神标识和价值追求。在纪念孔子诞辰2565周年国际学术研讨会上，习近平指出："优秀传统文化是一个国家、一个民族

---

[1] 陈万柏、张耀灿：《思想政治教育学原理》第2版，高等教育出版社2007年版，第231页。
[2] 同上书，第291页。
[3] 《关于实施中华优秀传统文化传承发展工程的意见》，《人民日报》2017年1月26日第6版。

传承和发展的根本，如果丢掉了，就割断了精神命脉。"① 细数世界文明古国，只有中华民族创造的文明没有中断过，代代相传、历久弥新。明乎此，继承好、发扬好中华优秀传统文化就成为每个中华儿女的历史责任和使命担当。传统是根，离了传统就失去了民族发展的基础，守住了优秀传统，就是为现在的发展强基固本。中华民族优秀的传统思想、建筑文化、道德观念、精神品质等就是利用叙事艺术讲好中国传统故事的重要素材。高校思想政治教育叙事艺术的运用，不可能也不可以离开中华传统美德教育，在当代，这些传统仍有现实价值，是中国特色社会主义文化的重要内容。德育至上，这个一直为古人所重视的教育内容，在今天仍是教育的主要内容，立德树人是党的教育的根本任务，教育教学的所有环节都必须围绕立德树人开展。运用叙事艺术，也必须坚持德育至上，要将有利于培养人的思想品德、道德情操的道理用故事的方式传授给人们，使大家树立明德向善的品德观念、道德人格。

第二，注重教化与修身的统一。② 在我国古代德育工作中，统治者既重视对民众的教化，也强调民众的修身，这也是我国古代社会保持基本稳定的重要原因。教化，简单地讲就是用思想观念、行动实践影响人、感化人，使人们形成符合统治者要求的行为规范。修身，就是突出自律自省，要择善而从，达到修养身心的作用。前者是强调外在影响，后者是强调内部影响，这也是思想政治教育过程的两个方面。运用叙事艺术，也必须注重这两者的有机统一。要根据受教者自身的特点，对其提出不同的目标要求和任务。进行马克思主义理论教育，本身就是教育者教化人们的一种方式，用科学理论武装人的头脑，这也是党的思想政治教育的一项目标。习近平总书记指出："要利用各种时机和场合，形成有利于培育和弘扬社会主义核心价值观的生活情景和社会氛围，使核

---

① 《习近平谈治国理政》第 2 卷，外文出版社 2017 年版，第 313 页。
② 陈万柏、张耀灿：《思想政治教育学原理》第 2 版，高等教育出版社 2007 年版，第 291 页。

心价值观的影响像空气一样无所不在、无时不有。"① 明乎此，我们要充分挖掘身边的好人好事，发挥榜样的力量，用共同的情感基础凝聚精神力量。比如，对于高校微信公众平台来说，校史校情、名师名家、优秀学子、知名校友等就是讲好自己故事的重要素材，也是用行动实践教化人的一种方式。除了强调教化，叙事艺术也需要突出修身。教化的目的并不是单纯为了传递价值观念，而是为了促使人们养成道德实践，即达到修身的目的，思想政治教育的任务也是如此。只有人们形成了社会主义道德实践，党的思想政治教育目标才算实现，否则观念入脑入心，但没有付诸行动，一切都将成为徒劳。运用高校思想政治教育叙事艺术，就是要将教化与修身结合起来，将教育者的教育和人们的自我教育结合起来，真正弄懂教育者传授的教育内容，不断提高自己的自觉性，提高指导实践的能力，从而实现思想政治教育目标。

三 高校思想政治教育叙事艺术的实现路径

研究叙事艺术的目的是更好地运用在思想政治工作中，不断提高思想政治工作的实效性。教育者进行思想政治工作的过程，就是运用艺术的过程，是思想政治教育内容和方法艺术融会贯通的过程。叙事艺术的运用，有利于思想政治教育目标的实现。运用好叙事艺术，应该掌握运用科学理论的艺术、语言表达方式的艺术、把握事物要害的艺术、运用非理性因素的艺术等。

（一）运用科学理论的艺术

第一，科学理论的重要作用：指导性。

科学理论是指导人类实践的强大思想武器，而"理论一经掌握群

---

① 《习近平谈治国理政》第1卷，外文出版社2018年版，第165页。

众，也会变成物质力量"①，人民群众能够在科学理论的指导下，更好地为人类社会发展做贡献。同时，"没有革命的理论，就不会有革命的运动"②，理论只有彻底，才能够唤醒群众，指导实践，这也是马克思主义理论的力量所在。

马克思主义理论是党和国家的指导思想，是中国人民经历艰苦磨难，饱受内外压迫作出的历史选择。马克思主义是科学的，它指导中国人民推翻了"三座大山"，创立了中华人民共和国；它指导中国人民创造性地完成了"三大改造"，顺利地完成了向社会主义的过渡，实现了中国最广泛的社会变革，中国人民的面貌焕然一新；它指导中国人民对社会主义进行了艰辛探索，壮大了世界社会主义力量；它指导中国人民进行改革开放伟大革命，实现了中华民族从"站起来"到"富起来"的伟大飞跃，迎来了从"富起来"到"强起来"的伟大历史时期。马克思主义从实践中来，并不断得到实践的反复检验，中国在马克思主义指导下取得的一系列成就足以证明这一点。马克思主义揭示了人类社会发展的普遍规律，它并没有终结真理，贯穿其中的鲜明立场、科学观点和辩证方法是指导后人继承和发展马克思主义的强大武器。因此，马克思主义也是开放的。各民族、各时代的继任者都能够发展马克思主义，也都应该将实践的最新成果上升为理论，丰富这一科学体系，这也是其本质特征，更是马克思主义始终保持科学性、指导人类实践的奥秘所在。

马克思主义是革命的，它是落后国家、地区穷困潦倒的人民改变命运、翻身做主、求得真正解放的革命武器。新民主主义革命年代，中国人民在马克思主义的指导下，建立了新中国，成为自己的主人，成为国家的主人，开辟了中国历史的新纪元；社会主义革命、建设和改革年代，中国人民在马克思主义的指导下，不断满足物质文化需要，不断追

---

① 《马克思恩格斯选集》第 1 卷，人民出版社 2012 年版，第 9 页。
② 《列宁选集》第 1 卷，人民出版社 2012 年版，第 311 页。

求美好生活，实现彻底的解放。作为用马克思主义理论武装起来的执政党，中国共产党始终牢记自己的初心和使命，不断推进一个又一个革命，实现一个又一个梦想，完美诠释了马克思主义的革命魅力和革命感召力，这使中国人民深刻感悟到，没有共产党就没有新中国、富中国、强中国。马克思主义具有批判性，不仅体现在它具有批判前人的理论上，更体现在它的自我批判、自我革命上。"勇于自我革命，从严管党治党"① 作为中国共产党最鲜明的品格，就体现了这一点。马克思主义具有彻底的革命性，它没有自己的特殊利益，只有为广大人民谋利益的使命和初心。

第二，科学理论的表现形式：故事。

科学理论只有变成人们的自觉行动才能起到应有的作用，而科学理论也只有转化成人们的思想观念才有可能变成人们的自觉行动。用科学理论武装人的头脑有众多方法，最普遍的就是灌输，这也是在过去行之有效的方法。但随着时代的发展，人们思想观念、思维方式、生活方式急剧转变，科学理论的表现方式也需要与时俱进，适应人们的思维特点，也唯有此才能真正做到用科学理论武装人的头脑。

故事，是科学性和趣味性相统一的一种物质载体，是科学理论的一种表现形式，也是当下时髦的一种形式。从小我们就喜欢听故事，特别是由于年龄原因我们无法理解的道理，父母、老师、长辈用吸引人的故事给我们讲出来了，我们也就懂了。这就说明，故事是人们可以接受也乐意接受的一种教育方式，能起到润物细无声的效果。用故事包装的理论，是活化了的理论，是具有生命的理论。故事也必须是科学的，否则就没有教育的价值和意义。被故事包装的理论，首先应该来源于科学理论的经典文本，离开了文本，就偏离了经典作家的理论指导，也就偏离了教育的方向，坚持故事从文本中来，就保持了故事的科学性、哲理性。没有哲理的故事是没有内涵的，也是没有生命的，因为它的干瘪、

---

① 《党的十九大报告辅导读本》，人民出版社2017年版，第25页。

空洞不能带给人们精神享受,没能给人以思想观念的提升和引导,更起不到指导人类实践的作用。富有哲理性的故事,就是科学理论的化身,是科学理论实现了表现形式的创造性转化,它适应了人的生活方式和人的思维方式,是人们乐于接受的表达方式。马克思主义若能被故事包装起来,也可以是活灵活现的,将对广大人民产生深远影响,并能够成为人们自觉运用的指导思想。

马克思主义故事,就是用故事包装起来的马克思主义理论。讲好马克思主义故事就是教育者传授马克思主义理论的过程。马克思、恩格斯筚路蓝缕、历经艰辛,马克思主义理论也在与各种错误思潮不断斗争中得到丰富和发展,科学性、人民性、实践性、开放性不断凸显。在他们身上,追求真理和人类解放的精神品质永远熠熠生辉,这些都是讲好马克思主义故事的重要材料。在马克思主义的发展过程中产生的列宁主义以及中国化的马克思主义,各民族、各时代的马克思主义者领导的社会主义运动以及个人的经典故事,也是讲好马克思主义故事的应有之义。

讲好马克思主义故事,也内在地包含讲好中国革命故事、中国建设和改革故事。在革命战争年代,"为了探求救亡图存的正确道路,中国的先进分子带领中国人民始终坚持在苦难和挫折中求索、在风雨飘摇中前进,敢于挽狂澜于既倒、扶大厦之将倾,表现出了百折不挠的英雄气概"[①]。中国共产党成立之后,中国人民谋求民族独立、人民解放和国家富强、人民幸福的斗争就有了主心骨,最终建立了新中国,确立了社会主义制度。在这个过程中,革命事件、先进人物、革命精神、革命友谊等都是讲好中国故事的重要素材,是激励中国人民前行的精神动力和力量支撑,也是实现"两个一百年"奋斗目标的文化基因和精神情愫。2018年是中国改革开放40周年;2019年,我们迎来新中国成立70周年。中国从一穷二白的落后农业国变成世界第二大经济体,从解决温饱

---

① 习近平:《在纪念毛泽东同志诞辰120周年座谈会上的讲话》,《人民日报》2013年12月27日第2版。

问题到总体上基本实现小康,从全面建设小康到决胜全面建成小康,开启全面建设社会主义现代化强国的新征程。一部中华人民共和国建设改革史,就是一部人民幸福史、一部国家富强史、一部民族复兴史。党和国家发展成就、人民美好生活现实、社会主义时代精神等都是讲好中国故事的重要材料。我们要将国家发生的历史性变革和成就与党的领导联系起来,讲好中国共产党的故事,讲好改革开放的故事。就像习近平总书记所说的那样:"我们有本事做好中国的事情,还没有本事讲好中国故事?我们应该有这个信心!"[①]

第三,运用科学理论艺术的内在要求:人、时、势相统一。

运用科学理论的艺术,在讲好马克思主义故事时,应该善于运用科学理论以及科学理论指导下的伟大实践,唯有此,人们才能将科学理论入脑入心,自觉运用指导自己的实践。科学理论运用不当,会招致人们的反感与厌恶,使受教育者产生抵触心理,影响思想政治教育效果,也会消解科学理论的指导作用。运用好科学理论的艺术,应当做到"人""时""势"相统一,做到识大局、明大势、做大事。

因人而异。艺术的灵活性就体现在因人而异,因材施教。教育者如果不能掌握受教育者的年龄、知识、经历等特点,那么就无法将思想政治工作做出实效,科学理论的运用也是如此,同样的原理,面对不同的人群,应当用不同的具体内容来表达。如果不考虑这些个性特点而"一壶灌",就会导致教育者"对牛弹琴",受教育者"满头云雾",简单地说就是"不知道在说什么"。因人而异,就是思想政治教育者在面对不同的人,唱不同的戏。讲好马克思主义故事,就需要根据受教育者的特点,讲出适合他那个年龄、知识、经历同等层次的马克思主义故事,使听者能够听懂,学到其中的道理。如果千篇一律,知识水平高、阅历丰富的人听了之后感觉精神没有得到滋养,知识水平较低、阅历单

[①] 中共中央宣传部:《习近平总书记系列重要讲话读本》,学习出版社、人民出版社2016年版,第209页。

一的人听了之后不知所云，不知道马克思主义是何物。所以，因人而异就是要针对不同的人讲出马克思主义不同层次的故事。

因时而异。时代在发展，理论在与时俱进，人的思想也在发生改变。艺术的运用也需要随着时代的变化而变化，并实现与时俱进。教育者若不能随着时代的变化而开展思想政治工作，就会导致与受教育者存在的代沟逐步拉大。"过着现代的生活，讲着过时的古代的事"就是真实写照。因时而异，就是要思想政治教育者根据不同的时代要求和实践要求，对受教育者施加不同的教育影响，在运用科学理论的过程中，应当讲好发生在人民群众身边的故事，这些故事是科学理论指导的结果。在当代，就是要讲好党领导人民取得的伟大成就，使人们知道美好生活是马克思主义指导的结果、是党领导的必然结果。同时，还应当根据同一时代每个阶段的不同任务，讲好不同的理论故事。开展革命传统教育时，就应当讲好中国革命故事；号召人们在创造美好生活时，就应当讲好中国建设和改革故事，特别是讲好十八大以来中国特色社会主义进入新时代的故事，以此来凝聚最广大人民的意志。

因势而异。根据国内外发展形势，研究国内外出现的新情况，做到"因势而谋、应势而动、顺势而为"[1]，时刻掌握大势。好的教育者是能够洞悉国内外大势，时刻掌握受教者的思想动态，进而施加一定的教育影响。如果不能做到这一点，那么就会导致人们的思想观念在全球化的背景下脱离教育者的控制，受外界影响形成不利于我国政治稳定的价值观念和思维方式，成为威胁我国国家安全的消极因素。运用科学理论的艺术，客观上就要求受教育者要对国内外最新理论、动态前沿有所了解，并能够时刻掌握受教者的思想动态，用通俗的故事传授给受教育者，并使大家对这一前沿动态有所了解，能够辩证看待对我国的利弊，并将不利因素化解为积极因素，引导大家的思想步入正确轨道。特别是理论与现实暂时不相符时，更应该将国内外大势、科学理论产生的背景

---

[1] 《习近平谈治国理政》第1卷，外文出版社2018年版，第153页。

及适用条件给大家讲清楚，使大家历史地辩证地看待，从而最大程度地实现思想政治教育的目标。

(二) 语言表达方式的艺术

第一，语言表达的重要作用：感染性。

语言是人际交往中常用的一门工具，思想政治教育者要"善于利用它去启迪学生们的心扉"①，从而取得良好的成效。语言运用得好不好，直接关系到教育的效果。作为最基本的沟通与表达工具，语言在叙事艺术中的地位十分重要，这也是高校思想政治教育叙事艺术的魅力所在。

叙事艺术运用得好不好，体现在语言表达得美不美，得当与否。在叙事艺术中，语言表达的重要作用就是感染性，这是吸引人的关键，也是使受教育者入脑入心的关键环节。若教育者的语言没有了感染力，表达苍白无力，那么再深刻的道理、再革命的理论也不可能为人们所接受，因为教育者开口说三两句话，受教育者就没有了兴趣，自然是左耳进右耳出，这样怎么能达到思想政治教育目的呢？当教育者善于钻研语言表达，在遣词造句上下功夫，力求给大家展现优美的语言时，受教育者会很乐意接受教育者的教育影响，并从中学到很多道理，从而达到思想政治教育目的。由此可以得知，语言表达能力是教育者最基本的要求，这也是叙事艺术运用的基本要求。

语言表达的感染性还体现在语言的通俗性。晦涩的语言是难以引起受教育者的共鸣的，"善于运用掌握的事实和数字，不要讲空话，不要讲大话"②，将理论术语转化为教育教学语言是保证语言通俗性的一种方式。通俗的语言是受教育者理解教育内容的基本前提，试想如果人们听不懂教育者说的话，会导致什么样的后果？显然大家只能面面相觑。

---

① [苏]苏霍姆林斯基：《怎样培养真正的人》，蔡汀译，教育科学出版社1992年版，第4页。
② 《列宁全集》第11卷，人民出版社2017年版，第89页。

语言只有通俗了，只有让大家都能听得懂，大家才会去听，也才可能会有吸引力，听不懂的语言，大家就是"外行"，是不容易进入这个门道的。思想政治教育内容也是如此，如果看都看不懂，受教育者又怎能将教育内容内化于心、外化于行呢？在实际的思想政治工作中，这种表现就是"照本宣科"，没有将教材语言转化为受教育者易于接受的教学语言。只有将语言通俗化，增强语言表达的感染性，才能吸引大家的注意力，从而实现思想政治教育目标。

第二，语言表达的基本要素：字词句调。

语言表达得怎么样是由其基本要素的表现方式决定，字词句调是语言表达需要注意的几个要素。处理好字词句调的使用，语言表达自然会别开生面、感人至深。文学上优秀的作品都很强调语言的使用，哪怕是通俗读物，语言是通俗易懂的，但并不是语言低俗直白。字词句调也成为了语言表达能力的重要体现。

文字的讲究。作为组成语言的最基本要素，文字自古以来都备受关注。古人在诗歌创造过程中，十分重视文字的使用，这才给我们留下了脍炙人口的千古之作。经典之所以成为经典，是因为其独特的魅力和永恒的价值。对我们现在而言，即使是使用白话文的时代，仍需要对文字进行斟酌，了解同一文字的不同使用方法，了解同一含义使用的不同文字。经过反复对比，在故事中运用最恰当的文字，这样才能够增强对人们的吸引力和关注度。

词语的讲究。由单个字组成的词语，是我们经常使用的表达方式，人们也更容易理解。词语除了修饰作用外，其本身也有表达内容的含义。结构、文字相似，甚至含义相近的词语，其表达的具体意思是不一样的，放在这个语境中适合这个词语，放在那个语境中适合另外一个词语。讲究词语的使用，有利于教育者完整准确表达自己的意思，做到意思的真实表示，这样才符合思想政治教育内容的客观要求。若不重视词语的运用，很可能导致受教育者曲解甚至背离教育者的初衷，产生负面影响。同一含义的表达有不同的词语，语言优美、读起来朗朗上口的词语，自然能够吸引人的注意力，那些平铺直叙，显得语言很苍白无力的，则难以引起人们的关注。

句子的讲究。若干词语联结在一起就是我们日常交流使用的句子。句子美不美直接关系到人们的视觉感受，也关系到教育者和受教育者之间的距离。优美的句子，能够增加人们对教育者的好感，拉近彼此之间的心理距离。句子的使用，不仅仅是表达意思，也是教育者融入个人情感的依托。在叙事艺术运用过程中，比如在讲述党领导人们取得的脱贫攻坚成就时，教育者若能将当地群众脱贫前后生活的真实写照、内心感受用生动的语言表达出来，这对受教育者的心灵触动是极强的，能达到感同身受的效果，这使人们增强对中国共产党的认同是十分有效的，也就达到了思想政治教育的目的。

语调语速的讲究。语调语速是教育者表达情感最直接的方式，这就是我们常说的"听话要听音"。语调的高昂与低沉、语速的急迫与轻缓，这对于教育者运用叙事艺术至关重要，特别是在现场讲授、作报告时，这也是影响现场气氛的一个重要因素。如果一个教育者整堂课、整场报告语调单一、语速平缓或激昂，就会导致听者很不自在，语调单一、语速平缓会给人以催眠的感觉，叫作"听着听着就睡着了"，语调持续高昂，会使人们心情烦躁，人的大脑神经接受不了持续的高强度刺激。这两种情况都会影响叙事艺术运用的效果，进而影响思想政治教育的实效性。只有根据教育对象的不同特点，教育内容的不同特征，善于运用不同的语速语调，才能做好思想政治工作。

第三，语言表达方式艺术的内在要求：变与不变。

运用语言表达方式艺术，在进行思想政治教育过程中，应该坚持"变"与"不变"的要求，即表达方式的"变"与道理信仰的"不变"。语言方式千变万化，但透过故事表达的道理却是一致的，这也是运用高校思想政治教育叙事艺术的内在要求。

灵活运用语言表达方式。语言的魅力不在于千篇一律，而是和而不同，中华文化积淀的几千年文明是用文字记载下来并得到一脉相承的。

在古代，为了对人们进行道德教育，古代教育者针对不同的人群制定了不同的教育方式，有纯文字版的，有画传……即便是用文言文教学，针对初学者也会辅之以必要的言语解释。近代以来，特别是新文化运动以来，白话文逐渐代替文言文，但教育者对人们的教育语言也是有差异的。字词句的使用都很有讲究，高级词语，晦涩难懂的句子仅限于在知识水平较高的群体中使用，这样大家都容易接受。教育者对语言表达的灵活运用，也体现了教育者的综合素质和职业能力，这也对教育者提出了更高的要求。思想政治工作者不同于其他的职业群体，他们是做人的思想工作，必须能够驾驭受教育者的思维方式，掌握其思想动态，有针对性地运用叙事艺术开展工作。所以说，语言表达方式艺术的运用，要坚持"变"，不同的人群使用不同的语言表达方式，提高思想政治教育的针对性。

始终坚持故事的道理内涵。讲故事不是目的，只是手段。讲故事的目的是讲清道理，从而坚守人们的信仰。语言表达方式无论再怎么变化，有一点不能变，这就是其中蕴含的道理和信仰。如果为了语言表达的通俗性、趣味性、感染性，而失去了语言表达故事的内涵，减少了道理、弱化了信仰，那么就失去了故事的意义，也背离了叙事艺术的初衷。坚持故事的道理内涵，就是要做到每一个故事都是有目的的，都是针对思想政治教育内容而特别设计的，离开了思想政治教育内容，就失去了思想政治教育意义。故事中蕴含着道理，人们通过听故事、阅读故事而明白其中的道理，从而坚定马克思主义信仰，故事的目的就达到了，叙事艺术也就得到有效运用了。所以说，语言表达方式艺术的运用，要坚持"不变"，即故事蕴含的道理和信仰不变味、不弱化。

（三）把握事物要害的艺术

第一，把握要害的重要作用：针对性。

要害是指事物的关键部分，是把握事物本质的重要突破口。抓不住事物的要害，就把握不住事物发展的主线和脉络，也无法对事物进行质

第九章 高校思想政治教育叙事艺术

的分析与研究。思想政治教育者要善于抓住事物的要害，抓住事物的关键部分，找准要点开展思想政治工作，以此提高思想政治工作的针对性。

叙事艺术的运用，必须体现在做思想政治工作的针对性上。离开了针对性，就偏离了工作的轨道，偏离了正确做好工作的方向。思想政治工作的针对性就体现在把握事物的要害，把握事物的方向和本质要求。一个好的思想政治教育者，是能够将事物的要害完全掌握的，这缘于教育者的综合素养以及长期工作的经验总结。作为一项做人的工作，思想政治教育是必须联系人、结合人而进行。脱离了人，也就脱离了工作的实际，思想政治教育的实效性就会受到影响。始终围绕人，始终依靠人，思想政治工作才有了生命。把握事物的要害，就是要求思想政治工作者要时刻掌握人们的思想动态，分析产生不符合社会要求思想的客观实际与主观缺陷，以此有针对性地开展工作。

把握事物的要害内在要求要抓住事物的重点。主要矛盾是对事物发展其支配作用的矛盾，"抓住了这个主要矛盾，一切问题就迎刃而解了"[1]。对思想政治教育者而言也是如此，把握事物的要害就是要抓住事物的重点，抓住这一主要矛盾，唯有此才不至于迷失方向。教育者在做思想政治工作的过程中，要能对工作的现状、原因进行分析研究，针对产生的问题提出相应的对策，这就是抓住了事物的重点。在互联网背景下，由于网络的隐蔽性，教育者无法完全掌握人们的个性思想特点，对群体性的特点难以有所把握，这也给思想政治工作带来了不利。这就要求教育者要研究网络，研究人们的网络生活、网络语言，从而掌握受教育者网络下的个性特点，将这些个性特点与社会发展要求结合起来，找出最大公约数，不断提高思想政治工作的针对性，从而实现思想政治教育的目标，达到教育目的。

第二，事物要害的突破之处：掌握时机。

如何才能把握事物的要害，抓住工作的关键与突破口，这对思想政

---

[1]《毛泽东选集》第1卷，人民出版社1991年版，第322页。

治教育者而言绝非易事。要害作为一事物的重要部分和关键内容，是需要教育者经过长期工作、结合个人感悟把握。在现阶段，运用高校思想政治教育叙事艺术，把握事物要害的突破之处就在于要掌握时机，这个时机包含两个方面的含义：时间观念和数量观念。

善于掌握时间观念上的时机，这个时机就是指重大节日、重要时刻、重要会议等在时间观念的表现。为什么教育者要善于掌握这一时间观念上的时机呢？在我国，往往每逢重大节日、重要时刻、重要会议等时间，是人们最大程度团结在一起的时候，利用这一时机，我们可以叙说这一重大事件的前世今生，讲清楚它的产生背景、历史进程、深远影响，增进人们的理解。比如，在党的十九大召开前夕，中央媒体推出了政论专题片和纪录片，集中反映了十八大以来的成就和变化。教育者可以将这些素材整理加工、分门别类，讲清楚正是由于党的领导我们才取得了伟大成就，我们对未来的生活才充满自信。同时，教育者也要号召人们围绕党的十九大提出的目标奋斗向前，实现自己对美好生活的向往。这就是一个思想政治工作者在利用时机讲述中国故事的案例。通过利用这种时机，我们既可以对人们进行革命传统教育，还可以对人们进行理想信念教育，这也是爱国主义教育、党的认同教育的重要表现方式，从而实现思想政治教育的目标。

善于掌握数量观念上的时机，这个时机就是一事物区别于另一事物的数量界限，即所谓的度。数量观念上的时机，就是要求教育者要掌握好人们思想观念转变的这个点，超过了这个点，教育者做好人们的思想政治工作的难度就会加大，甚至会出现逐渐拉大的趋势。自党的十八大以来，党中央根据形势发展需要，总结过去经验，提出了"监督执纪'四种形态'"[①]，强调要抓早抓小，做到防微杜渐。这就给思想政治教育者一个启示，思想政治工作也是如此，要从小处着眼，防止错误思想不受控制变成大的错误。教育者要掌握数量观念上的时机，也就是这个层

---

① 《中国共产党党内监督条例》，人民出版社2016年版，第5页。

第九章 高校思想政治教育叙事艺术

面的意思。党的纪律检查工作取得的成效足以证明,掌握数量观念上的时机,懂得防微杜渐的重要意义和价值,也体现了党对党员领导干部乃至普通党员思想政治工作的实效性也在显著增强。教育者也是如此,切不可在人们出现小的错误思想观念苗头时疏忽大意,甚至置之不理,若小毛病演变成大问题时,特别是出现方向性、原则性的错误时,思想政治工作者面临的挑战、面对的压力是无法控制的。所以说,把握事物的要害也需要掌握事物发展数量观念的时机,有针对性地开展思想政治工作。

第三,把握事物要害艺术的内在要求:区分主次。

运用高校思想政治教育叙事艺术,在叙事的过程中,必须善于把握事物的要害,区分清楚主次矛盾和矛盾主次方面。如果未能认清这一本质,也就无法有效做好思想政治工作,实现教育目标。

区分主次矛盾。事物发展变化的主要矛盾"规定或影响着其他矛盾的存在和发展"①,这也是认清一事物的关键所在。对思想政治工作者而言,必须抓住这一主要矛盾。这主要包含两方面的含义:一方面,当前我国社会的主要矛盾是"人民日益增长的美好生活需要和不平衡不充分的发展"② 两者之间的矛盾,思想政治教育者的主要任务就是必须围绕这一矛盾开展工作,要通过加强人们的理想信念教育、劳动光荣创造伟大教育等激发广大人民投身解决不平衡不充分发展的主要问题,以此满足自身更多美好生活需要。简言之,就是要号召凝聚人们为党的十九大提出的各项目标而努力。另一方面,要善于把握思想政治教育过程中的主要矛盾。在进行教育的过程中,教育者要善于把握受教育者的思想动态,若出现思想问题,分析产生这一问题的主要原因,若问题较多、原因较复杂,就要分清其中最主要的问题和最主要的原因,以此有针对性地开展工作。次要矛盾则是不在统治地位、处于从属地位的矛

---

① 《毛泽东选集》第1卷,人民出版社1991年版,第20页。
② 《党的十九大报告辅导读本》,人民出版社2017年版,第11页。

盾。尽管次要矛盾不占主要地位，如果处理不当，次要矛盾就会转化为主要矛盾，阻碍事物的发展。在思想政治工作实践中，教育者不能够只重视主要矛盾，而忽视次要矛盾，要随时注意矛盾的发展方向，切勿让小问题转变成大问题。

区分矛盾主次方面。在同一矛盾中，也存在着主要方面和次要方面。主要方面就是规定事物发展方向的一个层面。在思想政治工作中，运用叙事艺术时要善于抓住主要矛盾的主要方面，只有找对了这个点，思想政治工作才能游刃有余。次要方面就是对事物发展不起支配地位的矛盾的层面。区分矛盾的主次方面，就是要求教育者要善于抓住主要方面，同时也不能忽视次要方面，防止不好的次要方面向主要方面转变。叙事艺术的运用，就是要求教育者能够讲好马克思主义故事，讲好中国故事，讲出好故事，讲出正能量、主旋律的故事，多弘扬人们的真善美，用正面事迹激励人们不断为实现两个百年目标而奋斗。同时，也要善于运用反面案例进行警示教育，做到扬善惩恶，不断提高思想政治教育针对性。

（四）运用非理性因素的艺术

第一，非理性因素的重要作用：创造性。

非理性因素是指人们的情感、意志、直觉、灵感等思维形式，它在人的认识过程中发挥着重要的作用，具有能动性等特点。在现实生活中，有些事情可以"不运用理性反而可以完成得更好些"[1]，这就是非理性因素发挥了重要作用，这也是在运用叙事艺术的过程中，教育者应当掌握的一个工作要领。

非理性因素在实际工作中有强大的创造力，这也是非理性因素能够保持自身魅力的力量所在。情感、意志、直觉、灵感等会对人们主观能动性的发挥产生影响，甚至许多伟大发现都是人们非理性因素作用下的

---

[1] ［德］叔本华：《作为意志和表象的世界》，石冲白译，商务印书馆1982年版，第100页。

结果。"感性必须是一切科学的基础"①，这就鲜明地指出了科学的发现是必须有感性因素，即非理性因素产生作用的，这一重要作用主要体现在人的创造性上。教育者的情感、意志、直觉、灵感等直接影响着教育内容的施加程度与效果，教育者与受教育者之间的交互效果，以及双方的接受程度等。一个对马克思主义真懂、真信的教育者是对马克思主义有真感情的，是能够在工作的过程中讲述好马克思主义故事，讲好中国故事的，反之则会歪曲马克思主义，将生活的不顺转嫁到日常的教育教学中，误导学生的思想成长。一个直觉强、灵感丰富的教育者在开展思想政治工作的过程中，能够找出、找准工作的切入点、突破口，相反，一个直觉差、灵感少的教育者，只会按部就班地开展工作，遇到突发问题不能够及时有效处理。

非理性因素的创造性作用体现在工作的创新性上，能够研究新情况，解决新问题，提出新方法，总结新经验。一个合格的思想政治工作者，就应该能够驾驭复杂形势，创造性开展工作。人的思想是不断发展变化的，受年龄、知识、阅历以及突发事件的影响，思想政治工作者的任务就是要把人们的思想引到社会发展的要求上来。面对实践中的新情况，教育者应当善于把握这一时代特点，及时提出应对之策，化解人们思想实际与社会发展要求之间的矛盾。而工作的创造性是基于教育者非理性因素作用的结果，是其灵感、直觉等创造性的发挥，当然也包括多年工作的总结和理性因素的影响。运用叙事艺术，就潜在的包含非理性因素的运用，因为艺术本身就是非理性因素作用的结果，从而达到思想政治教育的目的。非理性因素除了创造性作用外，还有调控、促进等作用，也会对思想政治工作产生一定的影响。

第二，非理性因素的思维模式：动之以情。

理性认识的来源是从实践中获取的感性认识，这些感性认识是非理性因素直接作用的结果。理性因素、非理性因素的共同作用，使人们不

---

① 《马克思恩格斯文集》第1卷，人民出版社2009年版，第194页。

断深化对实践的认识，并将获取的认识上升为理论，指导人们的实践。运用非理性因素，在叙事艺术的具体运用过程中，要把握其思维模式，即动之以情。

动之以情，即运用情感等非理性因素打动对方，在思想政治工作语境中，就是要善于运用情感等非理性因素打动受教育者，使人们能够按照教育者设计的教育方式接受教育，并将获取的思想政治内容内化于心、外化于行，指导自己的生活工作。动之以情，对教育者而言，就需要把握情感等非理性因素的运用技巧，切不可将情感化作情绪，更不可将一时冲动作为工作方法，这样就会导致思想政治教育的随意性、不严肃性。动之以情，除了对教育者而言，要运用自身的非理性因素外，还要善于把握并运用受教育者的非理性因素。一个好的思想政治工作者，应有灵敏的洞察力，会"察言观色"，因此，也能够及时发现受教育者的思想特征和行为方式，掌握其情感、意志、灵感等非理性因素情况，这是教育者多年工作的经验总结和情感升华。教育者要根据受教育者非理性因素情况，因人施策，将教育内容传授给受教育者，使他们易于接受，这就是动之以情的一个重要表现。

动之以情，就要求思想政治教育者在具体工作中，用事实说话，做到有图有真相。科学理论的生命力在于其在实践中发挥了重要的积极作用，通过指导人们的实践，使人们满足了自己的需要，如果科学理论未能满足人们的需要，那只能是"纸上谈兵""空口无凭"。对教育者而言，如何做好思想政治工作，就需要用真人真事去印证，做到动之以情，使人们真正理解科学理论的魅力，从而认同这一科学理论。在革命年代，中国共产党用帝国主义、官僚资本家剥削人民、压迫人民的数据、事实，号召人民推翻"三座大山"，通过人们的"诉苦"，激发劳动人民革命的斗志。新中国成立以来，我们用一个个数据、一张张照片，反映了实现从"站起来"到"富起来"的伟大飞跃，迎来"强起来"的美好前景。这就是思想政治工作者动之以情的丰富素材和真实写照，也是思想政治教育卓有成效的魅力所在。

第三,运用非理性因素艺术的内在要求:掌握好度。

思想政治教育作为一项科学的实践活动,是科学性和实践性的统一。因此,运用叙事艺术也必须遵循思想政治教育规律,在理性的基础上运用好非理性因素,即要掌握好运用非理性因素的度,这是其内在要求。

掌握非理性因素运用的度。一方面,要充分运用非理性因素在思想政治教育中的作用。人的认识是从感性认识中来的,是非理性因素作用的结果,许多科学观点的提出都依赖于此。人的创造性体现在非理性因素的创造性上,人的实践活动就是理性因素和非理性因素相互作用的结果。思想政治工作应该充分运用非理性因素,帮助人们树立正确的情感态度价值观,在实践活动中磨砺人的意志,多进行情感体验教育,激发受教育者的非理性思维形式。思想政治工作者要努力成为"具有思想家的深度和政治家的高度的教育家"[1],不断总结工作经验,研究实践过程中的新情况,善于用非理性因素找出工作突破口,增强工作针对性。

另一方面,运用非理性因素要结合实际,切不可超过一定的限度。非理性因素有其独特优势,是做思想政治工作必不可少的元素。但过分强调非理性因素,就会导致工作浮夸、缥缈,工作情绪化、感情化,脱离实际,偏离正确轨道。思想政治教育是一门科学,有其必须遵循的规律,这就要求教育者必须牢牢扭住这一规律,掌握科学方法,绝不可以为了追求艺术而将艺术目的化,全靠自己的情感、想象、灵感、意志做工作。技巧是应该有的,但技巧必须在科学的轨道上才能发挥自己的作用。只有正确运用非理性因素,才能提高思想政治教育的实效性,实现思想政治教育目标。

---

[1] 刘建军:《寻找思想政治教育的独特视角》,中国人民大学出版社2017年版,第177页。

第十章　高校思想政治教育的叙事境界

叙事作为一种有效的思想表达方式和教育研究方法，对学习、研究和宣传马克思主义起着至关重要的作用。通过讲好马克思主义的故事，将严谨的"大道理"转化成生动的"小故事"；通过讲清马克思主义的道理，使"故事"上升到"学理"层面；通过坚守马克思主义的信仰，使"道理"上升到"价值"层面。故事的深入浅出，道理的层层推进，信仰的不断坚守，使理论最终被掌握、被认同，从而内化于心、外化于行，这才是新时代高校思想政治教育叙事的最高境界，也是高校思想政治教育叙事的最高追求。进入新时代，习近平在多种场合反复强调，要将系统学习马克思主义当作自身的看家本领，并将其视为终身的必修课。而如何有效学习、宣传和研究马克思主义，更好巩固马克思主义在意识形态领域的指导地位，是新时代面临的重大课题。叙事是一种价值认知和表达活动，作为叙事和高校思想政治教育的结合体，高校思想政治教育叙事可以将日常生活、理论世界和价值关怀融为一体，实现叙事、说理和信仰的三效合一。

一　生活向度：讲好马克思主义的故事

习近平在纪念马克思诞辰200周年大会上指出："马克思给我们留下的最有价值、最具影响力的精神财富，就是以他名字命名的科学理论——马克思主义。"① 但是，在一些实际的生活工作中，马克思主义陷入了"被边缘化、空泛化、标签化，在一些学科中'失语'、教材中'失踪'、论坛上'失声'"②的尴尬地位。如何突破这种困境，使马克思主义成为一般民众喜欢读、喜欢悟的理论，提升马克思主义的亲和力。这就需要讲好马克思主义的故事，将严谨的"大道理"转化成生动的"小故事"，使马克思主义由"理论悬设"变为"生活世界"。

（一）选取具有思想性的故事内容

内容为王，马克思主义的故事是否具有思想性，首先不是话语体系和传播方式的问题，而是内容的问题。只有选取的故事具有思想性，才能形成更大的感召力和说服力，才能与叙述者产生更多共鸣，形成良性互动。所谓讲好故事，事半功倍。之所以如此，是因为它能在叙述者和受众之间建立一种情感上的联系，实现心灵上的契合。毛泽东指出："马克思主义的内容一定要向前发展，要随着实践的发展而发展，不能停滞不前。"③ 选取具有思想性的故事就是要在新时代全面建成小康社会，在实现社会主义现代化的宏伟蓝图中提炼出富有时代气息的内容，在现实与理论的结合中实现马克思主义的创新发展。

思想性来源于马克思主义及马克思主义经典作家本身。通过讲好经典人物的经典故事，可以拉近普通大众与伟人之间的距离，切身感受理论本身的魅力。马克思主义是在历史的流变中产生并不断发展的，离开了历史，思想性就成了无源之水、无本之木。通过讲好历史故事，讲清楚中华民族5000多年的文明史、中国人民近代以来170多年的斗争史以及中国共产党90多年的奋斗史，可以彰显马克思主义的价值旨趣，达到"以史活论"之鹄的。毛泽东指出："马克思主义，是要在群众生

---

① 习近平：《在纪念马克思诞辰200周年大会上的讲话》，《人民日报》2018年5月5日第2版。
② 《习近平谈治国理政》第2卷，外文出版社2017年版，第329页。
③ 《毛泽东文集》第7卷，人民出版社1999年版，第281页。

活群众斗争里实际发生作用的活的马克思主义，不是口头上的马克思主义。"① 思想性最终要在现实中发挥作用，通过讲好现实故事，以新时代的发展成就贴近受众，可以使马克思主义中国化的最新理论成果显示出强大的生命力。马克思主义存在于日常生活之中，通过讲好身边故事，把新时代人民群众对美好生活的追求用真实立体的事件表达出来，可以提升马克思主义的在场感，使人民大众感受到马克思主义的真谛所在。马克思主义的思想性最终通过实践表达出来，马克思主义理论只有得到群众的认同，转化成为广大人民群众的自觉实践，选取的故事才会有思想的高度。因此，讲好马克思主义的故事仅仅在内容上具有思想性、理论性是远远不够的，还必须真正为人民群众所掌握，具有针对性和亲和力。只有这样，马克思主义的故事才能显示出其应有的魅力，否则再好的故事也会变得索然无味。

（二）构建具有感染力的话语体系

人们非常注重话语表达方式的设计。法国学者罗兰·巴特（Roland Barthes）认为语言不仅代表了一种社会习惯，同时又称得上是一种意义系统。习近平在全国宣传思想工作会议上指出："要加强传播手段和话语方式创新，让党的创新理论'飞入寻常百姓家'。"② 马克思主义是在西方特定的历史背景下产生的，其话语表达方式和习惯等都带有西方特色和风格。相对于西方，中国传统语言体系历来喜欢归纳整合，讲究既简明扼要又提要钩玄，达到要言不烦、醍醐灌顶的效果。因此，讲好马克思主义的故事，就需要把习近平新时代中国特色社会主义思想和人民群众关注的热点焦点问题用通俗的语言文字进行解读和诠释，把理论宣传的宏大叙事转为人民群众向往的以事说理。

---

① 《毛泽东选集》第 3 卷，人民出版社 1991 年版，第 858 页。
② 习近平：《举旗帜聚民心育新人兴文化展形象 更好完成新形势下宣传思想工作使命任务》，《人民日报》2018 年 8 月 23 日第 1 版。

列宁指出:"马克思主义者的观点大家都是知道的,但困难在于如何用最明白的方式把这个道理告诉群众。"① 从俄国十月革命一声炮响,给中国送来马克思列宁主义起,先进的知识分子就善于用中国特色话语体系讲述马克思主义。早在总结大革命时期经验时,毛泽东就提出了"枪杆子里出政权"的著名论断。在土地革命时期,毛泽东为了发展革命力量,鼓舞革命斗志,以"星星之火,可以燎原"认定革命高潮一定会到来。新中国成立后,中国共产党又适时提出了"三大改造",使我国顺利过渡到社会主义建设时期。改革开放以来,中国共产党更是将马克思主义与中国话语体系紧密对接,使人民在新的伟大实践中发出了"一个中心,两个基本点""发展就是硬道理""绿水青山就是金山银山""幸福是奋斗出来的"等顺应时代潮流、反映时代脉搏的时代之声。这些既有理论厚度又有情感温度的话语体系已经在潜移默化中融合成了人民大众的日常生活话语,并不知不觉地影响着人们的实践活动和价值理念。正如习近平所强调的:"一种价值观要真正发挥作用,必须融入社会生活,让人们在实践中感知它、领悟它。"② 因此,只有构建既体现马克思主义精神实质,又契合社会大众理解力,同时凝聚大众话语的表达方式,才可以增强马克思主义的穿透力,使理论不再晦涩,使道理更加明晰,使讲好马克思主义故事成为宣传和普及马克思主义的新颖形式和特有优势。

(三) 采用具有创新力的传播形式

移动为先,网络是我们面临的最新环境。由于网络的便捷性、丰富性、互动性和灵活性等特点和优势,其已经成为举足轻重的新兴媒体。习近平指出:"加快推动媒体融合发展,使主流媒体具有强大传播力、

---

① 《列宁全集》第24卷,人民出版社1957年版,第207—208页。
② 习近平:《把培育和弘扬社会主义核心价值观作为凝魂聚气强基固本的基础工程》,《人民日报》2014年2月26日第1版。

引导力、影响力、公信力。"① 网络的不断普及让大众获得了更多知情权和表达权，人们在轰轰烈烈地表达自己观点和意愿的过程中，使马克思主义的传播更加多样化和更具趣味性，为讲好马克思主义故事，进一步推进马克思主义大众化提供了更加多样化的传播形式。创新为要，讲好马克思主义的故事就必须占领网络新阵地，在创新传播方式上下功夫，让更多受众通过网络形式获取马克思主义真理。

"先进的思想，若无先进的传播手段支撑，便很难深入人心。"② 再伟大的理论，再厚重的思想，如果表现形式古板、传播方式陈旧，不能与时代同频共振，就会陷入有理传不开，传开叫不响的尴尬境地。有些人之所以认为马克思主义与自己的生活毫不相关，对其一知半解，正是因为其传播的方式不得当。好的传播方式可以增强理论的感染力，扩大理论的影响力，提升理论的宣传力。马克思主义提供的不是现成的教条，而是行动的指南，是随着时代的变化不断发展的动态的开放的理论。因此，讲好马克思主义故事的传播形式也必须符合受众个性化、多样化的需求，改变马克思主义在思想领域过于意识形态化、学术领域过于抽象僵硬化、大众领域过于死板空洞化的局面。进入新时代，信息传播方式发生着翻天覆地的变化，中国特色社会主义进入了以互联网为主要技术支撑的信息时代。基于此，在新时代，讲好马克思主义的故事，必须选择有感染力的传播方式，采取群众喜闻乐见的方式，让抽象的理论焕发出新的风采，让马克思主义理论润化到大众生活之中，真正达到见行见效的传播效果。当然，提倡运用新媒体讲好马克思主义的故事，并不是"一刀切"，并不是要取代传统媒体，而是要统筹处理好传统媒体与新兴媒体的关系，实现传统媒体与新兴媒体融合发展，使马克思主义在线上线下都能唱响主旋律，传播正能量。

---

① 习近平：《加快推进媒体融合发展，构建全媒体传播格局》，《人民日报》2019 年 3 月 16 日第 1 版。
② 《习近平亲密接触新媒体释放了什么信号》，新华网，2016 年 2 月，http：//www. xinhuanet. com//politics/2016－02/22/c_128739415. htm。

二　学理向度：讲清马克思主义的道理

以事说理，讲故事不是目的，而是要通过故事阐述道理，故事的道理就像音乐一样，使我们随之起舞、伴之吟唱。每一个故事都具有价值负荷的思想，它嵌入我们的心灵，使我们不得不相信。马克思指出："理论只要说服人，就能掌握群众；而理论只要彻底，就能说服人。"[①]有理走遍天下，无理寸步难行。习近平在全国高校思想政治工作会议上提出，天边不如身边，道理不如故事，讲理论要接地气，要让马克思讲中国话语，让基本原理变成生活道理。在新时代，讲清马克思主义的道理就是要讲清楚马克思主义是科学的、人民的、实践的和开放的理论。

（一）讲清马克思主义是科学的理论

科学性是马克思主义的灵魂。马克思主义作为科学的理论体系，它对人类社会的伟大贡献主要体现在它以辩证唯物主义和历史唯物主义为基础，宣告了唯心主义的破产，为无产阶级解放全人类提供了正确的思想武器。"它（马克思主义）完备而严密，它给人们提供了决不同任何迷信、任何反动势力、任何资产阶级压迫所作的辩护相妥协的完整的世界观。"[②]马克思创造性地揭示了人类社会发展的一般规律和资本主义社会发展的特殊规律，创立了唯物史观。这一规律虽然也要随着时代的变化而不断丰富发展，但其蕴含的真理是永恒的，始终是我们分析问题和解决问题的指南。在当代，尽管马克思主义"过时论"屡被议论，却被一次次正义的评判驳回；尽管苏联解体、东欧剧变使社会主义艰难前行，但马克思主义依然闪耀着真理的光辉。伊格尔顿（Terry Eagleton）在《马克思为什么是对的》中针对种种对马克思的诘问，从十个

[①] 《马克思恩格斯选集》第4卷，人民出版社2012年版，第9—10页。
[②] 《列宁选集》第2卷，人民出版社1995年版，第309页。

方面一一予以驳回。① 邓小平指出:"马克思主义是打不倒的。打不倒,并不是因为大本子多,而是因为马克思主义的真理颠扑不破。"②

早在19世纪50年代,恩格斯就预言:"过不了多少年,我们就会亲眼看到世界上最古老的帝国的垂死挣扎,看到整个亚洲新纪元的曙光。"③ 中国特色社会主义之所以能够取得成功,是因为中国共产党一以贯之遵循了马克思主义的立场、观点和方法,实现了马克思主义与中国实际的有机结合。"中国共产党人仍然要学习马克思,学习和实践马克思主义,不断从中汲取科学智慧和理论力量。"④ 在新时代,讲清楚马克思主义是科学的理论,就是要讲清楚马克思主义与中国实践相结合,中华民族迎来了从站起来、富起来到强起来的伟大飞跃,马克思主义在中国大地放射出灿烂光芒、结出丰硕果实。⑤

(二) 讲清马克思主义是人民的理论

人民性是马克思主义的根本立场。坚持人民性始终是马克思主义的根本政治立场,马克思第一次立足于辩证唯物主义和历史唯物主义,尖锐地批判了资本主义社会人的异化现象,进而树立了人的自由而全面发展的未来愿景。马克思由唯心主义向唯物主义的转变过程,以及历史唯物主义的创立过程,都是以现实的人为出发点的。可以说,马克思的思想以及其一生的革命斗争都是以人类的解放和人的自由全面发展为价值旨归的。马克思主义之所以具有跨越国度、超越时空的影响力、解释力、生命力,就在于其始终坚持人民立场,致力于推动实现全人类的解放。

习近平指出:"马克思主义博大精深,归根到底就是一句话,为人

---

① [英]特里·伊格尔顿:《马克思为什么是对的》,重庆出版社2018年版。
② 《邓小平文选》第3卷,人民出版社1993年版,第382页。
③ 《马克思恩格斯选集》第1卷,人民出版社2012年版,第800页。
④ 习近平:《在纪念马克思诞辰200周年大会上的讲话》,《人民日报》2018年5月5日第2版。
⑤ 颜晓峰:《马克思主义为什么"行"》,《人民日报》2019年5月9日第9版。

类求解放。"① 在中国人迎来的由富起来到强起来的伟大实践中，以习近平同志为核心的党中央坚持一切为了人民，带领全国人民不断创造美好生活，让马克思、恩格斯设想的人类美好前景不断在中国大地上生动地展现出来。实现中华民族伟大复兴中国梦的战略目标内在地包含了实现人的自由而全面发展的价值尺度。不仅如此，面对地区冲突频繁发生，恐怖主义、难民潮等全球性挑战，人的问题再次引起了世界的关注。习近平放眼全球，心怀"为人民谋幸福、为民族谋复兴、为世界谋大同"的初心和抱负，将中国人民的命运和世界人民的命运紧密联系在一起，提出了"人类命运共同体"的中国方案和中国智慧，成为新时代的最强音。在新时代，讲清楚马克思主义是人民的理论就是要讲清楚中国共产党始终坚持马克思主义人民性的政治立场，带领中国人民团结奋斗，不断走出一条为人类做出更大贡献的康庄大道。

（三）讲清马克思主义是实践的理论

马克思主义不是书斋的学问，而是实践的理论。"哲学家们只是用不同的方式解释世界，而问题在于改变世界。"② 实践的观点是马克思主义哲学首要的和基本的观点，实践性是马克思主义理论区别于其他理论的显著特征。马克思通过实践的观点深刻地批判了费尔巴哈和其他一切旧唯物主义的片面性和不彻底性，划清了与旧唯物主义的界限。马克思主义之所以成为实践的马克思主义，就是因为它与无产阶级改造客观世界的实践活动息息相关。在无产阶级和资产阶级的斗争实践中，马克思主义得以形成和发展，并最终成为指导无产阶级进行革命的理论武器。离开资本主义社会的现实矛盾和马克思恩格斯亲身经历的实践活动，不可能讲清马克思主义是实践的理论。

---

① 习近平：《在纪念马克思诞辰200周年大会上的讲话》，《人民日报》2018年5月5日第2版。
② 《马克思恩格斯选集》第1卷，人民出版社2012年版，第140页。

毛泽东指出:"空洞的理论是没有用的,不正确的,应该抛弃的。"[①] 四十多年前,邓小平等老一辈无产阶级革命家突破"两个凡是"的思想禁锢,坚持"实践是检验真理的唯一标准",推动中国走上了改革开放之路,开启了中华民族和中国人民建设中国特色社会主义事业的伟大革命。四十多年来,中国共产党始终以问题为导向,以目标为牵引,坚持改革不停息,实践不止步,不断扫除阻碍中国特色社会主义前进道路上的各种羁绊,使中国特色社会主义进入了新时代。在新时代,要讲清楚马克思主义是实践的理论就要讲清楚全国人民在中国共产党的领导下不断推进改革开放,在实践中不断刷新中国特色社会主义的科学内涵,给新时代带来了新辉煌。

(四)讲清马克思主义是开放的理论

马克思主义的实践性从根本上说明马克思主义是不断发展的开放的理论。而马克思主义的科学性恰恰证明马克思主义作为具有普遍意义的真理,是一定历史条件下的产物,其阐述的主张和观点不可能无条件地适用于一切时代和一切国家,必须以时间、地点和条件为转移。恩格斯指出:"我们的理论是发展着的理论,而不是必须背得烂熟并机械地加以重复的教条。"[②] 世界是不断变化的,人类社会是不断发展的,如果不以发展的社会实践和认识去丰富马克思主义的基本要义,马克思主义就会成为不变的教条。

自马克思主义传入中国以来,中国共产党坚持将马克思主义与中国革命、建设和改革的具体实际相结合,创造性地形成了毛泽东思想和中国特色社会主义理论体系,实现了马克思主义在中国的飞跃发展。习近平指出:"当代中国的伟大社会变革,不是简单延续我国历史文化的母版,不是简单套用马克思主义经典作家的模板,不是其他国家社会主义

---

① 《毛泽东选集》第3卷,人民出版社1991年版,第817页。
② 《马克思恩格斯选集》第4卷,人民出版社2012年版,第588页。

实践的再版，也不是国外现代化发展的翻版，不可能找到现成的教科书。"① 再一次说明了中国特色社会主义的独特性，也再一次证明了马克思主义是不断发展的开放的理论。"这是一个需要理论而且一定能够产生理论的时代，这是一个需要思想而且一定能够产生思想的时代。"② 在新时代，讲清楚马克思主义是不断发展的开放的理论，就是坚持和发展当代中国的马克思主义，21世纪马克思主义，用习近平新时代中国特色社会主义思想指导中国的改革发展。

三　价值向度：坚守马克思主义信仰

马克思主义是科学性与价值性相统一的学说。习近平指出："人民有信仰，民族有希望，国家有力量。"③ 引导为魂，讲好马克思主义的故事、讲清马克思主义的道理，最终目的还是要坚守马克思主义信仰。故事的背后蕴含着马克思主义的道理，道理的背后是马克思主义信仰的力量。为此，马克思主义叙事的落脚点在于守望共产主义远大理想，坚持中国特色社会主义信念，为实现中华民族伟大复兴的"中国梦"而奋斗，在潜移默化中提升信仰的高度。

（一）守望共产主义远大理想

马克思不仅指明了无产阶级的历史使命，而且为人类社会构设了一幅通向共产主义社会的美好愿景。马克思以唯物史观为根本指导，以人类社会发展的一般规律为遵循，得出了"资本主义必然灭亡，社会主义必然胜利"的结论，论证了共产主义社会实现的历史必然性。习近平指出："要深刻认识共产主义远大理想和中国特色社会主义共同理想

---

① 《习近平谈治国理政》第2卷，外文出版社2017年版，第344页。
② 《习近平在哲学社会科学工作座谈会上的讲话》，《人民日报》2016年5月19日第2版。
③ 《习近平谈治国理政》第2卷，外文出版社2017年版，第323页。

的辩证关系，既不能离开发展中国特色社会主义事业、实现民族复兴的现实工作而空谈远大理想，也不能因为实现共产主义是一个漫长的历史过程就讳言甚至丢掉远大理想。"① 新时代中国特色社会主义虽然与马克思恩格斯所描述的共产主义社会还有距离，但并不是说共产主义远大理想就是虚无缥缈、毫无根据的。因为，"共产主义不是教义，而是运动"②。共产主义远大理想代表着最多数人的最大利益，吸引了无数革命者为之奋斗。十月革命的胜利，世界社会主义运动的蓬勃发展，以及社会主义国家由一国到多国的成功实践，用实际行动证明着共产主义不仅是崇高理想，而且是现实运动。

中国共产党是共产主义远大理想的坚定信仰者和忠实践行者。坚守共产主义远大理想是我们战胜社会革命、建设和改革前进道路上重重困难的价值标识和精神动力。习近平指出："中国共产党之所以叫共产党，就是因为从成立之日起我们党就把共产主义确立为远大理想。我们党之所以能够经受一次次挫折而又一次次奋起，归根到底是因为我们党有远大理想和崇高追求。"③ 在新民主主义革命和社会主义革命时期，共产主义远大理想激励共产党带领人民推翻三座大山，建立了新中国，确立了社会主义制度，开启了社会主义建设的起点。在社会主义建设和改革时期，共产主义远大理想为全面深化改革和社会主义现代化建设提供了强大的战斗力和信念支撑。在新时代，只有坚守共产主义远大理想，中国共产党才能找到奋斗的方向与动力，才能拥有战胜艰难险阻的勇气与毅力。

（二）坚定中国特色社会主义信念

中国特色社会主义信念是对中国特色社会主义共同理想的坚守和执

---

① 习近平：《全面贯彻落实党的十九大精神 以永远在路上的执着把从严治党引向深入》，《人民日报》2018年1月12日第1版。
② 《马克思恩格斯选集》第1卷，人民出版社2012年版，第291页。
③ 《习近平谈治国理政》第2卷，外文出版社2017年版，第34页。

第十章 高校思想政治教育的叙事境界

着。习近平指出:"理想因其远大而为理想,信念因其执着而为信念。"[1] 中国特色社会主义信念是共产主义远大理想在中国的生动体现和实践追求,它扎根于新时代中国的发展实际,更具现实性和时代性。在新时代,坚定中国特色社会主义信念归根到底是要坚持中国特色社会主义"四个自信"。

中国特色社会主义道路是党领导中国人民在不断的实践探索中形成的,是符合中国国情、顺应时代发展需求的必然选择。它聚焦我国社会发展中的突出问题,持续深化改革开放,应对各种风险挑战,推动中国特色社会主义取得了前所未有的历史成就。坚持中国特色社会主义道路自信就是要坚信中国特色社会主义道路是实现国家富强、民族复兴和人民幸福的必由之路。中国特色社会主义理论体系是中国共产党立足改革开放和社会主义现代化建设的时代背景下形成的科学理论,体现了与时俱进的品质。它正确总结了改革开放以来不同历史时期的发展经验,为坚定马克思主义信仰提供了理论依据。坚持中国特色社会主义理论自信就是坚信中国特色社会主义始终是改革发展稳定、内政外交国防、治党治国治军的行动指南。中国特色社会主义制度是在吸取改革开放前后的实践经验基础上形成并完善的。它以满足最广大人民群众的根本利益为价值诉求,着力破解新时代发展的不平衡不充分问题,使人民共享人生出彩和梦想成真的机会,共享与祖国同进步的机会。坚持中国特色社会主义制度自信就是要坚信中国特色社会主义制度是根植于中国的实际,具有强大的完善能力和发展潜力,是尊重人民首创精神、激发人民创造活力的先进制度。中国特色社会主义文化具有鲜明的民族性、与时俱进的时代性和强大的包容性。中国优秀传统文化、革命文化和社会主义先进文化彰显了中国特色社会主义文化的厚度和底气。坚持中国特色社会主义文化自信就是要坚信中国特色社会主义文化是凝聚民族力量,增强文化软实力,建设社会主义文化强国的精神家园。

---

[1] 《习近平谈治国理政》第 2 卷,外文出版社 2017 年版,第 35 页。

（三）为实现中华民族伟大复兴的"中国梦"而努力

马克思主义是一种现实的信仰，必须靠实践来实现。信仰并不单纯是一种内心的理念，而是一种身体力行的实践。信仰只有被实践的时候，才变得有意义。列宁指出："离开工作，离开斗争，从共产主义小册子和著作中得来的关于共产主义的书本知识，可以说是一文不值。"①信仰不仅需要理论认证还需要实践检验，知行不一的人不是真正的信仰。"中国共产党一经成立，就把实现共产主义作为党的最高理想和最终目标，义无反顾肩负起实现中华民族伟大复兴的历史使命。"② 实现中华民族伟大复兴中国梦贯穿了近代以来中华民族生生不息、持续奋斗的轴心和主线，这一伟大梦想是中国共产党进行伟大斗争、建设伟大工程、推进伟大事业的目标和引力。

孔子指出："始吾于人也，听其言而信其行；今吾于人也，听其言而观其行。"③ 马克思主义信仰者从来不做行动上的侏儒和语言上的巨人。坚定马克思主义信仰，就是要立足新时代背景，紧紧抓住新时代中国特色社会主义社会的主要矛盾，在认识中国特色和国际比较中参与到社会主义现代化的伟大建设之中，在"言"和"行"的双重作用下，自觉地将马克思主义信仰由感性到知性、由知性到实践。实现中华民族伟大复兴是近代以来中华民族最伟大的梦想，也是当代中国最伟大的实践。只有投身于建成富强民主文明和谐美丽的社会主义现代化强国中，才能为坚持共产主义远大理想和坚守中国特色社会主义信念找到凝心聚力的现实依据。

总而言之，以事说理，以理论道。故事从文本中来，道理从故事中来，信仰从道理中来。新时代，马克思主义叙事就要坚持以内容为王，

---

① 《列宁选集》第 4 卷，人民出版社 1972 年版，第 346 页。
② 《党的十九大报告辅导读本》，人民出版社 2017 年版，第 13—14 页。
③ 《论语》，人民出版社 2017 年版，第 26—27 页。

讲好马克思主义的故事,增强马克思主义的亲和力;以思想为要,讲清马克思主义的道理,提升人们的理论思维;以导向为魂,坚守马克思主义的信仰,引导人们的价值观念。这样才能使马克思主义在生活、学理、价值三重向度中达到叙事、说理和信仰的统一。

结　　语

　　故事从文本中来，道理从故事中来，信仰从道理中来。思想政治教育叙事通过多种媒介讲好马克思主义故事、讲好中国故事，也要讲清马克思主义道理、坚守马克思主义的信仰，这样就可以达到叙事、说理和信仰的统一，在春风化雨、润物无声中实现思想政治教育之鹄的。

　　一是讲好故事，增加思想政治教育温度。"好故事"是值得讲且人们愿意听的东西。讲好故事的前提是清楚故事的来龙去脉，这就需要研读文本、深入生活、选取材料。思想政治教育叙事就是要使每一个故事从实践中来，极富可读性、趣味性、灵动性。基于此，故事的编辑必做到以下三点：其一，选题具有创新力。选取的故事只有得到受众的关注，才能使其产生兴趣，"故事要求有生动的想象力和强有力的分析思维"，要求设计故事者"对社会、自然和人心的洞知"[①]。其二，形式具有感染力。故事总是丰富多彩、神妙莫测的，为此要通过受众喜闻乐见的形式去展现故事，如有的故事通过文字、图片就可以吸引人，有的则需要辅之以必要的微视频、音频，甚至表情包来"包装"才能使受众耐心地看下去。其三，标题具有吸引力。好的故事只有受众听了、看了才能起到教育的效果。互联网背景下，怎样才能吸引受众眼球，使受众

[①] ［美］罗伯特·麦基：《故事——材质·结构·风格和银幕剧作的原理》，周铁东译，天津人民出版社2014年版，第13页。

阅读故事，标题就显得特别重要。

二是讲清道理，深化思想政治教育厚度。讲故事不是目的，而是要通过故事阐述道理，故事的道理就像音乐的道理一样，使我们随之起舞、伴之吟唱。每一个故事都具有价值负荷的思想，它嵌入我们的心灵，使我们不得不相信。思想政治教育叙事推出的每一个故事都蕴含着丰富的道理，通过讲好中国故事，讲清楚马克思主义的发展历程、立场、观点和方法；讲清楚中华民族最深沉的精神追求，中华民族生生不息、发展壮大的丰厚滋养；讲清楚中国特色社会主义道路、理论、制度和文化自信；讲清楚中国人民的伟大实践、精神追求。使人们每读完一个故事都有所收获、有所感悟，做到一个故事体现一个道理，实现事半功倍的良好效果。

三是坚守信仰，提升思想政治教育高度。革命年代，信仰是实现民族独立、人民解放的精神动力；进入中国特色社会主义新时代，信仰则是实现"两个一百年"奋斗目标的精神动力。习近平总书记指出："人民有信仰，民族有希望，国家有力量。"[1] 信息化的快速发展，思想政治教育面临的挑战前所未有，马克思主义理论教育也面临着被边缘化的困境，出现在一些学科、教材、论坛上"失语""失踪"和"失声"的问题。讲好故事、讲清道理的最终目的还是要坚守人们的马克思主义信仰。故事的背后蕴含着马克思主义道理，道理的背后是马克思主义信仰的力量，为此要做到信仰在场而不出场，在潜移默化中提升信仰的高度。

经典作家的经典著作、思想大家的深邃思想等如果只停留在纸上，就不能发挥其应有的作用，这也不是他们写作的初衷。马克思曾经指出："理论一经掌握群众，也会变成物质力量。理论只要说服人，就能掌握群众；而理论只要彻底，就能说服人。"[2] 因此，通过文本讲述故

---

[1] 《习近平谈治国理政》第2卷，外文出版社2017年版，第39页。
[2] 《马克思恩格斯选集》第2卷，人民出版社2012年版，第9页。

事，将富含哲理的文本用通俗的语言讲述出来，使其具有故事性，这样才能够为群众所接受。故事的深入浅出，道理的层层推进，信仰的不断坚守，使理论最终被掌握、被认同，从而内化于心、外化于行，这才是讲好中国故事的最高境界，才是思想政治教育叙事模式构建的最高追求。

参考文献

一 经典著作类

《马克思恩格斯选集》，人民出版社 2012 年版。

《毛泽东选集》，人民出版社 1991 年版。

《邓小平文选》，人民出版社 1993 年版、1994 年版。

《习近平谈治国理政》，外文出版社 2014 年版、2017 年版。

《习近平讲故事》，人民出版社 2017 年版。

二 专著类

陈东有、周森昆、航标：《话说社会主义核心价值观》，江西人民出版社 2014 年版。

陈然兴：《叙事与意识形态》，人民出版社 2013 年版。

陈万柏、张耀灿：《思想政治教育学原理》，高等教育出版社 2007 年版。

陈向明：《质的研究方法与社会科学研究》，教育科学出版社 2000 年版。

陈章龙、周莉：《价值观研究》，南京师范大学出版社 2004 年版。

戴艳军、吴桦：《大学生与社会主义核心价值观》，中国文史出版社 2014 年版。

邓颖玲：《叙事学研究：理论、阐释、跨媒介》，北京大学出版社 2013

年版。

丁钢：《声音与经验：教育叙事探究》，教育科学出版社 2008 年版。

丁锦宏：《品格教育论》，人民教育出版社 2005 年版。

董小英：《叙述学》，社会科学文献出版社 2001 年版。

傅修延：《先秦叙事研究——关于中国叙事传统的形成》，东方出版社 1999 年版。

傅修延：《中国叙事学》，北京大学出版社 2015 年版。

韩震、章伟文：《中国的价值观》，中国社会科学出版社 2016 年版。

胡娟：《麦金太尔辩证叙事探究的道德哲学方法》，东南大学出版社 2016 年版。

教育部社会科学研究与思想政治工作司组：《思想政治教育学原理》，高等教育出版社 2010 年版。

李德顺：《价值论》，中国人民大学出版社 2007 年版。

林德全：《教育叙事论纲》，中国社会科学出版社 2010 年版。

刘良华：《叙事教育学》，华东师范大学出版社 2011 年版。

刘小枫：《沉重的肉身——现代性伦理的叙事纬语》，华夏出版社 2004 年版。

龙迪勇：《空间叙事学》，生活·读书·新知三联书店 2015 年版。

吕微、安德明：《民间叙事的多样性》，学苑出版社 2006 年版。

罗纲：《叙事学导论》，云南人民出版社 1994 年版。

马一波、钟华：《叙事心理学》，上海教育出版社 2006 年版。

尚必武：《当代西方后经典叙事学研究》，人民文学出版社 2013 年版。

申丹、王亚丽：《西方叙事学：经典与后经典》，北京大学出版社 2010 年版。

唐松波：《二十四孝图文故事》，金盾出版社 2012 年版。

唐伟胜：《叙事理论与批评的纵深之路》，上海外语教育出版社 2015 年版。

王枬：《教师印迹：课堂生活的叙事研究》，教育科学出版社 2008

年版。

王同来：《关于伦理学的 100 个故事》，南京大学出版社 2011 年版。

伍茂国：《从叙事走向伦理——叙事伦理理论与实践》，新华出版社 2013 年版。

熊川武：《反思性教学》，华东师范大学出版社 1999 年版。

闫艳：《交往视域中的思想政治教育》，人民出版社 2011 年版。

杨义：《中国叙事学》，人民出版社 2009 年版。

张耀灿等：《现代思想政治教育学》，人民出版社 2001 年版。

郑永廷：《思想政治教育方法论》，高等教育出版社 1999 年版。

朱立元：《当代西方文艺理论》，华东师范大学出版社 1997 年版。

[法] 热拉尔·热奈特：《叙事话语 新叙事话语》，王文融译，中国社会科学出版社 1990 年版。

[法] 尤瑟夫·库尔泰：《叙述与话语符号》，怀宇译，天津社会科学院出版社 2001 年版。

[荷兰] 米克·巴尔：《叙述学：叙事理论导论（第三版）》，谭君强译，北京师范大学出版社 2015 年版。

[加] 克兰迪宁、康纳利：《叙事研究：质的研究中的经验和故事》，张园译，北京大学出版社 2008 年版。

[美] 阿瑟·阿萨·伯格：《通俗文化、媒介和日常生活中的叙事》，姚媛译，南京大学出版社 2006 年版。

[美] 海登·怀特：《后现代历史叙事学》，陈永国、张万娟译，中国社会科学出版社 2003 年版。

[美] 赫尔曼：《新叙事学》，马海良译，北京大学出版社 2002 年版。

[美] 华莱士·马丁：《当代叙事学》，伍晓明译，北京大学出版社 1990 年版。

[美] 杰拉德·普林斯：《叙事学：叙事的形式与功能》，徐强译，中国人民大学出版社 2013 年版。

[美] 杰罗姆·布鲁纳：《故事的形成——法律、文学、生活》，孙玫璐

译，教育科学出版社 2006 年版。

［美］罗伯特·麦基：《故事——材质·结构·风格和银幕剧作的原理》，周铁东译，天津人民出版社 2014 年版。

［美］麦克莱伦：《教育哲学》，宋少云、陈平译，生活·读书·新知三联书店 1988 年版。

［美］诺曼·K. 邓金：《解释性交往行动主义——个人经历的叙事、倾听与理解》，周勇译，重庆大学出版社 2004 年版。

［美］浦安迪：《中国叙事学》，北京大学出版社 1996 年版。

［美］詹姆斯费伦、彼得·J. 拉比诺维：《当代叙事理论指南》，申丹等译，北京大学出版社 2007 年版。

［美］詹姆斯·费伦：《作为修辞的叙事：技巧、读者、伦理、意识形态》，陈永国等译，北京大学出版社 2002 年版。

［英］马克·柯里：《后现代叙事理论》，宁一中译，北京大学出版社 2003 年版。

三　期刊论文类

陈继红、王易：《中国传统文化与思想政治教育研究的论域、问题与趋向》，《思想理论教育导刊》2013 年第 11 期。

陈洁、刘运春：《教育叙事在高校思想政治理论课中的的应用》，《教育探索》2011 年第 6 期。

陈潘：《教育叙事视角下高校生命教育教学的路径选择研究》，《中国电力教育》2014 年第 26 期。

陈伟、胡德平：《新媒体语境下大学生思想政治教育话语体系的转变》，《思想理论教育》2015 年第 1 期。

陈武、谢攀峰：《教育叙事在高校辅导员成长中的价值体现》，《科教导刊（中旬刊）》2014 年第 4 期。

陈艳飞、张润枝：《论故事叙事在大学生思想政治教育中的运用》，《学校党建与思想教育》2014 年第 6 期。

丁钢:《教育叙事的理论探究》,《高等教育研究》2008年第1期。

丁锦宏:《道德教育中的叙事方法探究》,《思想理论教育》2003年第12期。

杜启达、余显龙、高翠翠:《影响大学生思想政治教育实效性的原因分析及对策研究》,《学校党建与思想教育》2010年第5期。

佴康、付昌义:《大学生核心价值观教育中的叙事问题研究》,《江苏高教》2015年第6期。

高勇泽等:《毛泽东思想政治教育艺术及其当代价值》,《思想政治教育研究》2007年第1期。

韩荭芳:《传统道德故事如何在夹缝中演绎》,《教学与管理》2010年第9期。

洪明:《价值叙事与社会主义核心价值观教育》,《思想政治课教学》2016年第10期。

胡朝:《从宏大走向平凡——论现代性困境视域下思想政治教育叙事方式的转换》,《延安大学学报》(人文社会科学版)2013年第5期。

蒋红群:《论现代性困境下思想政治教育叙事形式的转换》,《思想教育研究》2011年第9期。

李沛忠:《大学生社会主义核心价值观教育路径研究》,《当代教育实践与教学研究》2015年第8期。

李瑞奇:《叙事疗法在大学生日常思想政治教育中的应用》,《高校辅导员》2014年第1期。

李志红:《论心理教育与思想政治教育的结合》,《郑州大学学报》(哲学社会科学版)2008年第5期。

刘洋:《探析思想政治教育叙事的功能》,《湖北经济学院学报》(人文社会科学版)2014年第2期。

龙迪勇:《事件:叙述与阐释——叙事学研究之三》,《江西社会科学》2001年第10期。

龙迪勇:《叙事学研究的空间转向》,《江西社会科学》2006年第

10 期。

龙迪勇:《寻找失去的时间——试论叙事的本质》,《江西社会科学》2000 年第 9 期。

栾淳钰:《"叙事"中培育和践行社会主义核心价值观》,《理论与改革》2015 年第 5 期。

毛凌莹:《互文与创造:从文字叙事到图像叙事》,《江西社会科学》2007 年第 4 期。

牟柳、廖文路:《叙事理论在高校心理辅导中的应用》,《西南民族大学学报》(人文社会科学版)2010 年第 7 期。

潘莉、王翔:《道德叙事在思想政治教育中的价值和运用探析》,《学校党建与思想教育》2014 年第 1 期。

潘晴雯:《高校思想政治教育话语推进的路径》,《探索与争鸣》2011 年第 8 期。

彭丹丹:《叙事探究在高校思想政治教育中的应用》,《改革与开放》2011 年第 8 期。

沈珂:《对话与陈述:思政课运用教育叙事的教学理念与方法探究》,《群文天地》2012 年第 11 期。

施铁如:《后现代思潮与叙事心理学》,《南京师范大学学报》(社会科学版)2003 年第 2 期。

隋淑芬:《儒家的道德叙事方法及其借鉴》,《思想教育研究》2005 年第 9 期。

王超、浩利:《完善高校辅导员思想政治教育工作探析》,《陕西师范大学学报》(哲学社会科学版)2009 年第 7 期。

王成军:《叙事伦理:叙事学的道德思考》,《江西社会科学》2007 年第 6 期。

王东维:《延安时期思想政治教育要素的有效性研究》,《思想理论教育》2010 年第 7 期。

王珩:《教育叙事:高校辅导员专业化成长的有效路径》,《思想教育研究》2014 年第 7 期。

王凯：《教育叙事：从教育研究方法到教师专业发展方式》，《比较教育研究》2005 年第 6 期。

王龙华：《叙事在高校学生思想政治教育工作中的作用》，《科技信息》2011 年第 22 期。

王枬：《教育叙事研究的兴起、推广及争辩》，《教育研究》2006 年第 10 期。

王强：《试论"原理课"教学的叙事场域》，《教育评论》2012 年第 6 期。

王苏：《试析传统家庭伦理的内容及其特征》，《前沿》2008 年第 5 期。

王熙：《试论毛泽东思想政治教育方法对高校思想政治教育工作的意义与启迪》，《教育现代化》2016 年第 15 期。

王习明：《毛泽东对思想政治教育理论的创新及其启示》，《思想理论教育导刊》2013 年第 1 期。

王鲜萍：《道德教育：在生活叙事与宏大叙事之间保持张力》，《教育导刊》2010 年第 2 期。

温尔斯格：《叙事疗法在高校思想政治教育工作中的应用》，《世纪桥》2016 年第 1 期。

徐燕：《叙事研究在大学生思想政治教育研究中的运用》，《重庆教育学院学报》2007 年第 4 期。

许仲举：《延安时期群众思想政治教育的基本特征及现实启示》，《理论导刊》2011 年第 6 期。

闫艳、王秀阁：《现代思想政治教育方法新探》，《思想政治教育研究》2008 年第 2 期。

晏辉：《论道德叙事》，《哲学动态》2013 年第 3 期。

杨婕：《道德叙事：德育的新途径》，《教育探索》2009 年第 9 期。

杨增崟、黄飞：《"传统思想政治教育"：一个需加以分析的术语》，《探索》2008 年第 6 期。

曾汉君：《教育叙事及其在思想政治理论教学中应用的思考》，《教育探索》2011 年第 5 期。

张晓阳：《论"教育"历史的"真实"叙事》，《湖南师范大学教育科学学报》2014 年第 6 期。

赵宪章：《语图叙事的在场与不在场》，《中国社会科学》2013 年第 8 期。

周俊玲、王强：《图像叙事：培育和弘扬社会主义核心价值观的新视角》，《思想理论教育》2015 年第 12 期。

四 报纸类

《习近平同志在全国宣传思想工作会议上的重要讲话》，《人民日报》2013 年 10 月 10 日。

习近平：《把培育和弘扬社会主义核心价值观作为凝魂聚气强基固本的基础工程》，《人民日报》2014 年 2 月 26 日第 1 版。

习近平：《青年要自觉践行社会主义核心价值观——在北京大学师生座谈会上的讲话》，《人民日报》2014 年 5 月 5 日第 2 版。

习近平：《在文艺工作座谈会上的讲话》，《人民日报》2015 年 10 月 15 日第 2 版。

习近平：《在纪念孔子诞辰 2565 周年国际学术研讨会暨国际儒学联合会第五届会员大会开幕会上的讲话》，《人民日报》2014 年 9 月 25 日第 2 版。

卢普玲：《中国传统叙事与批评的当代意义》，《光明日报》2016 年 8 月 15 日第 13 版。

李中元：《社会主义核心价值观需倡导更需践行》，《光明日报》2013 年 2 月 23 日第 11 版。

韩震：《核心价值观教育应学会讲故事》，《中国教育报》2015 年 1 月 22 日第 6 版。

《中共中央办公厅印发〈关于培育和践行社会主义核心价值观的意

见〉》,《人民日报》2013年12月24日第1版。

王怀民:《用讲故事的方式做教育工作》,《光明日报》2013年4月8日第16版。

后　　记

　　叙事简单地说就是"讲故事",是人类的一种认知和表达活动,自从人类产生价值自觉之后,便开始有意识地进行教化,叙事随之产生。叙事也是人们传递和储存经验的方式,承载着人类的历史记忆,充盈着人类的生活空间,是文化遗产的重要组成部分。叙事的实质是话语权,它是国家软实力的重要组成部分,"谁会讲故事,谁就拥有世界"。面对多元文化和社会思潮的冲击,面对新媒体技术的层出不穷,思想政治教育也面临着严峻挑战。为此,本人和团队尝试把思想政治教育与叙事两个概念范畴融合起来,探讨把叙事应用于高校思想政治教育教学过程的具体路径。

　　首先,我们将叙事与高校思想政治理论课教学结合起来,在长期教学实践中逐渐摸索形成叙事式教学法。2017年,"思想政治理论课教学借鉴其他学科研究成果研究"获教育部高校示范马克思主义学院和优秀教学科研团队建设项目(17JDSZK044)。同年,"思想政治教育原理和方法"获西北大学研究生质量提升工程项目(YKC17014);"新中国成立以来'中国故事'的搜集整理和传播路径研究"获西北大学"新中国70年"系列研究专项项目。2017—2019年,中央电视台《新闻联播》和《朝闻天下》、陕西电视台《陕西新闻联播》、《中国教育报》、《光明日报》、《中国青年报》等主流媒体对叙事式教学法皆有报道。其中2018年1月22日,中国教育电视台《中国教育报道》以"打好中

◇ 后　　记 ◇

国底色 西北大学：讲着故事学思政"为题对叙事式教学法进行了专题报道。

其次，我们把叙事与高校思想政治理论教育结合起来，在吸收其他学科和本学科前人研究成果的基础上，构建了高校思想政治教育叙事模式。2014年，"高校思想政治教育叙事模式研究"获国家社科基金项目（14XKS037）。本人还指导研究生完成了与叙事相关的毕业论文十多篇，包括道德叙事、思想政治教育叙事、马克思主义理论叙事、中国共产党叙事、社会主义核心价值观叙事等，这样既可以丰富高校思想政治教育的研究视野，又可以拓展叙事学的研究领域，还形成了一支从事高校思想政治教育叙事研究的青年学术力量，本书也可以说是本人与团队合作的阶段性成果。

在本书撰写过程中，我指导的研究生做了大量工作，他们不仅参与实地调研、数据分析，而且完成了部分章节的撰写，他们包括已经毕业的西安音乐学院的王玉婷、陕西铁路工程职业技术学院的吕瑞琴、中共吕梁市委讲师团的程婧、武警工程大学教师李敏、天津市西青区李七庄街人大办公室的杨丽媛，以及在读的西北大学马克思主义学院硕士研究生张宇娜、张宇帆。

在从事思想政治教育叙事研究的过程中，本人得到了学界前辈的支持和帮助。2013年，当我主持的"马克思主义基本原理概论课叙事式教学方法探索"获教育部高校思想政治理论课"择优推广计划"项目立项的时候，北京大学陈占安教授对此充分肯定，并长期关注，认为"叙事式教学法在理念上是正确的，在方法上是可行的，在教学效果上是稳定的。他们的经验对于全国高校的思想政治理论课教学具有重要的示范意义；同时这种方法对于改善在广大干部群众中的思想政治教育也有重要的参考价值"。2015年，本人主持的"高校思想政治教育理论课叙事式教学法研究与实践"获"全国高校思政课优秀中青年教师'择优资助'计划"，中国人民大学张雷声教授成为我的导师，给我从事马克思主义理论学术研究提供了很多帮助，并欣然为本书作序。

在本书撰写的过程中，我们还得到西北大学马克思主义学院杨洪教授、李建森教授、许门友教授的指点，得到西北大学规划与学科处的支持，得到中国社会科学出版社刘艳编辑的帮助，在此表示一一感谢！

本书的出版仅仅是我在思想政治教育叙事研究心路历程上的一个小浪花，本人将带领团队，沿着这条道路继续走下去。

2019 年 10 月 16 日